재난을
묻다

재난을 묻다

반복된 참사 꺼내온 기억, 대한민국 재난연대기

초판 1쇄 인쇄 2017년 4월 5일 ＼**초판 1쇄 발행** 2017년 4월 20일
지은이 416세월호참사 작가기록단 재난참사기억프로젝트팀 ＼**펴낸이** 이영선 ＼**편집 이사** 강영선
주간 김선정 ＼**편집장** 김문정 ＼**편집** 임경훈 김종훈 하선정 유선 ＼**디자인** 김회랑 정경아
마케팅 김일신 이호석 김연수 ＼**관리** 박정래 손미경 김동욱

펴낸곳 서해문집 ＼**출판등록** 1989년 3월 16일(제406-2005-000047호)
주소 경기도 파주시 광인사길 217(파주출판도시) ＼**전화** (031)955-7470 ＼**팩스** (031)955-7469
홈페이지 www.booksea.co.kr ＼**이메일** shmj21@hanmail.net

ISBN 978-89-7483-844-7 03300
값 13,500원

이 도서의 국립중앙도서관 출판시도서목록(CIP)은 e-CIP 홈페이지(http://www.nl.go.kr/ecip)에서
이용하실 수 있습니다.(CIP제어번호: CIP2017008138)

재난을 묻다

반복된 참사 꺼내온 기억
대한민국 재난연대기

416세월호참사 작가기록단
재난참사기억프로젝트팀 지음

서해문집

왜 우리는
익숙한 슬픔을
반복하는가

화가 났다. 철저히 두 손 놓은 채 거짓말로 일관하는 국가와 애끊는 울부짖음 너머에서 허망하게 가라앉는 세월호를 보며 화를 멈출 수가 없었다. 시간이 좀 지나니 이 사회에서 운 좋게 살아남았다는 두려움이 느껴졌다. '나'는 더 이상 재난을 멀찍이서 지켜보는 자리에 있지 않았다. '나'는 세월호 참사의 '목격자'였고 '고통'은 내 안에도 새겨졌다. 더 이상 이런 죽음은 없어야 한다는 절박감이 엄습했다.

세월호가 2014년 4월 16일 그날만의 문제가 아니었음을, 4월 16일 이전과 이후의 문제가 겹쳐 있음을 깨닫는 데는 그리 오랜 시간이 필요하지 않았다. 국립재난안전연구원에 따르면 1964년부터 2013년까지 10인 이상이 사망한 '대형재난'은 276건이었다. 50년간 두 달에 한 건 빈도로 발생한 셈이다. 피해자 수가 10명이 되지 않는 참사까지 헤아린다면 "대한민국은 참사공화국"이라는 진단은 결코 과장이 아니다. 도대체 이 수많은 참사가 되풀이되고 있는 이유는 무엇인가.

"세월호 전과 후는 달라야 한다"는 외침을 구호가 아닌 실현될 약속으로 만들기 위해서는 그동안 우리 사회가 겪어온 참사들을 다시 따져볼 필요가 있었다. 개별 참사에만 한정하지 않고 여러 참사를 함께 모아 살펴볼 때 보이는 것은 다르리라 기대했다. 빠진 목소리를 채우고, 익숙한 것들을 다시 비틀어보면서 참사를 반복하는 사회구조에 좀 더 깊숙이 다가갈 수 있기를 바랐다.

참사의 원인을 두고 한동안 우리 사회에서는 '인재人災' '안전불감증' 등의 틀에 박힌 분석이 반복됐다. 이러한 말들은 문제에 대한 인식을 단순화하거나 도식화하기 일쑤였다. '대형재난'이라는 명명도 우리의 시야를 가렸다. 통념상 일정 정도 이상의 인적·물적 피해규모가 있어야 '참사'로 여겨지는데 '참혹함'을 그리 정의하는 것이야말로 참혹한 일이다. 사건의 내용, 맥락을 살펴보지 않고 피해의 규모만으로 참사의 위치를 가늠하는 사회적 시선은 때론 진실을 은폐하는 도구가 된다.

반복된 참사, 변주되는 피해

우리는 대한민국에서 벌어진 일곱 개의 재난을 추적했다. 태안해병대 캠프 참사 유가족들의 1인시위와 세월호 대참사가 계기가 되어 '참사를 반복하는 국가의 책임을 묻고자' 과거의 참사 유가족들이 함께 모여 만든 '재난안전가족협의회'가 우리의 길잡이가 되어주었다.

1970년 세밑에 발생한 남영호 침몰사고는 건국 이래 현재까지 우리 연안에서 발생한 최악의 해난사고다. 침몰의 1차 원인은 과적이었다. '최소' 319명, '최대' 337명이 사망하고 단 12명만이 생존한 참사였건만 우리에겐 낯선 역사다. 하지만 정부가 SOS 타전을 무시하고, 사고 발생을 알고도 10시간 넘게 구조에 나서지 않은 사실을 아는 이는 더욱 드물다. 그래서 우리는 남영호를 입체적으로 재구성해 지금-

여기로 소환한다. 그리고 왜 남영호가 망각과 부인 속에 깊숙이 봉인 될 수밖에 없었는가를 파헤친다.

반면 2003년 모든 국민의 시선을 대구로 향하게 한 대구지하철 화 재참사는 다른 참사에 비해 연구가 다각도로 많이 이루어졌고 언론 보도 또한 많았다. 참사 후 매해 2월 18일 추모제가 열릴 때마다, 그 리고 또 다른 참사들이 발생할 때마다 대구지하철 참사는 언론을 통 해 복기되었다. 바로 그 점이 우리가 질문을 던진 지점이었다. 오늘날 대구지하철은 안전해졌다고 단언할 수 있는가? 그렇지 않다면 그 이 유는 무엇인가. 우리가 대구지하철 참사의 '원인'을 모르기 때문인가? 알고도 바꿀 수 없었다면 그 이유는 무엇인가.

참사는 안전에 대한 관리감독만이 아니라 평등함이 부인될 때 일 어나기도 한다. 태안해병대캠프 참사와 장성요양병원 참사가 대표적 이다. 2013년 7월에 발생한 태안해병대캠프 참사를 통해 우리는 왜 학교 주관 체험학습에 참여한 학생들이 주검이 되어 돌아왔는지를 밝 히고자 했다. 하지만 취재는 난항을 거듭했고 증언은 이어지지 못했 다. 여전히 진상규명을 위해 싸우고 있는 '현안'이었음에도 말이다. 그 과정에서 우리가 마주한 불편한 진실은 청소년이라는 위치성이었다. 글은 방향을 틀었다. 우리 사회에 만연한 군사주의와 권위주의 문화, 그리고 그 안에서 청소년이 참사를 경험하고 증언한다는 것이 무엇인 지가 새로운 화두가 되었다.

2014년 5월 장성요양병원을 삼킨 화재는 환자를 위한 안전시설이 나 의료인력 없이 돈벌이 수단으로 우후죽순 세워진 요양병원 시스템에서 발생했다. 국가는 노인돌봄에 대한 인식 없이 사회서비스를 민영화했고 안전관리감독도 하지 않았다. 기업의 탐욕과 국가의 무책임이 빚은 참사였다. 그럼에도 진상규명을 요구하는 유가족들은 참사초기부터 '부모 팔아서 먹고살려고 한다'는 비난에 직면해야 했다. 왜죽은 이에 대한 추모와 산 자의 애도는 끊임없이 그 진정성이 의심되고 선별되는가? 안전의 기반인 공공성 확보가 뒷전일 때 누가 희생양이 되는가? 사회적 책임을 되짚기보단 유족을 질책하고 모욕하려 드는 사회에서 우리는 이 질문에 대한 답 또한 찾고 싶었다.

사랑하는 이를 다시는 볼 수 없다는 충격과 슬픔에도 불구하고 남겨진 이들에겐 충분한 애도의 시간 또한 허락되지 않는다. 피해자들이 요구하고 싸우지 않으면 참사는 '해결해야 할 사건'이 되지 않기 때문이다. 2011년 7월 춘천봉사활동 참사가 일어난 후 1년 동안 인하대학교 희생자 가족들은 참사의 원인규명부터 재난피해조례 제정까지 함께 방향을 잡으며 싸워왔다. 그나마 '승리'했다고 평가되는 이 싸움에서 우리는 무엇을 배울 수 있을까? 인하대 유족들이 걸어온 싸움의 시간이 우리에게 말하고 싶은 바는 무엇일까?

1999년 6월 소풍길에 나선 23명의 목숨을 앗아간 씨랜드 화재참사가 발생한 뒤 얼마 후 두 권의 백서가 나왔다. 한 권은 경기도가, 또한 권은 유족회가 발간한 것이다. 하나의 사건을 두고 두 권의 백서는 사실관계뿐만 아니라 사건에 대한 접근방식과 태도, 참사를 보는 관점에서 커다란 차이를 보인다. 두 권의 백서 모두 진상규명에는 실패했다. 그렇지만 참사에 대한 정부기관과 유가족들의 엇갈림 속에서 우리는 참사가 끊임없이 반복되는 이유, 그리고 참사를 막기 위한 어떤 진실의 단초를 찾을 수 있다.

2013년 3월 14일 6명이 죽은 여수산단의 대림참사를 통해 우리는 재난과 (산업)재해의 경계가 현실에서 어떻게 맞닿아 있는가에 대해 말하고 싶었다. 대림참사가 자리한 여수국가산단에서 일하다 죽은 이는 120여 명. 이 무참한 죽음의 숫자 앞에서도 우리는 공장 담장 안과 밖을 구분하지만 그런 구분은 무의미하다. 여수산단의 노동자가 죽어갈 때, 담장 밖 마을 주민들은 발암물질 섞인 공해와 폭발 위험에 시달린다. 무엇보다, 생산자의 안전을 고려하지 않은 기업주가 구매자의 안전을 우선할 리 없다. 하지만 사회는 노동자에게 닥친 참사는 산업재해라는 틀 안에 가두고, 노동자의 죽음은 업무에 필연적으로 수반될 수밖에 없는 위험으로 간주한다. 화학물질로 인한 재해는 '부차적인' 지역의 문제가 되고 산재와 화학물질의 연관성 또한 실종된다. 왜 재난은 이렇게 개별화되는가? 그 구분의 이익은 누가 가져가며 떨어진 재앙은 누구의 몫이 되는가?

기록할수록 우리는 더 많은 질문과 마주했다. 더 많은 참사를 기록하고 싶었다. 하지만 피해자를 찾는 것도 만만치 않았을 뿐더러 찾는다 해도 접근이 불가능했다. 기록하지 못한 많은 사건의 유가족과 생존자들은 입을 다물거나 등을 돌리는 것으로 영혼과 신체에 깊이 각인된 회복 불가능한 상처를 드러냈다. 진실조차 밝힐 수 없는 세상이 새겨 넣은 상처였다. 치유는 물론 기록에도 때가 있음을 우리는 이 책을 만들며 절실히 깨달았다.

　2014년 12월 러시아 베링해에서 침몰해 53명의 희생자를 낸 오룡호 참사는 희생자 다수가 이주노동자란 이유로 기록이 좌절됐다. 유족들이 급하게 시신을 수습해야 하는 출입국제도의 문제와 낯선 언어, 그리고 미비한 지원체계 속에서 기록은 고사하고 참사의 수습과 피해구제조차 기대하기 어려웠다. 2007년 허베이 스피리트호의 기름유출 사건으로 태안의 생태계와 주민들은 큰 피해를 입었다. 참사가 인간을 중심으로 구성돼왔다는 점에서 자연과 생태계의 관점으로 참사를 재구성하려 했으나 이 역시 여러 한계들 속에서 좌절됐다. 이와 같이 새로운 관점에서 기억하고 기록해야 할 참사들은 무수히 많다.

　과거의 참사라 명명했지만 모두 온전히 해결되지 않았다는 점도 강조해야겠다. 어떤 참사는 아직도 진상규명을 다투고, 어떤 참사는 추모와 의례를 놓고 십수년째 씨름 중이다. 나아가 참사의 해결은 진상규명과 처벌, 보상과 합의, 의례화의 차원을 넘어선다. 다시는 같은 경로의 죽음이 발생하지 않게 하는 것, 사고와 죽음의 질주를 멈추는 것이다. 그것이 이뤄지지 않는다면, 모든 참사는 과거라 말할 수 없다. 그런 의미에서 이 책에 실린 모든 기록은 현재진행형이다.

　계속되는 참사만큼이나 반복 제시된 해결방안 역시 좀 더 유심히 들여다볼 필요가 있다는 것도 덧붙여야겠다. 재난 희생자들을 어떻게 기억할 것인가(정원옥), 지역의 관점에서 재난을 보는 것이 왜 중요한가(하승우), 참사 발생 시마다 대안으로 제시되는 '안전교육'의 허상과 실상은 무엇인가(박두용), 참사를 일으킨 기업과 인허가 감독권을 쥔

정부책임자에게 형사처벌은 왜 필요한가(이호중). 기록 사이사이 배치된 각 분야 전문가들의 조언은 따로 또 같이 모든 참사를 마주하며 되짚어봐야 할 안전사회의 단초들이다.

기억하고 기록하고 연대하며

참사를 둘러싸고 누구는 정의와 단죄를 말하고 누구는 회복과 화해를 이야기하지만 우리는 무엇보다 기억과 기록이 우선되어야 한다고 말하고 싶다. 기억이 기록되지 않는 이상 진실에 닿을 수 없다. 기억과 기록이 가능할 때만, 그래서 진실이 드러날 때만 합당한 치유와 보상, 유사사건의 재발방지, 용서와 화해를 통한 공동체의 회복이 가능하다고 믿는다. 재난참사를 기록하는 일은 권력과 구조가 은폐한 재난참사의 궤적을 그려내는 일이다. 피해자라는 명명 속에 '숫자'로만 남은 이들의 삶을, 우리처럼 울고 웃었던 사람의 이야기로 복원하는 일이다. 또한 동료시민으로서 참사의 피해자와 유가족의 곁에 서는 과정이며, 반복되는 재난을 멈추기 위한 동시대인으로서의 책임감을 확인하는 자리다.

우리는 이 책을 통해 독자들이 재난참사를 구조적으로 이해한다는 것이 무엇인지 깊이 생각해볼 수 있기를 바란다. 각 사건을 현미경처럼 들여다보고, 또 개별 사건을 넘어 사건들을 연결해서도 보길 바란다. 한국 사회의 정치·경제·사회·문화적 요소들이 어떻게 작동하며 서로 어떤 관계를 맺고 재난을 발생시키는지 살펴보길 바란다. 참사를 만드는 권력관계와 구조의 견고함을 파악하고 그 속에서 우리가 어디에 서 있는지를 되짚어보자. 그럴 때만이 모두의 안전을 위해 우리가 무엇을 요구하고 어떠한 변화를 만들어내야 하는지 가늠할 수 있을 것이다.

참사공화국에서 살아가는 우리에게 유일한 위안은 참사에 대한 사회적 인식의 지평이 조금씩이나마 확장되어왔다는 사실이다. 유가족들의 눈물겨운 투쟁에 빚진 변화였다. 매 참사마다 안전한 사회를 요구하며 싸워왔던 유가족들이 있었기에 미흡하나마 각종 안전시설과 제도, 조례 등이 만들어졌다. 시민과 시민사회의 성숙 역시 사회를 성장시켰다. 1995년 삼풍백화점 참사에서 생존자 구호와 유가족 지원에 힘을 모으던 시민들은 2003년 대구지하철 참사가 발생하자 시민단체와 함께 거리로 나섰다. 진상규명과 책임자 처벌, 지하철 안전운행대책 마련을 요구하는 시민들의 목소리가 대구를 달궜다. 그리고 2014년 세월호 참사. '세월호 지킴이'를 자처한 전국의 평범한 시민들은 3년이 지난 오늘까지도 '잊지 않겠다'는 다짐을 실천하며 새로운 사회를 불러오고 있다.

또 하나 주목할 변화는 참사를 인권의 언어로 말할 수 있게 되었다는 점이다. 안전한 삶은 모든 사람이 누려야 할 권리이며, 모든 사람은 재난을 초래한 환경과 이유를 포함한 진실을 알 권리를 가진다. 이 또한 홀로 온 것이 아니다. 유가족들과 시민들이 함께 일군 결실이다.

세월호 참사를 계기로 만들어진 '존엄과 안전에 관한 4·16인권선

언'은 "인간의 존엄은 타인과의 관계 속에서 협력하며 살아갈 때 지켜질 수 있다"고 선언한다. 안전사회는 우리가 함께할 때 건설되는 것이다. 이 책을 읽는 당신도 그 힘의 한 축이 될 수 있다. 당신이 적극적으로 읽어내는 만큼 세상은 변한다. 유가족들이 내일을 살아낼 힘이 쌓인다. 재난을 나의 문제로 상상하고 함께 실천하는 사람으로 한 발 내딛기를 바란다. 따져보고 질문을 던지고 대안을 상상해보자.

2014년 4월 16일 이후 다시 맞는 세 번째 봄. 416세월호참사 작가기록단은 매해 새로운 봄을 기다리며 기록을 만들어왔다. 이 기록 역시 죽은 이들의 유지와 산 사람들의 간절함이 맞닿아 탄생했다. 꼬박 2년 6개월이 걸린 이번 작업을 4·9평화재단이 종잣돈을 내어 응원해주었다. 박정희 정권의 사법살인 피해자인 '인혁당 사건'의 희생자 유가족들이 재난참사 유가족들에게 건넨 연대에 가슴이 따스해졌다. 서해문집이 어려운 출판 환경에서도 우리의 완주를 독려했다. 출판의 사회적 역할을 다시금 배웠다. 마지막으로 우리가 기억하고 기록하고 애도할 수 있도록 길을 놓아준 유가족들과 생존자들, 그리고 그 곁을 지켰던 이들의 증언과 용기에 말로 다 담을 수 없는 감사와 미안함을 전한다. 그 걸음에 빚져 우리가 오늘을 살았다. 이제 우리가 당신들이 살아갈 내일을 만들 힘을 함께 채워갈 차례다.

2017년 4월
416세월호참사 작가기록단 재난참사기억프로젝트 팀

차례

숨쉬는 것조차
눈치를 봐야 했던
시절의 비극

해정

남영호 침몰참사
1970.12.15

1970. 12. 14	제주도-부산 정기여객선 남영호, 제주도에서 출항.
12. 15	새벽 1시 25분경 여수 소리도 26마일 인근 해상에서 침몰.
	오전 8시 25분경 일본 어선 4명 구조. 이후 일본 측에서 오후 12시 30분경까지 한국 해경에 수차례 긴급사태 발생 타전.
	오전 10시 16분, 11시 39분 해경, 일본의 긴급사태 발생 타전을 수신. 오후 2시 경 해경 구조정 출동. 탑승자 340여 명 중 최소 319명, 최대 337명 사망. 생존자 12명.(일본 8명, 한국 어선 1명, 해경 3명)
12. 16~28	유족들, 제주와 부산에 각각 유족회 구성하고 시신수습 및 선체 인양, 책임감 있는 사태 수습 요구하며 농성·점거·가두시위 등 진행.
12. 19	백선엽 교통부 장관 및 박경원 내무부 장관 사의 표명, 반려.
12. 22~24	검찰수사 완료. 부산지검 및 제주지검에서 선주, 선장, 하역회사 관계자 및 공무원 등 총 12명 기소.
12. 22	정부, 남영호 선체 인양 포기.
12. 23	국회, 남영호 침몰사건진상 특별조사위원회 구성 및 활동 개시.(~12월 31일)
12. 26	유족에 대한 1차 보상 실시.(연내 거의 지급 완료)
1971. 2	유족에 대한 2차 보상 실시.
3	남영호 위령탑, 서귀포항에 설치.
6	남영호 1심 판결. 선장 징역 3년, 선주 징역 6개월 선고. 하역회사 관계자 및 공무원 모두 무죄 선고.(이후 대법원에서도 선주 무죄 취지로 검찰 상고 기각)
1980.	남영호 위령탑, 서귀포항에서 돈내코 중산간으로 이설.
2013. 12	40여 년 만에 민관합동 위령제 개최.
2014. 12	남영호 위령탑, 중산간에서 정방폭포로 이설, 유족회 주최 위령제 개최.

"우리가 뭐라고 해도 귀에나 듣겠어요?
아무리 우리가 뛰고 날고 해도…. 기대 같은
게 없어요. 그냥 이렇게 살다 죽는 거죠."

1부 그날

출항

공기는 차가웠지만 청명한 12월이었다. 남해안 일대에 사흘간 내린 폭풍주의보로 한적했던 서귀포항이 다시 들썩였다. 제주와 부산을 오가는 정기 여/화객선은 모두 세 척. 하지만 '도라지호'는 일주일 전 화재로, '제1제주호'는 고장 수리로 출항이 어렵다 보니 남영호를 놓치면 언제 육지로 나갈 수 있을지 모를 터였다. 이른 아침부터 모여든 화주들과 하역회사 인부들이 선박에 짐을 부렸다. 비행기를 놓친 관광객, 연말 대목을 보려는 상인들, 친척 결혼식에 나선 나들이객들이 객실과 갑판 위에 자리를 잡았다. 평소 크고 시설이 좋은 도라지호에 밀려 겨우 승객 70~80명을 태우던 선박이 인파와 화물로 북적이자 선주와 하역회사 영업과장의 입가엔 미소가 번졌다. 하지만 이를

1960년대 서귀포 항구.

지켜보던 선장 강태수 씨는 심기가 불편했다. 인부들이 미처 싣지 못한 트럭 두 대분의 밀감을 갑판 위로 가져오려 하자 선장이 소리쳤다. "더 이상은 안 돼." 선장은 하역을 중단시키곤 슬그머니 자리를 떴다. 그대로 있다간 화주들로부터 짐을 더 실어달라는 졸림을 당할 게 분명했다. 출항 1시간여를 앞두고 배에 돌아왔을 때 선장의 시야에 적재가 금지된 앞쪽 갑판 위 8단으로 쌓아 올린 밀감 궤짝이 들어왔다.

"배는 못 가. 니들이 책임 있는 놈들이냐, 당장 밀감 내려."

선장이 사무장과 항해사에게 호통을 쳤다.

"지금 밀감을 내리면 화주들이 누구 짐은 싣고 누구 짐은 안 싣느냐면서 우리 때려죽일 겁니다."

"시간도 다 됐고, 지금 내릴 수도 없으니 가볼 대로 가봅시다."

둘이 거친 목소리로 응대했다. 멀리서 선주가 이 광경을 지켜보고 있었다. 오후 5시, 밀감 한 개도 빼지 못한 배가 서귀포항을 출발했다. 그리고 오후 7시 25분, 기항지(경유지)인 성산포항에 도착했다. 배가 부두에 닿기 무섭게 100여 명의 승객들이 아우성을 치며 배에 올랐다. 손에 들려 오른쪽 통로에 쌓인 짐만 족히 6톤은 돼 보였다. 선장이 손전등을 들어 배의 꼬리 부분을 비췄다. 한눈에 보기에도 오른쪽 통로와 수면까지의 거리가 불과 30~40센티미터밖에 안 돼 보였다. 배에 바닷물이 거의 넘실넘실거릴 상태였다. '평소 190센티미터에 달하던 거리였는데….' 강한 두려움이 엄습했다.

"배를 이 자리에 동여매든지 기필코 부산으로 가려면 갑판 위의 짐 풀어. 안 그러면 내가 내리겠어."

선장이 다시 사무장을 채근했다. 하지만 사무장은 선장의 말을 듣지 않았다. 오히려 배에서 내리려는 선장을 잡아 올리며 "날씨도 좋으니 살살 가보자"고 종용했다. 선장은 선원들을 전부 불러 모았다. 누군가는 자기와 같은 판단을 내려주리라. 하지만 사무장의 서슬에 눌려 아무도 입을 열지 않았다. 선장은 다시 주춤했다. 노발대발할 선주의 모습이 눈에 아른거렸다. 오후 9시 40분, 남영호가 출항 기적을 울렸다.

침몰

최옥화(당시 55세) 씨는 부산 큰아들 집에 가려고 성산포항에서 배를 탔다. 사흘간 육지로 가는 발이 묶인 탓에 몰려든 승객으로 3등 객실은 비좁고 후덥지근했다. 잠을 설치던 최 씨는 바람을 쐬러 나왔다가 갑판 위로 물이 살짝 넘치는 걸 보았다. 흠칫한 마음에 주변을 둘러보았다. 배는 물결을 박차고 쉼 없이 항해 중이었고 새벽녘 잠든 승객들로 배 안은 고요했다. 대수롭지 않게 넘긴 최 씨가 객실로 돌아와 잠을 청하려는데 10분쯤 지났을까? 통통거리던 엔진이 잦아들더니 갑자기 배가 왼쪽으로 기우뚱했다. 불길한 예감에 휩싸인 최 씨가 객실 밖으로 뛰어나오던 순간 객실 내 전기가 나가며 사방이 캄캄해졌다. 배가 왼쪽으로 더 기울면서 선잠에서 깬 승객들이 놀라 비명을 지르며 뛰어나와 배는 순식간에 아수라장이 됐다. 수많은 사람들이 어찌할 새도 없이 나동그라져 화물들과 함께 바다에 떨어졌다.

"사람 살려!" 물에 빠진 여자들과 어린아이들이 허우적대며 소리쳤다. 하지만 배가 완전히 전복되기 시작했기 때문에 도움을 줄 수 있는 사람은 없었다. 천운으로 선박에 감겨 있던 줄을 잡아 위기를 넘긴 최 씨는 전복된 배 밑바닥으로 기어올랐다. 배 밑바닥과 옆구리를 붙잡고 버티는 사람들이 족히 100명은 돼 보였다. 아주 멀리서 희미한 불빛이 보였다. 사람들이 소리를 질렀다. 한 청년이 라이터를 켜 자기 목도리를 태우며 흔들기 시작했고 사람들이 목도리와 윗옷을 벗어 불길을 키웠다. 하지만 불은 오래가지 못했다. 바람이 거세지고 성난 물결이 몰아칠 때마다 사람들이 외마디 비명과 함께 낙엽처럼 물결에 휩쓸려 사라졌다.

김정순(당시 32세) 씨도 그때 남편을 잃었다. 김 씨는 밀감 장사에 나선 남편을 따라 제주도에 다녀오는 길이었다. 서귀포에서 출발한 지

3~4시간쯤 지났을까? 아래층 화장실로 내려가던 김 씨는 배가 기울면서 2등 객실로 미끄러졌다. "으악!" 정신을 차려보니 객실엔 물이 목까지 차오르고 있었다. 그때 남편이 나타나 손을 내밀었다. 이후 부부는 전복된 배 밑바닥으로 기어 올라갔지만 이내 배는 완전히 침몰하기 시작했다. 남편은 침몰하는 배가 만든 소용돌이에 휩쓸려 사라졌고, 김 씨만 구사일생으로 살아남았다. 김 씨는 표류하던 갑판 뚜껑을 붙잡았다. 처음에 15명 정도가 함께 있었지만 동이 터올 때쯤 5명으로 줄더니 해가 좀 더 높이 솟았을 땐 김 씨와 다른 1명만이 남아 있었다. 추위에 차츰 몸의 감각이 사라지기 시작하더니 걷잡을 수 없는 졸음이 밀려들었다.

침몰 직전 통신사 김박지(당시 29세) 씨는 졸다 잠에서 깼다. 시계를 보니 15일 새벽 1시 25분. 회사에 운항내용을 송신할 시간이다. 송신기 작동을 끝내고 다이얼을 조정하려던 찰나, 갑자기 배가 기우뚱했다. 김 씨가 놀라 문을 열고 나가 보니 배 안으로 물이 들어오고 있었다. 선실로 급히 되돌아온 김 씨는 단파로 무전을 보냈다.

"SOS 여기는 남영호. 소리도 근해에서 조난……."

한 번 더 타전하려는 순간, 단파의 안테나 성능이 좋지 않다는 선임자의 말이 떠올랐다. 중파로 바꿔 다시 타전을 시도했다. 단파가 인근 어업무선국 및 해경과의 교신에 사용된다면 중파는 세계 공용주파수였다.

"SOS 남영호. 소리도 근해에서 조난……."

두 번, 세 번, 네 번. 아무 응답이 없다. 다섯 번째 신호를 보내려는 순간 통신실로 바닷물이 밀려들어왔다. 김 씨는 순간 반대편 문을 열고 바다에 뛰어들었다. 표류하던 나무 침대와 밀감 궤짝을 붙잡아 간신히 목숨을 건졌지만 밝은 달빛에 비친 아비규환의 처참한 광경이 눈앞에 펼쳐졌다. 얼마 후 360톤에 달하는 철선을 집어삼킨 바다는 아무 일도 없었다는 듯 고요해졌다. 바람도 잦아들고, 어렴풋이 들려오던 비명소리도 더 이상 들리지 않았다. 사방을 둘러보아도 보이는 것은 새까만 바다뿐, 배는 고사하고 작은 섬의 그림자조차 찾을 수 없었다. 한기와 함께 걷잡을 수 없는 피로가 밀려왔다. 김 씨에게 구명부이 한 개를 양보해줬던 청년 2명이 지쳐 물속으로 사라져갔다. 이내 김 씨도 정신을 잃었다.

속보

12월 15일 오전 11시 40분, "제주-부산 간 여객선 한 척이 대마도 근해에서 침몰, 승객 240여 명이 익사하고 2명을 구조했다고 일본 해상보안청이 발표한 외신보도가 들어왔습니다." 각 방송국이 임시뉴스를 보도했다. 청취자는 물론 경찰 당국도 반신반의하는 가운데 뉴스가 반복됐다.

낮 12시, 권용식 제주도지사가 점심을 먹다 라디오를 통해 사고 소식을 처음 접했다. 깜짝 놀란 도지사가 해운국장을 호출해 영문을 따져 물었지만 해운국장도 아는 바가 없었다. 교통부와 내무부 역시 확

1970년 12월 15일 남영호 침몰사건을
보도한 〈제주신문〉.

1970년 12월 15일 침몰한 남영호.

인을 요청하는 언론에 낮 12시 현재 사고에 대해 아무런 보고도 받지 못했다고 답했다. [1] 언론은 제주-부산 간 여객선이라는 점에 착안해, 해경과 제주도, 서귀포경찰서 등에 문의한 결과, 15일 오전 부산 도착 예정이던 남영호가 입항하지 않았다는 사실을 확인했다. 일부 언론사들은 직접 일본 해상보안청과의 접촉을 시도했다. 오후 1시, 사고 선박이 남영호로 추정된다는 소식과 함께 남영호 침몰 소식이 국영방송과 민영방송을 타고 전국으로 보도됐다. 언론은 '건국 이래 가장 큰 해상참사'라고 강조하며 시시각각 속보를 타전했다.

350여 가구가 집단부락을 이루며 살던 제주도 구좌읍 종달리에도 침몰 소식이 전해졌다. 마을에서만 20명이 넘는 사람들이 뭍으로 나가기 위해 남영호를 탔던 터라 동네가 발칵 뒤집혔다. 채원순(현재 61세) 씨는 그때 중학교 2학년이었다.

"점심 무렵 담임선생님이 집에 빨리 가보래. 동네 어귀에 들어서니 마을 전체가 울음바다야. 집에 오니 사고가 났다고. 그때는 철 모를 적이니까 '사고가 났구나.' 했는데, 어머니는 기절할 정도였어요. 고모 작은아들 결혼식에 간다고 아버지랑 동생이랑 고모 큰아들이랑 삼촌에 사촌까지 그렇게 다섯이서 그 배를 탔어요. 동생은 부산 간다고 들

<hr>

[1] "이 문제가 일본으로부터 외신을 통해서 들어오고 난 다음에 치안국장은 외신을 갖다가 오보라고 그랬어. 그다음에 자꾸 외신이 들어오니까 '조그마한 화물선이 침몰했다.' 그렇게 답변했어요. 그래가지고 계속해서 또 외신이 들어오니까 서귀포하고 부산 간의 연락선과 침몰을 그때에 비로소 알았다···." (김은하 의원, 〈국회 교통체신위원회 회의록 26호〉, 1970. 12. 18.)

낮 12시 일본 해상보안청 7관구해상본부 메라야마 씨와의 국제전화

인터뷰(〈동아일보〉 1970. 12. 15. 1면)

문: 사고내용을 아는 대로 알려달라

답: 오늘 오전 9시 23분 남지나해를 순찰 중이던 순시선 '구사가끼'호로부터 제1보를 받았다. 지금 현장(대마도 남쪽 110km)에서는 5척의 (일본) 어선이 구조작업 중인데 오전 8시 35분에 ('고겡마루'호와 '고아마루'호 두 어선이) 표류 중이던 4명의 승객을 구조하고 오전 9시 5분에 남녀 각 1명씩 2명, 모두 6명을 구조했다.

문: 일본 순시선들이 현장에 가 있는가?

답: 현재 구사가끼호를 비롯 4척의 순시선이 현장으로 급행 중이며 오후 1시 지나서야 현장에 도착할 것이다. 도착하면 보다 자세한 내용을 알 수 있겠다. 순시선의 보고를 대기 중이다.

사고 해역 위치

부산
영도
거제도
137km
홍도
진도
77km
소리도 34km
하백도
42km
55km
성산포
서귀포

전남 여천군 남면 연도리
북위 34도
동경 128도

떠가지고 따라나섰는데…….”

채 씨 가족을 비롯한 마을 사람들이 너나 할 것 없이 서귀포항으로 향했다. 서귀포항은 비보를 전해들은 승선자 가족들과 화주들, 취재기자들로 인산인해를 이뤘다. 사람들은 침몰 경위와 생존자 명단을 확인하고자 했다. 하지만 남영상선 연락소와 매표소는 텅 비어 있었다. 사고 소식에 회사 직원들이 모두 줄행랑을 친 것. 사정은 부산항과 부산 충무동에 있는 남양상선 사무실도 마찬가지였다. 오지 못한 사람들의 전화가 빗발쳤지만 받아줄 사람이 없었다.

그날 저녁 12명이 구조돼 생환한다는 소식이 전해졌다. 하지만 더 이상의 구조는 절망적이라는 보도가 이어지자 여기저기서 울음이 터져 나오기 시작했다. 해산하고 친정에 오는 딸과 외손주를 기다리던 어머니의 통곡이, 하루아침에 고아가 된 5남매의 사모곡이, 부인과 아들, 형수를 잃어버린 30대 사내의 오열이 사무실과 항구를 뒤덮었다. 그날 채 씨는 아버지와 동생을 비롯해 5명의 가족을 잃었다. 특히 4·3 때 남편을 여읜 채 씨의 고모는 남영호 참사로 큰아들마저 잃고 생애 두 번째 유족이 됐다. ‘박복한 년’이라는 탄식과 절규가 흐르고 넘쳤다.

남영호 참사로 340여 명의 승선자 중 최소 319명, 최대 337명이 사망했다.[2] 이 중 207명이 제주도민이었고, 종달리에서만 21명이 목

---

2   남영호 참사 사망자 수는 정확한 추산이 불가능하다. 1970년 12월 29일 국회에 최종 보고된 바에 따르면, 기관별 파악한 조난자 수/사망자 수는 내무부 335명/323명, 교통부 338명/326명, 해상해양경찰대 349명/337명이다. 하지만 1971년 보상금 지급 서류

숨을 잃었다.[3] 전국에서 가장 큰 피해였으며, 4·3이래 가장 큰 참화였다.

수중고혼

남영호 기관사 홍병생 씨의 동생 홍태생(현재 75세) 씨는 그때 고향 남원에 있었다. 남원초등학교 공사 현장에서 한창 일하고 있던 그에게 남영호 침몰 소식이 전해졌다. 자동차는 물론 버스도 흔치 않던 시절. 홍 씨는 얼굴이 얼어 살이 에이는 것도 모르고 자전거 페달을 밟아 남원지서로 향했다. 시무룩한 표정의 경찰관들이 빨리 서귀포항으로 가보라 권했다. 홍 씨가 서귀포항에 도착했을 때, 남양상선 연락소와 매표소는 악에 받힌 유족들 손에 부서진 상태였다.

"형님이 헤엄도 잘 치고 맨손으로 물고기도 잘 잡고 했었으니까 살아 있는 줄 알고, 설마설마 죽은 줄 모르고…. 제주 남군청(현 서귀포구청 2청사)이 사고대책본부였는데 아는 사람도 없고 잘 곳도 없고 그래

에 대상자는 총 319명(무연고 8명 포함)으로 명기돼 있다. 최근 언론에서 인용하는 사망자 323명은 1971년 부산지방해난심판원 결정문에 근거한다. 이에 따르면 승선자는 338명, 생존자 15명, 사망자는 323명이다. 하지만 생존자가 12명이라는 데에 당시 모든 자료가 일치한다는 점에서 재검토가 필요하다. 한편 1972년 박정희 대통령 결제문서에는 사망자 수가 326명으로 명기돼 있다. 따라서 이 글에서는 사망자 앞에 '최소' '최대'라는 표현을 썼다.

3 〈제주신문〉, 1971. 12. 14.

서 매일 거기를 남원에서 왔다갔다 그랬는데, 살았다는 사람은 없고 며칠 지나니 시신이 들어오더라고."

> 가건 오마 일러랑 두엉(가는대로 곧 오겠다 일러놓고)
>
> 가난 올 줄 모르는구나(가고는 올 줄 모르는구나)
>
> 어멍 신디 가는 이 시민(어머니 계신데 가는 이 있으면)
>
> 말을 기별 허리연마는(애타는 사연 전하련마는)
>
> _〈맷돌노래〉(제주 민요)

17일 이른 아침부터 서귀포항에 사람들이 모여들더니 오후 3시에 이르렀을 땐 1만여 명의 인파가 운집했다. 온갖 사연들을 안은 채 제주도를 떠난 지 70여 시간 만에 돌아온 그들을 보기 위해서였다. "이날 해경 869정에 실려 돌아온 이들의 시신을 맞는 뱃머리에는 절치의 통분을 안고 몸부림치는 유족들의 곡성이 하늘과 땅에 메아리쳐갔다."[4] 인양된 4구의 시신은 빈소에 안치됐다. 300여 명의 유족들이 돌아가며 한 사람 한 사람 신원을 확인했다. 혈육을 찾은 이들은 살아오지 못했음에, 찾지 못한 이들은 시신조차 만나지 못했음에 오열하면서 서귀포항은 울음바다가 됐다.

"시신이 들어오면 거기서 방송하거든요. 키가 어떻고 머리가 어떻고. 비슷한 용모가 있으면 가서 보는데, 어떤 건 이도 없고, 눈도 없

---

4 〈제주신문〉, 1970. 12. 18.

1970년 12월 17일. 남영호 침몰 소식을 듣고 부두에 나와 초조하게 가족의 생환을 기다리고 있는
시민들. ⓒ조선일보

고… 차마 맨정신으로 볼 수가 없어 나중에는 다 못 봤어요. 보고 나
온 사람들은 죄다 길거리에서 울고 불고……

  저희 집이 좀 복잡하게 됐어요. 4·3 때 저희 아버지 대가 거의 전
멸됐거든요. 아버지, 작은아버지, 사촌에 오촌까지 남원에서만 여덟
분이 모두 돌아가셨고 형님이 우리 집 맏이가 됐죠. 그니까 시신이라
도 찾겠다고…. 제 동생이 그때 해군이고 월남 갔다 왔는데, 해군 줄
로 거기 가 보니까 배 하나가 어디 떨어진지도 모르고 왔다갔다 하더
래요. 중심(침몰된 곳)이 어디냐고 물으니 태평양에 파리 한 마리 떨어
진 걸 어떻게 찾느냐고. 잔뜩 화가 나가지고 와서 시신은 찾지도 못할

것 같은데 찾는 척만 한다고. 부산서는 시신 못 찾는다고 막 데모도 하는데 제주도는 두건 쓰고 울고만 있다고. 그때만 해도 여기 사람들이 좀 어두웠지. 결국 시신은 찾지도 못하고, 그렇게 가다가 끝났죠."

사고 후 수습된 시신은 총 40구.[5] 홍 씨도, 채 씨도 끝내 가족의 시신을 찾지 못했다. 제주도 곳곳에서 망자 없는 장례와 수중고혼을 위한 위령제가 열렸다.

"장례는 집집마다 풍습에 맞춰 치렀는데, 동네마다 무당을 불러 바닷가에서 굿을 했어요. 혼을 건진다고 하는데, 무당이 바다에 묻힌 혼을 꺼내 풀어주는 거지. 저승길 잘 가시라고."

5　〈제주신문〉. 1971. 12. 18.

2부 진실

부당거래

망자와 산 자의 원통함이 하늘에 타전되었던 걸까? 추악한 소문이 하
나둘 정체를 드러냈다.

　"15일 새벽 1시 20분쯤 갑자기 심한 바람이 몰아쳤습니다. 갑판 위
에 쌓아놓은 밀감 궤짝 3000여 개가 왼쪽으로 허물어지면서 순간 선
체가 중심을 잃고 왼쪽으로 넘어가더니 배가 뒤집어졌습니다."[6]

　12월 16일, 살아온 선장이 입을 열었다. 생존자 오양희(당시 41세)
씨는 성산포항에서도 또 많은 승객과 짐을 싣자 승객들이 "배에 물이
들어온다"고 말렸다고 증언했다. 통신사 김박지 씨도 배가 왼쪽으로
10도가량 기울어진 상태로 출항했다고 주장했다. 1967년 12월 부산
영도경남조선회사에서 제작해 선령이 3년밖에 안 된 배였지만 정원
302명보다 최소 30명 이상 초과하고, 적재량 130톤을 3배나 초과한
540여 톤의 무게를 감당치 못해 전복됐다는 것이다.[7]

6　선장 강태수 씨 진술을 인용말로 재구성, 〈경향신문〉, 1970. 12. 16.
7　남영호 침몰의 원인으로 선체 부실이나 기관 고장도 언급됐다. 그 이유는 우선 사고가
　　나기 며칠 전인 11월 28일 남영호가 제주 앞바다에서 좌초된 적이 있다는 주장에서 비
　　롯됐다. 두 번째 이유는 1967년 남영호 건조 당시 기관을 설치해준 일본 '마끼도' 철
　　공소 기술진이 "기관 내의 터빈 과급기와 배기 구조물에 결함이 있어 폭발할 가능성이
　　있다"고 지적한 점이 근거가 되었다. 마지막으로, 남영호 전 기관사 홍남호 씨는 사고
　　직후 경찰에 자진 출두해 남영호에 중대한 결함이 있었다고 주장했다. 설계상의 문제

이는 교통부 발표와 상반되는 것이었다. 사고 당일 교통부는 승선자는 266명, 화물은 150톤이라고 발표했다. 다음 날 열린 국회 교통체신위원회에서는 남영호의 정원이 321명이며, 항해 당시 315명이 승선했다고 밝혔다. 하루 전보다 승객 숫자가 늘어난 것은 관례상 부녀자가 동반한 유아 등 어린이 승객은 명부에 기재되지 않아 누락된 것이라며 정원초과 사실을 부인했다. 적재된 화물과 관련해서는 전날 150톤에서 미상량이라는 표현으로 한 발 물러섰지만 화물의 초과 여부 및 적재상의 잘못 여부는 아직 확실하지 않다고 주장하다 국회의원들의 질책을 받았다.

과적이 참사의 주원인으로 지목되면서 논란은 어떻게 과적과승이 가능했냐는 것으로 옮아갔다. "돼지가 오늘 몇 마리나 탔소?" 돼지는 표값은 받았으나 세금을 내지 않기 위해 승객명부에서 누락시킨 사람들을 지칭하는 은어였다. 누가 '돼지'를 태웠나를 둘러싸고 교통부와 내무부 간에 설전이 오갔다. 승객명부와 화물적재량 등을 단속하는 임검[8]은 경찰관의 임무니 내무부 책임이라는 교통부 주장에, 선원과 선박행정은 교통부 관할이라는 내무부의 반박이 맞섰다.[9] 검찰은

로 윗부분이 무겁고 배의 밑부분이 가볍게 건조돼 배의 복원력이 부족하다는 것이었다. 이를 해결하기 위해 남영호 상갑판에서 약 30톤가량의 무게를 떼어낸 사실도 있다고 덧붙였다. 경찰은 이에 대한 수사에 착수했으나 이후 언론, 재판, 기타 기록에 언급이 없는 점으로 미뤄, 침몰의 주원인으로 고려되진 않은 듯 보인다.

8 임검은 경찰관직무집행법상에 위해방지와 불심검문 같은 목적으로 진행되는데, 당시 경찰국장은 불순분자의 승선, 폭발물 또는 위험화물의 적재 등에 중점을 두고 임검이 진행됐다고 국회에서 증언했다.

제주지방해운국이 3년간 남영호의 적재정량을 해운국 여객선 카드와
선박 검사증에 250톤으로 기재해오다가 사고 직후 130톤으로 정정
한 사실을 밝혀냈다. 한편 서귀포경찰청장이 일곱 차례에 걸친 해운
국의 임검 의뢰를 일선 파출소에 시달하지 않은 사실도 드러났다. 너
나 할 것 없이 공범이었던 셈.

선장과 통신사는 생환의 기쁨도 잠시, 곧바로 경찰서로 연행돼 쇠
고랑을 찼다. 침몰 책임도 책임이지만 둘 다 무자격자라는 사실이 밝
혀졌기 때문이다. 강태수 선장은 을종 2종항해사로 362톤(길이 43미터
에 폭 7.2미터)의 남영호를 운항하기엔 자격미달이었고, 김박지 씨 역시
병종 통신자격증밖에 없어 통신장 노릇을 하기엔 부적합했다. 남영
호가 11일 부산을 출항하면서 해운국에 신고한 선원명단에는 선장과
통신장 모두 전임자의 이름이 기재돼 있었다. 다른 무자격 선원들도
마찬가지였다. 이는 해운국의 묵인 없인 불가능한 일이었다.

"(선주가) 위로는 도지사를 비롯해서 현지에 있는 경찰관헌 일체의
사람들한테 그야말로 지방의 유력한 인사로서 교우가 넓고 따라서 이
사람에 대해서는 감히 말단 경찰관 정도가 이 배에 대해서는 손을 대
기 거북할 정도의 실질적인 세도를 행사하고 있는 사람이라 (…) 이 사
람에 대해서는 치외법권적으로 손을 대기가 거북했다 이것입니다."(김
수한, 〈남영호 침몰사건 진상조사를 위한 국회 특별위원회 회의록 3호〉, 1970. 12. 26)

선주와 남양상선과 해운국, 그리고 경찰 고위층과의 오랜 유착관

---

9   김종길, 《되돌아본 해운계의 사실들》, 220쪽, 동재, 2005.

계를 파헤치는 데 수사력을 집중해야 한다는 주장이 힘을 얻었다.

묵살

한편 참사 초기부터 남영상선과 각 무선국은 SOS를 수신한 바 없다고 주장했다. 하지만 일본 해상보안청에서 사고 당시 SOS 타전을 희미하게나마 포착한 사실이 확인됐다. 남영호 통신장비의 노후화 혹은 통신사의 자격미달을 탓하던 화살이 겨누던 상대를 바꿨다. 체신부와 해경, 그리고 수협 산하 각 무선국을 향한 의혹의 눈초리가 매서워졌다.

"두 차례에 걸쳐 SOS를 캐치, 조난 장소와 시간 등을 알리라는 상태부호를 서너 번 발신했지만 아무 응답이 없어 상부기관에 통보하지 않았습니다."

여수어업무선 소속 무전사가 고개를 숙였다. 경찰에 압수된 무선통신일지에 국명과 선명은 비어 있었지만 '12월 15일 새벽 1시 20~25분, SOS 2회 청취'라는 기록은 뚜렷이 남아 있었다. 수사는 전국 34개 모든 무선국으로 확대됐다. 해경통신과 담당직원(김승무)이 사고시각에 자리를 비워 SOS를 놓친 사실이 드러났다. 사고 해역 인근에서 우리 해군 함정들이 14일부터 훈련 중이었다는 사실도 새로이 확인됐다. 해군 역시 구조신호를 포착하지 못했다고 주장하면서 논란은 국가안보체계에 구멍이 뚫린 것 아니냐는 의문으로까지 번졌다.

"남영호가 조난을 당한 것이 아니라 북괴 무장간첩에 의해가지고 이북으로 끌려가면서 SOS를 쳤다고 할 때 이렇게 늑장을 부리고 15시간이나 지나서 현장에 구조함이 달려가는 상태가 왔다고 한다면 아마도 330명의 승객을 실은 이 남영호는 이북 진남포나 원산을 가고도 남을 만한 시간이라고 하는 것을 우리가 경악해서 생각하지 않을 수가 없습니다." (김수한, 〈75회 국회 본회의 회의록 21호〉, 1970. 12. 23)

그러나 정말 모두를 경악하게 한 것은 해경이 일본 측이 보낸 긴급사태 발생 타전을 무시했다는 사실이었다. 언론의 확인보도가 이어지자 애초 수신 사실을 부인하던 해경은 10시 16분과 11시 39분 두 차례 무전을 수신했다고 해명했다. 하지만 수신 즉시 왜 답신을 보내지 않았는지는 밝히지 않았다. 또한 첫 타전이 10시 16분이라고 해도 첫 번째 구호정인 206경비정이 사고 현장에 도착한 것은 오후 4시. 출동 후 사고 현장까지 2시간 정도 소요된다는 점을 감안한다면 출동시간은 1시 30분에서 2시 사이로 추정된다. 즉, 첫 수신 이후 3시간이나 지체했던 것. 870함은 오후 2시 10분경 출발 예정이었으나 급유 등 사전준비 미흡으로 3시 반에서야 출발했다. 또 1시간가량 항해했을 때, 의료진이 누락됐다는 해경의 긴급연락을 받고 다시 부산으로 회항했다. 다른 경비정들은 밤 9시에야 사고 해역에 도착했다. 모두 골든타임을 한참 넘긴 뒤였다. 12명의 생존자 중 해경이 구조한 사람은 불과 3명. 일본이 8명, 우리 측 민간 어선이 1명을 구조한 뒤였다.[10]

---

10 이 민간어선은 희영호였다. 하지만 희영호는 눈앞의 생존자만 구조하고 귀항했다. 또

남영호 사건관계 한일교신 메모(〈동아일보〉1970. 12. 16. 1면)

- 오전 9시, '구사가끼' 순시선이 한국 해경대에 무전으로 남영호 침몰 사실을 타전했으나 한국에서는 응답 없음.
- 오전 9시 16분, 구사가끼 순시선은 기타규슈 모지에 있는 제7관구해상보안본부에 "한국인 4명 구조, 한국 해경대에 타전했으나 응답 없음. 본부에서 한국에 직접 연락 바람"이라고 타전. 해상보안본부는 즉시 부산의 한국 해경대 무선국과 제주도 해안국에 이 사실을 정오까지 계속 긴급사태 발생이라고 타전했으나 한국에서는 전혀 응답 없음.
- 오전 9시 30분, 7관구 해상보안본부는 쓰시마(대마도)에 있는 '요시뇨' '시마유끼' '다마유끼' '하쓰마루' '구사가끼' 등 5척의 순시선을 현장에 급파, 구조토록 지시. 즉시 현장에 출동.
- 낮 12시 30분, '긴급사태 발생' 타전을 마침.
- 오후 2시, 한국 승객 8명 구출했다고 구사가끼 순시선이 7관구해상보안본부에 타전.
- 오후 2시 15분, 한국 해경대로부터 응답받음. 한국 경비정 867, 868, 869정, 연안초제기 503기 출동했다고 무선으로 연락받음.

당시 〈동아일보〉는 사설에 다음과 같이 적었다.

　"특히 이번 참사에서 가장 가슴 아픈 사실은 만약 SOS를 관계기관

한 사고 사실을 경찰에 신고하지 않아 형사책임 논란에 휩싸였다.(〈경향신문〉, 1970. 12. 21)

이 제대로 수신하고 수신 즉시 구조활동을 서둘렀더라면 하는 점이다. 이는 천재지변도 불가항력도 아닌 관계기관의 기강해이에서 발생한 사건이다."**11**

구하지 못한 것이 아니라 구하지 않은 것이었음이 분명해졌다.

무마

"사람들은 왕조시대 악담 그대로 말했다. '박정희가 잔인하므로 이런 잔인한 일들이 일어난다'라고."**12**

그래서였을까? 정부의 사고 대처는 늦었지만 무마 시도는 재빨랐다. 사고 발생 40시간 후 정부는 영하권 추위에 승객이 생존할 가능성이 없다고 결론지었다. 그로부터 이틀 후 표류시체가 없으면 사실상 시신 수습은 불가능하다며 수색을 포기했다. 사고 발생 일주일이 되던 22일, 정부는 사고 해역 수심이 80~90미터에 달하는 데다 물살이 센 곳이라 당시 기술로는 선체 인양이 불가능하다며 인양 포기를 선언했다.

검찰도 일주일 만에 수사를 종결했다. 수사를 총지휘한 부산지검은 늑장구조와 SOS 수신, 그리고 선박 운항 관리 등에 대한 고위 당

---

11 〈동아일보〉 사설, 1970. 12. 18.
12 고은, '나의 산하 나의 삶' 131호, 〈경향신문〉, 1994. 12. 4.

국자의 책임을 일체 묻지 않았다. 남양상선과 해운국, 경찰 간의 부당거래 의혹은 물론 해경의 늑장출동 역시 불문에 붙였다. 반면 현장 부근에서 조난 승객들의 구조를 묵살한 혐의로 민간 어선인 희영호의 선주를 선박지원법 위반혐의로 입건, 수배했다. 또한 기소된 사람은 선장(강태수)과 선주(강우진), 통신사(김박지), 하역업체 영업과장(오대옥)과 영업직원(김경두) 등 4인과 부산 해운국 임검 직원(최복선), 해경통신과 순경(김승무) 등 총 7명에 불과했다. 통신사(김박지)는 불구속 기소됐다. 제주지검 역시 무자격 선원의 항해를 묵인한 제주지방해운국 해무계장과 출항 시 임검을 소홀히 한 순경 4인 등 총 5명을 직무유기로 구속 기소하는 선에서 수사를 매듭지었다. 대어는 다 놓아주고 송사리만 잡은 꼴이었다.

건국 이래 최초로 사회재난을 조사하는 국회 차원의 특별조사위원회가 구성됐다. 하지만 '남영호침몰사건 특별조사위원회'(이하 특조위)의 활동기간은 23일부터 31일까지 단 9일. 총 네 차례에 걸쳐 교통부·국방부·내무부·체신부 장관을 비롯한 관계기관에 대한 질의가 이어졌지만 변명만 난무했다. 성과도, 정리된 기록[13]도 남지지 못한 채 시간만 흘렀다. 그사이 내무부 장관과 교통부 장관의 사의는 반려됐고, 관계감독기관에 대한 행정적 책임은 아무도 지지 않았다.

들끓는 여론을 무마하기 위해 정부는 위문단을 조직하고 120만 원

---

13 특조위 설립 당시부터 활동종료 후 보고서 채택 등은 국회의장에게 위임된 상태였다. 이후 보고서가 채택되었다는 기록은 남아 있지 않다.

을 들여 위령탑을 건설하겠다고 밝혔다.[14] 위문단의 역할은 "제반 사후수습에 대하여 당국에서 책임 있는 대책을 강력히 추진하고 있다는 점을 설득"하는 데 맞춰졌다. 공공기관의 장부터 마을 기초단위까지 모두 위문에 동원됐다. 또한 정부는 매우 신속하게 보상작업을 진행했다. 정부는 선주 재산만으론 보상금이 턱없이 부족하자 선주 가족들을 압박하고, 선주가 급전을 마련할 수 있도록 보증을 섰다. 정부 주도하에 보상금 지급은 1970년 연내에, 그것도 불과 사나흘 만에 완료됐다. 참사 보름 만에 전국에 있는 유족에 대한 보상이 완료된 것. 당시 지급된 보상금(1차)은 희생자 1명당 70만3655원[15]이었다. 이 보상금에는 정부가 출연한 것으로 추정되는 40만 원도 포함됐는데, 이제 남영호는 정부가 건국 이래 첫 번째로 민간 영역 참사에 보상금을 지급한 사례로 남을 터였다. 물론 "상기 금액 영수 후 정부에 대한 소를 제기하지 않겠다"는 지급조건도 선례가 될 터였다. 이는 빠르게 여론을 수습하고 사건을 무마하기 위한 방편이었겠지만 남영호 침몰 및 구조실패에 대한 정부책임의 간접적 시인으로 이해되기도 했다. 그러

14 위령탑은 이듬해 3월 서귀포항에 세워졌다.

15 남영호 유족에 대한 보상금은 희생자 1명당 총 81만5655원으로, 이는 두 차례에 걸쳐 지급됐다. 1차 보상금 70만3655원은 1970년 12월 말에 지급됐다. 이는 해운조합분 승객 공제금 20만 원, 정부 위자료 40만 원, 선주 위자료 9만3655원, 대통령 국회의원 일동 및 일반 조의금(국민성금) 1만 원을 더한 금액이었다. 참고로, 1차 보상금 지급 시 액수는 확정되지 않았으나 추후 보상이 더 지급되리란 공지가 있었던 것으로 보인다. 2차 보상금 11만2000원은 이듬해 2월 지급됐다. 선주 위로금 및 선주가족 조의금 10만2000원에 일반 조의금(국민성금) 1만 원을 더한 금액이었다.

나 대부분 가장을 잃고 당장 생계가 막막한 유족들이 요구한 대책에는 턱없이 부족한 것이었다.[16]

격노

유족들은 참사 직후인 16일부터 제주와 부산 유족들을 중심으로 각각 유족회를 구성, 조속한 시체 인양 및 진상규명, 적정한 보상금 지급 등을 주장했다.[17] 하지만 요구가 묵살되자 길은 하나밖에 없었다. 저항. 원통함에 "눈에 뵈는 게 없던 때였다."

17일 300여 명의 유족들이 부산 해운국에 몰려갔다. 구조작업을

---

[16] 당시만 하더라도 참사 보상금은 교통, 철도, 해운 사고의 큰 차이 없이 30만 원 내외에 불과했다. 하지만 1970년 8월 추풍령 버스참사 희생자 보상금이 200만 원으로 타결되면서 이후 참사 보상금 액수와 협의엔 큰 파동이 일었다. 남영호 유가족 역시 200만 원 수준의 보상금을 요구했다.

[17] 당시 내무부가 정리한 제주조난유족회의 10대 요구안은 다음과 같다.

1. 시체 인양을 빨리 할 것
2. 사고원인 규명을 빨리 할 것
3. 대책위원장을 도지사로 할 것
4. 유가족을 사고 현장에 갈 수 있도록 할 것
5. 유실금품에 대한 보상을 할 것
6. 선주 측에서 사과할 것
7. 원거리 유족의 숙식을 해결할 것
8. 보도의 정확성을 기할 것
9. 장, 유 구별 없이 위자료를 지급할 것
10. (시체 인양을 위해) 저인망 어선을 총동원할 것

유족들이 지켜볼 수 있게 해달라며, 시신이라도 품에 안을 수 있게 해달라며 농성을 벌였다. 19일에는 200여 명의 유족들이 초량에서 시청역까지 행진했다. "실종된 부모형제를 우리 품으로 돌려달라"는 현수막이 한파에 얼어붙은 이들의 손에 들려 있었다. 21일 정부가 수색을 중단하고 선체 인양조차 포기할 기미를 보이자 분노한 유족은 부산 해운국과 파출소로 몰려갔다. 한밤의 난투극은 긴급 출동한 경찰들에게 유족들이 전원 연행되면서 끝이 났다. 경찰은 사이비 유족의 개입을 조사하겠다고 밝혔다.[18] 비탄이 시체장사로, 불순폭력 세력으로, 사이비로 매도되는 익숙한 광경이 50년 전 그날에도 펼쳐졌던 것이다.

부산 유족들이 분노로 몸을 떨던 그때, 제주에서도 사고대책본부가 세워진 남제주군청에 유족 200여 명이 모였다. 남영호 침몰은 정부의 단속소홀이 빚은 참사라며 절규하던 이들은 정부의 적극적인 문제해결을 요구하며 앉은 자리를 떠나지 않았다. 22일에도 정부의 무성의와 늑장대응을 성토하는 집회가 열렸다. 28일 정부가 시신도 없이 합동위령제를 개최하자 흥분한 유족들이 제단을 뒤엎는 사태가 발생하기도 했다. 그러나 유족들의 저항은 불행히도 오래 이어지지 못했다.

"군사정부 때니까 꼼짝을 못했다고. 그 당시에는 피해자가 까불면 더 때려. 나는 ROTC니 보안대에 잡히면 또 이거해버리겠다 그러고

---

18 〈동아일보〉, 1970. 12. 22.

이거 뭐 숨을 쉴 수가 있어야지. 어떻게 하겠어. 또 우리 형님들도 선생을 하니까 꼼짝을 못 했지. 그때는 우는 것밖에 할 수 있는 게 없었어. 그게 너무 비참한 거야."

당시 대학생이던 나종렬 씨(현재 70세)는 어머니를 잃고도 항의 한마디 못 했다고 회고했다. 특히 제주 유족의 경우 4·3의 유족이 다시 남영호 참사의 유족이 된 경우가 많았다. 이러한 특성은 정부와 맞서 싸우기 보다는 '팔자소관' '운명'으로 참사를 수용하는 순응적 기제로 작동했다.

운동권은 물론 시민사회라는 게 없던 때다 보니 유족 편에서 목소리를 높여줄 사람도 없었다. 독재의 공포가 일상에 깊게 드리운 시대였고, 참사는 민주화 세력의 관심사가 아니었기 때문이다.

당장 먹고사는 것에 급급했던 일상 역시 저항을 멈추게 했다. 희생자의 절반이 당시 20~40대로 경제활동을 주도했던 연령이었던 탓에 남영호로 부모형제를 잃은 학생 155명 중 41명은 학업중단 위기에 처했다. 유족 57세대 296명은 극빈자로 긴급구호 대상자였다.[19] 비탄과 함께 직면한 경제적 고통은 오롯이 남은 자들이 감당해야 했던 몫이었다.

여기에 교통과 통신의 열악함 등도 저항의 큰 난관이었다. 정보접근이 매우 제한적이던 시절, 유족들의 정보처는 신문이었다. 하지만 중앙언론이 정부책임론을 강조할 때, 제주 지역 신문들은 선주 및 선

---

19 남영호조난수습대책위원회, 〈남영호조난수습대책〉. 1970.

장의 책임과 국민성금 모금을 더욱 강조했다. 사건이 수습되어 정리
되고 있다고도 보도했다. 친정부적인 논조는 잘못된 사태 인식과 고
립을 가져왔다. 유족들은 애도의 걸음을 멈춰 세웠다.

홍 씨가 "4·3의 원통함을 운명처럼 받아들이고 살 수밖에 없었"던
것처럼 남영호 유족들도 체념의 길 위에 놓여졌다.

<hr />

면피

1970년 12월 31일에서 단 하루가 지났을 뿐인데, 남영호는 이제 신
문에 1~2줄짜리 단신 기사도 되지 못했다. 의혹과 비판으로 날을 세
웠던 중앙지는 물론이고 지역신문마저 남영호 재판 소식만 겨우 보도
하는 데 그쳤다. 사후조치는 알 방법이 없었고, 재판은 세간의 무관심
속에서 진행됐다.

1971년 6월에 열린 1심 재판에서 재판부는 선장에게 징역 3년을,
선주에겐 징역 6개월에 벌금 3만 원을, 통신사에겐 벌금 1만 원에 선
고유예를 내렸다. "한겨울 밤 막막한 대해에서 침몰되면 소중한 생명
을 빼앗기는 것이 분명한데 결과 발생을 예견했을 까닭이 없다"며 선
장의 살인죄를 인정하지 않았다.[20] 선주에게 적용된 살인방조죄도 "기
만 원의 운임 이익을 얻으려고 1억5000만 원 상당의 선박 재산이 수

<hr />

20 〈경향신문〉, 1971. 6. 8.

장될 것을 예견했을 이치가 없다"[21]는 이유로 기각했다. 다만 선주가 과적을 지휘한 책임을 인정해 과실치사죄를 적용했다. 나머지 사람들에겐 무죄가 선고됐다. 잘못은 인정되지만 고의로 직무를 유기했다고 볼 증거가 없다는 이유였다. 2심에선 선주에게 적용된 과실치사죄마저 뒤집히는 결과가 나왔다. 대법원은 선주가 직접 과적을 지시했다는 증거가 없다고 판단했다. 또한 살인방조죄도 적용할 수 없다고 판단했다. 사건은 선주가 무죄라는 취지로 파기 환송됐다.[22]

이제 남영호는 더 이상 신문에 언급조차 되지 않았다. 사람들의 기억 속에서도 빠르게 잊혀졌다. "세기적 대비극"의 참사라기엔 너무 초라한 퇴장이었다.

21 《시사인》, 2014. 5. 21.
22 최종판결 내용은 확인되지 않는다. 대법원 판결로 선주가 살인방조죄와 업무상과실치사죄에 대해 무죄를 선고받았을 가능성이 매우 크지만, 너무 오래전 사건이라 법원전산망에서도 파기 환송 이후 사건번호를 검색할 수 없다.

3부 오늘

굴레

1970년 12월의 비탄은 유족들에겐 다가올 고통의 서막에 불과했다.

4·3 때 아버지 대가 전멸된 홍태생 씨는 아들이 없는 숙부 집에 양자로 간 상태였다. 그 와중에 형이 죽었으니 홍 씨는 본가와 숙부 집, 그리고 자신의 가족 등 세 가족을 책임져야 하는 가장이 됐다. 그의 나이 스물여덟 살 때의 일이다. 하지만 비극은 여기서 끝나지 않았다.

"형님 가시고 얼마 지나지 않아 월남 다녀온 동생도 갑자기 죽어버렸어요. 이제와 생각해보니까 월남서 무슨 병을 얻어온 게 아닌가 싶은데, 결혼도 안 하고 그렇게 됐죠. 어머니는 화병이 나셨죠. 그때 저는 슬플 겨를도 없었어요. 1년은 가슴에 화가 나가지고 살았는데 당장 먹고살아야 하니까……."

아버지 대가 전멸한 것도 모자라 삼형제 중 유일하게 살아남게 되었다는 홍 씨. 재산은 물론 배운 것도 없던 그는 작은 체구에 시력이 0.2도 안 되는 몸으로 공사판을 전전하며 살림을 살았다. 그 와중에 형수는 보상금을 챙겨 사라졌다. 보상금은 턱없이 적고, 살날은 많고. 홀로 4명의 자식들을 감당하는 게 뉘라고 쉬웠을까마는 어린 조카들이 이집 저집으로 뿔뿔이 흩어져 방황하는 걸 보면 원망이 앞서는 세월이었다. 특히 큰조카는 경찰서를 제집 드나들 듯하며 술로 세상을 보내다 요절했고, 남은 조카들은 연락이 끊긴 지 오래다. 죽었는지 살았는지 그것만이라도 알면 좋으련만…. 단란했던 가족이 풍비박산이 났건만 강 건너 불구경하듯 발만 구를 수밖에 없던 자신의 처지가 서러웠다. 어떻게 살아냈는지조차 모르게 살아온 47년. 그러나 여전한 가난, 자식에게 대물림된 삶의 무게…….

"어디 가서 하소연할 곳도 없고, 아버지나 형님만 살아 있었으면 이런 모습이 아니었을 텐데 싶고. 일곱 살 때 돌아가신 아버진 전혀 기억이 없어요. 어머니 가시고 1년에 제사만 아홉 번을 지내요. 조부에 부모, 양부모, 형님, 동생, 그리고 큰조카까지. 벌초도 해야 하고…. 이걸 다 혼자 해야 하니까 너무 골치가 아파가지고 어쩔 때는 형님이 괜히 배 타다 돌아가셔서 나만 고생한다 싶어 화도 나고…. 제 자식 대까진 물려주지 말아야지 싶은데, 지금도 자식들 볼 면이 없죠."

종달리 일대 유지였던 채원순 씨네 집도 참사 이후 한순간에 주저앉았다.

"그때는 집안이 좀 잘살 때였어요. 그런데 아버지가 돌아가신 후론 어머니가 화병이 나가지고 계속 아팠어요. 우리도 감당을 못 했죠. 보상이 나왔는데 얼마 안 나왔어요. 아버지 땅이랑 재산 다 팔고 해서 교육을 시켰는데 큰누님은 중학교까지만 다녔고, 저랑 남동생은 고등학교까진 나왔는데 형편상 대학은 갈 수가 없더라고.

사채를 빌려야 할 만큼 가세가 기울었다. '배는 같이 타는 거 아니'라는 어머니 말만 들었어도 아버지나 동생 중 한 명, 혹은 셋째 숙부는 살아서, 이렇게 살진 않아도 될 텐데 하는 마음에 채 씨는 자라면서 아버지 원망을 많이 했다.

서귀포시 정방폭포 인근 위령탑에 새겨진 채 씨네 일가를 비롯한 희생자 명단.

　　고등학교 졸업 후 채 씨는 "12월 15일이면 떡방앗간이 추석처럼 붐비는" 종달리를 등지고 부산으로 떠났다. 외롭고 허전한 마음에 (둘째) 작은아버지의 그늘이라도 필요했던 것. 작은집의 옷장사를 도우며 생계를 꾸렸지만 외로움과 궁핍은 해소되지 않았다. 자원해 군대에 다녀온 후 외항선을 타기로 결심했다. 가족들이 다 배에서 죽었는데 배 타는 건 못 할 짓이다 싶었지만 집안 형편상 목돈을 벌 방법은 배밖에 없어 보였다. 초등학교 시절부터 꿈꾸다 접어두었던 세계일주의 포부가 그를 위로했다.

"처음엔 좀 걱정을 했는데 사실 남영호는 천재지변이 아니잖아요? 선장이랑 사주가 잘못한 거잖아요? 그래서 동생도 있고 딸린 식구도 있으니 입에 풀칠이라도 하자는 마음이었죠. 어머니는 아프셔서 반대할 힘도, 기력도 없으셨고."

처음 3년은 부산과 제주를 오가는 여객선을 타다 10년간 외항선을 탔다. 돈벌이는 좋았지만 아버지 나이대로 접어들고 보니 태풍에 오갈 곳 없는 태평양, 인도양 같은 망망대해가 덜컥 겁이 났다. 한참을 고민하다 선원 생활을 접었다. 아이들은 커가는데, 배운 기술도 생활 기반도 없어 두려웠다는 그는 무작정 가족과 함께 고향 종달리로 내려왔다. 생에 첫 농사일에 고생담을 털어놓자면 끝도 없을 시간, 그래도 성실히 달려온 탓에 선친의 땅도 되찾고 마을 이장 일을 볼 만큼 기반도 잡았다. 하지만 다시 살라고 하면 눈물부터 앞서는 세월이다.

득세

유족들은 삶의 절벽에서 사투를 벌이며 버텨온 시간이건만, 세상은 만화경같이 사고 책임자들은 승승장구했다. 백선엽 교통부 장관은 1971년 1월 KAL기 납북기도 사건에 대한 책임을 지고 사임했다. 하지만 5개월 뒤 충주비료 사장에 임명된 뒤 한국종합화학 사장, 한국경제인연합회 이사 등을 맡으며 승승장구했다. 박경원 내무부 장관은 1971년 6월 내각개편으로 물러났다. 이후 그는 5·16재단 이사와 대한석탄공사 총재를 거쳐 다시 내무부, 교통부 장관 및 국회의원을 역임했다.

"선주는 그때 이후에 더 재벌이 돼버렸어. 더 큰 배를 가졌고, 주유소도 있었고. 그 아들은 공업사를 가지고 횟집도 운영하고. 또 서귀포에서 한자리 해먹었어. 어마어마하게 잘살았죠. 세상에 이럴 수가 있냔 말이죠."[23]

나종렬 씨 말에 따르면 선주 집안의 가세가 기울기 시작한 건 불과 10년 안팎의 일이다. 선주 일가는 참사 이후 30년 넘게 지역 유지로 떵떵거리며 살았다.

선박 사고도 계속됐다. 교통부는 남영호 참사 후 여객선 안전운항 수칙을 마련해 해운국과 선주 및 선원들에게 시달했다. 안전제일을 원칙으로 한 이 수칙은 정원초과 및 화물 과다적재 금지, 여객명부 작성, 선장 권한 강화 등을 권고했다. 하지만 참사 후 불과 한 달도 안 된 1971년 1월 7일 여객선 질자호가 전복돼 승객 30명 이상이 사망하고, 1972년 홍안호(11명 사망), 1973 한성호(61명 사망) 등 여객선 사고가 잇따르면서 구조적 대책 마련의 필요성이 제기됐다.[24] 1973년 12월 15

---

23 선주는 1975년 제주도를 상대로 소송을 제기했다. 사고 직후 유족 보상금에 필요한 급전을 마련하기 위해 7000여 평의 땅을 제주도와 특약을 맺어 거래했는데, 당시의 합의대로 이 땅을 당시 가격으로 매도해달라며 소송에 나선 것이다.

24 질자호는 선주의 운전미숙이 사고의 주원인이었으나 정원 60여 명보다 30여 명이 더 많은 90명이 승선해 과적 논란을 빚었다. 홍안호는 암초에 부딪혀 침몰했다. 당시 정부는 짙은 안갯길의 항해 부주의와 선체노후를 사고원인으로 제시했으나 선원들은 등대가 꺼져 사고에 이르렀다고 반박했다. 한성호의 경우 남영호 침몰원인과 거의 유사했

일 남영호 침몰 3년 만에 드디어 운항관리자를 두고 여객선 안전관리를 실시하는 여객선 운항관리제도가 도입됐다. 그나마 해운계에서 진전이라면 진전이었다.

그사이 정부는 남영호의 흔적을 지워나갔다. 은방울 자매가 부른 가요 〈밤 항구 연락선〉은 "쌍고동에 허공 실어 침몰된 남영호야"라는 가사가 국가 위신을 훼손한다는 이유로 금지곡이 됐다. 서귀포항에 세워진 남영호 위령탑은 돈내코 중산간으로 옮겨졌다. "서귀포항을 관광미항으로 조성하는 데, 참사라는 역사적 사실이 혐오감을 줄 수 있다"[25]는 이유였다. 자동차는 물론이고 버스조차 흔치 않았던 시절. 중산간으로 옮겨간 위령탑에 대한 접근이 어려워지면서 시민들은 물론 유족들의 발길마저 끊겼다. 국가적 참사로서의 남영호가 깊은 망각의 산에 갇혔다. 망각의 완전한 승리였다.

기억

먼지가 두텁게 쌓인 신문철 속에서나 존재하던 남영호를 세상 밖으로 불러낸 건 〈한라불교신문〉 전 편집국장 조인석 씨(현 춘강어울림터 원장)

다. 검찰은 과적과승, 무자격 선원의 항해 등을 주 사고원인으로 밝혔는데 이후 제대로 점검, 단속하지 못한 해운국장이 직위해제됐다. 남영호 참사의 경우에서 보자면 행정적 책임을 물었다는 점에서 그나마 진일보한 것.

[25] 고영철의 역사교실(www.jejuhistory.co.kr)

숨겨진 진조차 노게를 봐야 했던
시절의 비극

사고 이듬해인 1971년 3월 서귀포항에 세워진 위령탑(위)과
1982년 상표동 돈내코에 새로 세워진 위령탑(아래, ⓒ연합뉴스).

였다. 1990년대 초, 그는 남영호 위령탑이 돈내코 어딘가에 방치돼 있다는 제보를 받았다. 사건 당시 초등학생이었던 그가 오랜 기억 속에서 남영호를 꺼내 올렸다. 그리고 나무와 수풀 사이를 한참 헤맨 끝에 외롭게 방치된 남영호 위령탑을 찾아냈다.

"안내판은 고사하고 사람 다닐 길조차 없었어요. 주변에 양돈장이 있어 악취도 나고 석재 공사 중이라 어수선했어요. 근처가 골프장이라 꽃 대신 골프공이 그렇게 많았죠. 알아보니 돌보는 사람도 없고, 시청에 전화를 했더니 위령탑이 어디 있는지, 담당부서가 어딘지도 모르더라고요. 그걸 그 당시 신문에 아주 크게 보도했어요. 그 후로 스님들 모시고 매년 현장에 가서 위령제를 지냈어요."

집집마다 제사를 지내겠지만 억울하게 희생된 영혼의 '사후복지'도 중요하다고 믿었다는 조 씨. 위령제는 '무슨 죄인지도 모르고 4·3 때 돌아가신 친인척들'에 대한 애처로움의 발현이기도 했을 터. 2013년 조 씨는 '그때를 아십니까'라는 수필에 남영호 위령탑에 얽힌 사연을 소개했다. 그리고 이 글은 예기치 못한 파장을 일으켰다. 제주도 고위 행정관료들에게 남영호의 사연이 전해지면서, 방치된 남영호 위령탑에 대한 논의가 도 차원에서 촉발된 것이다. 제주도는 유족들의 명단과 연락처를 정리하는 한편 민관합동위원회를 구성, 합동위령제와 위령탑 이설을 추진했다. 생면부지의 나종렬 씨와 홍태생 씨, 채원순 씨가 얼굴을 맞댄 것도 이즈음이다.

"내가 올해 일흔인데 어머니한테 밥 한 번 못 차려드렸어요. 어머니한테 효도라는 걸 해본 적이 없는 거야. 죽기 전에 효도라도 해드려

야겠다 싶어 퇴직한 후 남영호 일을 보기 시작했어요."

2013년, 나 씨의 주도로 남영호유족회가 만들어졌다. 현재 회장을 맡고 있는 나 씨는 유족들과 함께, 관 주도로 진행되던 위령제와 위령탑 이설 작업에 참여해 유족들을 모으고, 추모작업에 유족들의 숨결을 불어넣었다. 그 과정에서 2013년 첫 민간합동위령제가 치러졌다. 40여 년 만의 일이었다. 2014년, 중산간에서 홀로 세월을 견뎠던 위령탑이 새로운 모습으로 서귀포항 인근 정방폭포로 이설됐다. 서귀포 앞바다가 훤히 내려다 보이는 곳에 위치한 위령탑 앞에는 제주도민은 물론 관광객들의 발길이 머문다. 빼곡히 새겨진 319명의 영혼이 역사 속에서 성큼 걸어나와 세상에 말을 걸기 시작한 것이다. 그리고 필연인지, 우연인지 2014년 세월호 참사가 발생하면서 과거판 세월호로서 남영호가 호출됐다.

망각 속에 잠자던 남영호가 조금씩 깨어나는 지금, 평생 남영호를 껴안고 통곡의 삶을 살아왔던 이들의 바람은 무엇일까?

"당시 남영호 같은 사건들이 많았는데 자유당 시대 때다 보니까 기록이 다 엉터리예요. 남영호도 제대로 된 기록이 하나도 없어요. 그래도 지금은 우리가 살아 있으니 괜찮은데 우리 대가 끝나면 없어지지 않을까, 상당히 막막하고 아쉽죠."

고령이 된 유족들의 간절한 바람은 기록과 기억에 맞닿아 있다. 나씨의 말처럼 남영호에 대한 기록은 민관을 통털어도 정리된 건 고사하고 남아 있는 것조차 거의 없다. 국가기록원에 보관된 몇백 장의 서류 뭉치와 당시의 신문보도들, 그리고 입에서 입으로 전해지는 이야

2014년 다시 세워진 위령탑(위)과 현재 서귀포항.

기들이 남영호 참사의 존재를 증명하는 얼마 안 되는 자료들이다. 이마저도 자료마다 희생자 수가 다르다 보니 희생자 명단과 유족 명단이 정확할 리 없다. 사후조치, 책임자 처벌에 대한 기록 역시 어떤 자료를 믿어야 할지 판단이 되지 않는다. 사고 발생 10년 뒤 발간된 국가 공식기록에는 참사의 원인을 과적, 과승, 고박불량 및 기상악화 해제 후 여파 무시로 기재해[26] 국가책임의 흔적은 깨끗이 지워진 상태다.[27]

심각한 문제는 또 있다. 유족들의 뇌리에서조차 남영호는 선장과 선주의 욕심이 화를 부른 참사로만 기억되고 있다는 사실이다. 인터뷰를 통해 만난 유족 중 어느 누구도 당시의 국가책임, 단속 미비, 해운국과 교통부의 직무유기, SOS 수신 은폐, 구조 지연, 늑장대처 등에 대해 말하지 않았다. 선주와 선장은 물론 책임질 위치에 있던 이들이 처벌을 받았는지에 대한 기억도 희미하다. 세월에 따른 풍화작용의 결과로만 보기엔 설득력이 떨어진다. 오히려 기억이 진공 상태에서 발생하는 것이 아니라 사회적으로 구성된다는 점을 고려할 때 진실에 다가설 수 없게 했던 구조와 미완의 책임자 처벌이 남긴 서글픈 상흔일 수도 있다. 국가의 끊임없는 부인과 기억 지우기가 성공한 결

---

26 교통안전진흥공단,《교통사고사례연구: 교통안전교재》, 교통부, 1981.

27 한편 당시 제주지방해운국 해무계장을 지낸 김종길 씨는 남영호 사건의 핵심은 해운당국이 수송 수요를 사전에 조절하지 못한 데 따른 국가책임이라고 주장했다. 당시 감귤과 전분 출하가 급증해 제주-부산 간 과적이 빈번하고 있다는 보도에도 불구하고 각 지방 해운국들이 부처 간 이기주의로 인해 다른 노선 선박의 투입을 거부했기 때문이란 것이다. 김종길,《되돌아본 해운계의 사실들》, 224쪽, 동재, 2005.

과일 수도 있다. 혹은 진실을 안다한들 할 수 있는 게 없어 애써 외면했던 무기력과 죄책감이 만든 기억일지도 모른다. 지금이라도 제대로 된 기록과 기억, 추모사업을 통해 참사의 의미를 발견하고 역사적 교훈을 얻는 것이 절실하건만 제주도는 위령탑의 이설까지가 자신들의 임무였다고 선을 긋는다. 향후 계획은 전무하며 이후 기념사업과 합동위령제 등은 모두 유족의 몫이라는 것이다.

그런 단호함 앞에 기록도, 기억도 설 자리가 없다. "50년이나 됐는데 뭐가 있겠습니까? 지금 정부를 상대로 투쟁할 것도 아니고. 한군데 같이 계시니까 유족들이 한데 모여 넋을 위로할 수 있는 여건이라도 갖춰졌음 하는 바람이에요"라고 말하는 채원순 씨의 요청은 화답할 상대가 없다. 기억도, 고통도, 추모도, 모두 겨우 살아남은 자의 몫이 되는 세상, 반세기가 흘러도 별반 달라지지 않은 현실. 하지만 세상을 붙잡아 남영호 앞에 세울 힘이 유족들에겐 없다.

또 하나 간절한 유족들의 바람은 "이런 원통한 일이 없게끔 정부가 확고한 재발방지대책을 강구하는 일이다." 더불어 어떤 참사에서든 정부가 "잘못한 건 인정하고 사과하고, 필요한 건 배상하고, 진상을 규명하는 일이다." 이는 한 사건의 실체에 다가서고, 망각이 아닌 기억을 지렛대 삼아 시대의 가치를 바꿀 때만이 비로소 가능하다.

남영호 사고가 나고 보름 뒤인 1970년 12월 30일 서울대에서는 제주 출신 학생 30여 명이 모여 성명서를 낭독했다. 성명서에서 학생들은 "남영호 사건은 단순한 과실이 아니고 근대화 과정에서 빚어진 인명 경시 풍조에서 유래한 것"이라고 주장했다.[28] 이는 선장-선주-

국가로 이어지는 책임의 근원에는 생명에 대한 존중이 빠져 있다는 주장이었다. 하지만 당시 정부의 인식은 전혀 달랐다. 참사 속보가 전국에 전해지던 당시 대학 총장들과 함께 다과와 환담을 나누던 박정희 대통령은 1971년 1월 8일 청와대 국무회의에서 남영호에 대한 보고를 받으면서 "부정부패는 물론 나쁘지만 그보다 더 나쁜 것은 군인 및 일반 국민들의 기강이 해이해지는 것"이라고 질책하곤, 제3차 경제개발 5개년 계획을 차질없이 준비하라고 당부했다.[29]

성찰보다는 속도를 내 전진하라! 이는 박정희 개인의 신념이 아닌 우리가 의심치 않던 종교였다. 당시를 넘어, 지금도 추앙받는 우리 사회의 신앙이다.

그래서일까? 시대는 지나도 참사는 반복되고, 생에 두 번이나 비명횡사로 가족을 떠나 보낸 홍 씨는 국가와 역사에 대한 기대조차 버렸다. 4·3의 유족이자 남영호의 유족으로 한평생 살아오면서 터득한 삶의 지혜란 체념이었기 때문이다.

"우리가 뭐라고 해도 귀에나 듣겠어요? 아무리 우리가 뛰고 날고 해도…. 기대 같은 게 없어요. 그냥 이렇게 살다 죽는 거죠."

망각된 역사와 깊은 체념 앞에 우리는 무슨 말을 건넬 수 있을까? 계속되는 죽음들을 우리는 어떻게 위로하고 애도할 수 있을까? 기억으로 역사를 불러 세워 새로운 길을 낼 책임은 과연 누구의 몫일까?

---

28 《시사인》, 2014. 5. 21.
29 〈동아일보〉, 1971. 1. 9.

재난 희생자들을
어떻게 기억할
것인가

정원옥(문화연구자)

'국가란 무엇인가' '인간이란 무엇인가' 묻게 만들었던 4·16세월호 참사는 우리에게 또 하나의 과제를 남겼다. 재난의 반복을 막기 위해 우리가 경험한 재난을 어떻게 기록하고 기억할 것인가의 문제가 바로 그것이다. 사건의 진실을 밝히고 역사의 기록으로 남기는 것은 마땅히 해야 할 일이다. 하지만 그것만으로는 충분하지 않다. 희생자들을 기억하고 기념하는 문제가 진실규명 이후의 과제로 남아 있다.

어느 날 갑자기 사라진 이들을 어떻게 기억할 것인가. 재난이 일어나기 전에는 분명 살아 있었던 사람들, 우연히 재난의 장소에 있었다는 이유만으로 영문도 모른 채 죽음을 맞아야 했던 이들의 희생에는 어떤 값이 매겨져야 할까. 억울한 희생자로 위령탑에 이름이 새겨지는 것만으로 충분한가. 기념일마다 추모의 의례를 치르는 것만으로, 사라진 이들의 원통함이 달래질 수 있을까. 사라진 이들이 못 다한 말은 무엇일까. 살아 돌아올 수 있다면 그들은 무엇이 가장 잘못되었다고 말할까. 어떤 잘못을 바로잡아야만 자신들과 같은 희생자가 다시는 나오지 않는 사회가 될 것이라고 충고할까.

재난을 기억한다는 것은 이러한 물음들에 대한 응답까지도 포함하는 것이다. 그것은 사라진 이들의 입장에서, 사라진 이들을 대신하여, 사라진 이들과 함께 잘못을 바로잡는 행동에 나설 것을 우리에게 촉구한다. 누가 그들에게서 삶을 빼앗았는지 책임을 묻지 않고서는 재난이 기억되고 있다고 할 수 없다. 그들을 죽음에 이르게 한 국가와 사회 시스템이 바뀌지 않는다면 사라진 이들의 희생에는 억울함 이상의 의미가 부여되기 어렵다. 이러한 의미에서 재난을 기억한다는 것은 사라진 이들과 관계를 맺고 잘못을 바로잡기 위해 함께 행동하는 것이라고 할 수 있다. 나아가 그것은 국가와 사회 시스템의 변화를 만들어낸 이들로 희생자들의 이름을 역사에 남기려는 실천이 되어야 한다.

재난을 기억한다는 것이 단지 사건을 잊지 않는 것이 아니라, 사라진 이들의 희생에 값하는 의미를 부여하는 실천이라고 할 때 한국 사회는 재난을 기억하지 않는 사회라고 할 수 있다. 그것은 사건 부지의 흔적이 모두 지워지고, 희생자들을 애도하는 최소한의 공간조차 없거나, 우여곡절 끝에 기념시설이 마련되었다 하더라도 제대로 관리되고 있지 않은 현실에서 확인할 수 있는 것이다. 엄밀히 말해 한국 사회에는 재난의 장소라는 것이 존재하지 않는다. 사유지라는 이유로 사건 부지에는 수많은 이들이 생명을 빼앗겼다는 표지標識조차 남길 수 없다. 위령탑은 사건과는 아무런 관련이 없는 외딴 곳에 세워져 있거나 관리 주체가 불분명해 방치되고 있는 현실이다. 유일한 재난기념시설이라고 하는 '대구시민안전테마파크'의 경우도 2·18대구지하철 참사의 기억을 되새기고 희생자들을 애도하는 공간이라고 하기는 어렵다. 다양한 안전 프로그램을 '즐기는' 것에 초점이 맞추어져 있을 뿐, 사건의 정치적·역사적 배경이 탈맥락화되어 있기 때문이다. 사건 부지의 흔적을 지우고 희생자들에 대해 애도조차 하지 않는다는 것은 한국 사회가 재난을 기억할 만한 일로 여기지 않는다는 것을 말해준다. 재난은 부끄러운 기억, 감추고 싶은 기억, 미래를 위해 잊어야 할 기억일 뿐이다.

4·16은 재난의 흔적을 지우고 희생자들을 애도하지 않았던 한국 사회에서 하나의 분기점이 된 사건이라고 할 만하다. 4·16을 기억하고 희생자들을 애도하려는 시민들의 자발적이고 다양한 노력이 등장한 것이다. 그것은 유가족과 생존자의 목소리를 담는 구술작업에서부터 희생자의 유품이나 사진, 영상, 추모객들이 남긴 비망록에 이르기까지 재난이 남긴 모든 흔적들을 수집하고 기록하고 보존하는 성과로 나타났다. '기억교실' '4·16기억저장소' 're: born' '기억의 벽' '기억의 숲' '세월호 광장' 등은 장소성을 매개로 4·16을 기억하려는 노력들이라고 할 수 있다. 이러한 노력들은 사라진 이들의 희생에 합당한 의미를 부여하려는 사회적 실천이라는 점에서 주목된다.

재난 희생자들을 어떻게 기억하고 기념해야 하는가. 이에 대한 답은 사라진 이들의 '웅성임'에 귀를 기울이는 것으로부터 출발해야 한다. 사라진 이들의 입장에서 잘못이 바로잡히고 자신들의 희생이 밑거름이 되어 안전한 사회, 억울한 죽음이 없는 사회가 되었다고 인정

될 때, 위령탑과 기념시설은 희생자들을 애도하고, 유가족들의 고통을 위로하며, 우리 모두의 치유와 회복 또한 가능한 '기억의 장소'로 자리매김될 수 있을 것이다.

하나의 사건
두 개의 백서

강곤 · 박현진

**화성 씨랜드
청소년수련의집 화재참사
1999.06.30**

"'안전불감증이 불러온 인재'라는 말을 많이 합니다. 저는 아니라고 생각합니다. 우리나라 국민들은 안전사고가 자주 일어나니까 정말 의식이 많이 깨어 있습니다. 그런데 정부나 지자체가 인허가 과정에서 부정부패를 저지르고 해주지 말아야 할 것을 해줬기 때문에 아이들이 희생되고 참사가 일어나는 것이죠."

"1999년 8월 7일, 유난히 날씨가 찌뿌둥하고 무더웠다. 비라도 한 줄 금 쏟아졌으면 좋으련만, 그렇지도 못했다."[1]

하루아침에 다섯 살·여섯 살 어린 자식을 잃은 엄마아빠들은 이른 새벽 국립과학수사연구소(이하 국과수)에서 시신을 인수한 뒤 오전 8시 30분경 영결식장이 마련된 서울 올림픽공원에 도착했다. 영결식에서 다섯 살 세라의 언니 보라는 "엄마아빠 걱정 말고 이곳에서 다하지 못 한 꿈들을 친구들과 하늘나라에서 펼치며 재미있게 지내라"며 동생에 게 쓴 편지를 읽어내려갔다. 자신이 인솔하고 간 초등학교 학생 45명 을 모두 구하고 다른 학교와 유치원 아이들까지 구조하다 숨진 고 김 영재 교사의 부인 최영란 씨는 추모사에서 "이 세상에 다시 오고 싶거 든 안전하고 사고 없는 나라에서 태어나길 두 손 모아 기도한다"며 흐 느꼈다. 영결식을 마친 유가족 153명은 버스 다섯 대에 나눠 타고 벽

---

1   〈유족회 백서〉, 39쪽.

제 서울시립화장장으로 갔다가 밤 11시쯤 주문진에 도착했다. 예상보다 일찍 도착한 유가족들은 버스 안에서 새벽 동이 트기를 기다렸다. 다음 날인 8월 8일 새벽 일출에 맞춰 그들은 잊고 싶은 서해의 정반대편 동해바다에 유골과 국화를 뿌린 뒤 다시 서울로 돌아왔다.

2016년 6월 29일, 경기도 화성시 서신면 백미리에 있는 씨랜드 청소년수련의집(이하 씨랜드) 화재참사 현장. 이 주변은 성수기가 되면 여전히 캠핑장과 숙박시설로 이용되고 있었다. 그 한편에 녹슨 울타리와 우거진 풀로 가려진 채 사건 현장이 방치된 채였다. 유가족들은 매년 사고 전날이면 흰 국화를 안고 현장을 찾는다. 어머니들은 가슴이 무너지는 기억에 차마 현장을 찾지 못하고 몇몇 아버지들만이 무거운 발걸음을 내딛는다.

사고 현장은 수영장과 몇 개 건물의 흔적을 제외하면 당시를 떠올릴 수 있는 표지판 따위도 전혀 남아 있지 않다. 유가족들이 오랫동안 바라왔던 추모비 건립도 여태 이뤄지지 않았다. 참사 10주기였던 2009년 추모행사에 참석한 최영근 화성시장은 "화성시 차원에서 씨랜드 참사 희생자의 넋을 위로하는 추모공원 조성이나 위령탑 건립을 검토하고 있다"고 했으나 이후 흐지부지됐다. 참사 17주기였던 2016년, 채인석 화성시장도 추모식에 참석해 씨랜드 부지 안에 안전체험관과 수련원을 지어 희생자들을 추모하는 메모리얼 파크(추모공원)를 운영하겠다는 구상을 발표했다. 두 발표 모두 유가족들과 사전상의 없이 이뤄진 일방적인 통보였을 뿐이다. 그나마 채 시장은 메모리얼 파크 추진 과정에서 유가족과 적극적인 협의에 나서고 있다. 아버지들은 화재가 발생한 건물 자리에 매년 국화 한 다발을 내려놓는 것으로 부모보다 먼저 세상을 떠나간 자식들에게 인사를 대신한다. 다들 말없이 애꿎은 담배 연기만 내뿜다가 10여 분 만에 자리를 뜬다.

사건 직후 비좁은 도로 때문에 소방차의 접근이 어려워 화재진압이 제대로 안 됐다는 지적이 제기되었다. 그러나 여전히 현장의 진입로는 '대형차 진입금지'라는 표지판이 붙어 있을 만큼 좁다. 인근 주민들은 당시 소방도로를 확보하겠다던 정부의 약속을 아직도 기억하고 있다. 그 약속도 지켜지지 않았다. 오히려 인근 해안가에는 불법 건축물로 지어진 숙박시설만 늘어났다. 2011년, 씨랜드를 운영했던 박 씨 일가가 참사 현장 인근에서 캠핑장을 운영해 논란이 일기도 했다. 그때도 불법 건축물을 사용해 문제가 되었고 언론보도가 나간 뒤 캠핑장은 문을 닫았다. 지금도 인근에는 10여 개의 오토캠핑장이 들어서 있고 대부분 무허가 컨테이너 박스를 시설로 사용하고 있다. 가끔씩 공무원들이 단속을 벌이지만 실질적인 효과는 거의 없다. 적어도 참사 현장에서만큼은 씨랜드 화재도 그냥 단순한 화재 '사고'에 불과했다.

슬픔과 모욕의 나날, 38일

씨랜드 화재참사가 났던 1999년 6월 30일, 씨랜드에는 유치원생과

2015년, 참사 16주기 당시 흰 국화가 놓여 있는 사고 현장. ©이병국(미디어뻐꾹)

'대형차 진입금지' 표지판이 붙어 있는 좁은 진입로. ©이병국(미디어뻐꾹)

미술학원생, 초등학생 등 497명의 수련원생과 인솔교사 40명 등 총 537명이 투숙하고 있었다. 당일 기온은 23도로 춥지도 덥지도 않은 날씨에 하늘도 화창했다. 씨랜드는 크게 A, B, C동으로 분리되어 A동(1층)은 강의실과 식당으로, B동(1층)은 생활관·관리사무실·양호실·휴게실로, 화재가 발생한 C동(3층)은 생활관과 지도자 숙소로 사용하고 있었다.

화재는 생활관인 C동 3층에서 시작됐다. 최초 목격자들은 301호에서 연기가 새어나와 문을 열어보니 불길이 치솟았으며, "불이야!"라고 소리 친 후 아이들을 대피시켰다고 했다. 새벽 1시 40분경 아트미술학원 원장 정이동이 119에 신고했으나 119소방대가 도착했을 때는 이미 생활관 전체가 화염에 휩싸여 있어 건물 안으로 진입 자체가 어려웠다. 가장 많은 사망자가 나온 301호의 소망유치원생 18명을 비롯해 306호에서 3명, 318호에서 1명, 223호에서 1명이 불에 타 숨졌다.

컨테이너 52개를 쌓아 올려 만든 2, 3층 숙소 건물에는 52미터 복도 양끝의 출입구를 제외하고는 비상구도 없었다. 벽면과 바닥은 목재와 스티로폼, 비닐 장판 등 인화성 강한 물질로 만들어져 불은 순식간에 타올랐다. 6개의 자동화재탐지기도, 비상벨도 작동하지 않았다. 14개의 소화기 대부분도 마찬가지였다. 2~3킬로미터에 달하는 수련원까지의 진입로는 폭이 2~3미터에 불과해 승용차 두 대가 교차 운행하는 것이 불가능했다. 더군다나 가장 가까운 소방서는 9킬로미터 떨어져 있는 오산소방서 서신면 파견소로 소방차를 한 대 보유하고 있었고, 오산소방서 본대는 70킬로미터 떨어져 있었다. 그리고 아이들

1999년 6월 30일 새벽 화재가 발생해 19명의 유치원생과 4명의 인솔자가 숨진 경기도 화성군 백미리 씨랜드 화재 현장. ⓒ연합뉴스

을 관리하고 대피시켜야 할 인솔자 중 몇 명은 현장을 지키지 않았다.

화재 소식을 듣고 현장으로 달려온 유가족들은 오열했다. 컨테이너 조립식 건물로 된 2층과 3층의 수련원 숙소는 이미 처참하게 내려앉아 있었다. 지나가는 119 대원에게 아이들의 생사 여부를 물으니 사망자는 이미 국과수로 넘어갔다는 답변이 돌아왔다. '그럴 리가 없어'를 수없이 되뇌며 국과수로 달려갔다. "시신들의 훼손이 심해 육안으로 식별이 불가능하다"는 말에 유가족들의 가슴은 다시 한 번 무너져내렸다.

한편 사건 발생 후 10여 시간이 지나도록 경찰은 혼선을 빚었다. 경찰과 소방서와 목격자들의 발화 추정 시각이 서로 달랐다. 사망자 중 어른과 아이의 숫자도 오락가락했다. 그런 가운데 유가족들은 국과수의 요구로 시신 확인을 위한 인적사항을 적다가 MBC 9시뉴스를 보게 됐다.

"불길에 휩싸인 아이들은 어느 누구에게도 도움을 받지 못했던 것 같습니다. 선생님들은 아이들과 떨어져서 술을 마시고 있었다고 합니다."

다음 날부터 모든 언론은 인솔 교사의 무책임을 성토하기 시작했다. "컨테이너 쌓은 '닭장' 수련원" "화성 수련원 '씨랜드'에 엉터리 사용승인, 운영허가" "소방설비 전혀 없어, 소화기 몇 개도 빈 통" 등 참사의 원인을 짚은 기사들이 잇따랐다. 쏟아지는 언론보도들 속에서 유가족들은 아이들의 영정을 앞에 두고 그저 하염없이 울고 있었다.

그리고 7월 2일, 국과수는 씨랜드 화재의 발화원인을 "모기향불이 옷가지와 이불 등 인화성 물질에 옮겨 붙어 불이 났을 가능성이 높다"고 공식발표했다. 바로 하루 전만 해도 언론들이 화재원인을 밝히려면 최소 2~3개월은 걸릴 것이라고 보도했는데, 아무리 뛰어놀다 폭죽놀이까지 마치고 늦게 잠이 들었다 하더라도 모기향불로 시작된 화재에 왜 단 한 명도 잠을 깨지 못하고 불길에 갇혀 나오지 못했다는 것인가. 믿을 수 없었다.

이튿날 유가족들은 국과수로 달려갔다. 그들을 맞이한 것은 경찰들로 세운 '벽'이었다. 철통같이 에워싼 경찰들 속으로 유가족 대표 몇 명만이 간신히 들어가 면담을 할 수 있었다. 면담 결과는 '국과수는 그런 발표를 한 적이 없다는 것'이었다. 그때 이미 국과수가 모기향으로 추정된다는 화인 감정서를 화성경찰서로 발송했다는 사실은 얼마 지난 뒤에야 알게 되었다. 유족들의 의구심은 깊어질 수밖에 없었다.[2]

답답해진 유가족들은 수사 상황을 알아보기 위해 화성경찰서로 향했다. 거기도 역시 중무장한 경찰들이 기다리고 있었다. 도대체 자식을 잃은 유가족들을 왜 범죄자 취급하는지 도저히 이해할 수 없었다. 몇 시간을 울며 경찰서 앞에 주저앉아 있으니 수사과장이라는 사람이 나와서 "변호사만 자료 열람이 가능하니 돌아가라"는 말을 남기고 사라졌다. 며칠이 지나 유가족들이 변호사를 선임했지만, 그 역시 경찰서의 비협조로 자료의 1/5도 보지 못하고 돌아왔다. 자식을 잃은 것은 유가족들인데 유가족들이 수사 상황을 알 수도, 수사 과정에 참여할 수도 없다는 것이 이해가 되지 않았다. 오히려 경찰과 정부는 유가족들을 철저하게 배제하면서 '빨리 마무리 짓자'는 태도로 일관했다.

---

2 〈유가족 백서〉, 28쪽.

　　그렇게 사고의 원인도, 책임도 밝혀지지 않은 채 어느덧 한 달이 지나자 신창원 사건,[3] 임창열 경기도지사 뇌물사건 등으로 언론과 사람들의 관심이 점점 멀어져갔다. 아니, 유가족들을 향한 노골적인 공격이 시작되었다. 7월 23일에는 국무총리 면담을 요구하며 정부종합청사 앞에서 시위를 하러 갔다가 버스째 견인을 당하기도 했다.

　　"내가 아이들을 죽였나?"

　　화성군 부군수가 한 말이다.

　　"정부가 거기에 보내라고 했나?"

　　경기도 여성국장이 한 말이다.

　　유가족들이 보상금을 더 받으려 미적거린다는 이야기도 들려왔다. 시신 확인이 필요하니 국과수로 와달라는 소식을 듣고 무거운 발을 이끌고 갔다가 "이렇게 떼거지로 몰려오면 어쩌자는 겁니까?"라는 말까지 들어야 했다. 그렇게 38일을 보낸 뒤 유가족들은 아이들을 동해 바다로 떠나보낼 수 있었다.

정말 모기향 때문에 불이 났을까?

경기도는 사건 발생 6개월여 만인 1999년 12월 〈씨랜드 청소년 수련

3　강도치사죄로 무기징역을 선고받고 수감 중이던 신창원이 1997년 1월 탈옥했다가 1999년 7월 16일 체포된 사건.

의집 화재사고 백서〉(이하 〈경기도 백서〉)를 펴냈다. 부록을 제외하고 총 120여 쪽 분량인 이 백서는 주로 사건수습을 중심으로 서술되어 있다. 그러나 백서의 발간 사실은 유가족들에게 알려지지도 않았으며, 완성된 백서 또한 유족회에 전달되지 않았다. 씨랜드화재참사 희생자유족회는 이듬해인 2000년 4월 자체적으로 〈씨랜드 참사 백서—그날 밤 씨랜드에선 어떤 일이 벌어졌는가?〉(이하 〈유족회 백서〉)를 발간했다. 유족회가 백서를 펴낸 이유는 화재 발생의 원인을 비롯해 참사의 진상이 제대로 밝혀지지 않았다는 믿음 때문이다. 260여 쪽에 달하는 〈유족회 백서〉에는 사건 발생 직후부터 수습 이후 재판 과정까지 유가족들이 갖고 있었던 여러 의혹과 의문점이 담겨 있다.

> 1999년 6월 30일 1시 30분경 '씨랜드 청소년수련의집' C동 301호에서 모기향으로 추정되는 불로 인해 발화되어 건축물 구조상의 결함과 인화성이 강한 건축자재 등으로 인하여 급속히 불이 번지고, 인솔교사 등의 보호소홀로 대형참사가 발생하였다. 화재 발생으로 23명이 사망하고 6명이 부상하는 등 총 29명의 사상자가 발생하고 '씨랜드 청소년수련의집' C동 1,762㎡가 전소되고 에어컨 57대, 이부자리 등 기타 물품이 소실되어 72백만 원 상당의 재산피해가 발생한 사고였다.[4]

〈경기도 백서〉가 정리한 씨랜드 화재참사의 개요다. 여기서 가장 뜨

---

4   〈경기도 백서〉, 10쪽.

거웠던 쟁점이자 지금까지도 풀리지 않는 의문점은 화재가 "모기향으로 추정되는 불로 인해 발화"되었다는 부분이다. 〈경기도 백서〉는 이에 대해 두 가지 근거를 들고 있다. 그중 첫 번째는 수원지방검찰청 수사발표 자료(1999. 7. 28)로, 최초 목격자의 진술 등을 바탕으로 301호에 피워놓은 모기향불이 근처에 옮겨 붙어 불이 났다는 것이고, 두 번째는 전기 누전에 의해 화재가 났다고 인정할 만한 증거가 발견되지 않았고 모기향이 놓여 있던 부근이 301호에서 가장 심하게 연소되었다는 국과수의 발표(1999. 7. 2)다. 그리고 국과수의 이 발표는 공신력 있는 국가기관의 공식발표라는 이유로 이후 재판에서도 모기향불이 화재원인이라는 '추정'은 의심할 필요가 없는 '사실'로 인정되었다.

유가족들의 주장은 다르다. 앞서 언급했듯이 아무리 피곤에 지쳐 깊이 잠들었다 하더라도 5~6세 된 유치원생 중 단 한 명도 중간에 일어나 탈출하지 못하고 18명 전원이 창가에 몰려 부둥켜안은 채 사망했다는 것은 납득할 수 없다는 것이었다. 무엇보다도 다른 화재원인에 대한 철저한 검증 없이 국과수에서 불과 3일 만에 화재원인을 발표했다는 점에서 의심은 깊어질 수밖에 없었다. 더욱이 7월 6일 한국화재보험협회에서 실시한 실험에서 모기향을 피운 뒤 이불과 신문지를 모아놓고 2시간 동안 바람을 불었지만 불이 붙지 않았고, MBC 〈PD수첩〉 역시 7월 9일 사고 상황과 동일한 조건을 만든 뒤 실시한 실험에서 결코 모기향불로 발화가 되지 않는다는 것을 증명하기도 했다.

그렇다면 왜 국과수는 서둘러 화재원인을 모기향불이라고 '추정'하고 검찰 또한 그것 이외의 가능성을 닫아버린 채 기정사실화한 것일까? 〈유족회 백서〉에서 유가족들은 누전으로 인한 화재 가능성을 배제하기 위한 것은 아닌지 의문을 제기했다. 실제로 화재 당시 현장에 출동했던 한국전력공사 직원의 진술과 국과수·소방서에서의 조사결과가 엇갈리는데 이에 대한 의혹이 전혀 해소되지 않았다. 한국전력공사 직원은 "누전차단기가 정상적으로 작동하지 않아 억지로 누전차단기를 내렸다"고 수원지검에서 진술했으나 국과수 발표는 "수련원 누전차단기가 정상적으로 작동한 것으로 확인됨에 따라 누전으로 불이 났을 가능성은 희박하다"[5]는 것이었다. 한편 씨랜드 인근 주민은 MBC와의 인터뷰에서 "씨랜드가 들어오고 나서부터 전력이 부족해 동네 사람들과 동력을 끌어오려고 했으나 하지 못했다"고 밝혔다. 또 다른 인근 주민은 "지난해 숙소 건물에서 두 차례 전기누전으로 작은 화재가 발생했다"[6]고 증언하기도 했다. 이와 함께 씨랜드에 전기설비를 한 업체가 무허가였다는 점, 화재가 발생한 301호가 건물의 모든 전선이 가장 먼저 통과하는 지점이었다는 점 또한 누전에 의한 화재 가능성에 무게를 두게 한다.

그렇다면 화재원인이 모기향불일 경우와 누전일 경우 무엇이 달라질까? 〈유가족 백서〉에 따르면 모기향으로 인해 불이 났다고 하면 화재의 책임은 모기향을 피운 한 개인, 301호에서 인화물질 근처에 모기향을 피우고 자리를 비운 소망유치원 원장에게 모든 책임이 돌아간

5 〈한겨레〉, 1999. 7. 2.
6 〈경향신문〉, 1999. 7. 1.

다. 불법 건축물을 지은 건축주나 불법·편법으로 인허가를 해준 관청, 안전진단을 소홀히 한 관계기관의 책임은 상대적으로 가벼워질 수밖에 없다는 것이다. 유가족들의 우려대로 이후 재판 과정에서 씨랜드 소유주이자 수련원장인 박재천과 화성군청 관계자, 건축설계업자 등이 처벌을 받기는 했으나 가장 큰 책임은 모기향을 붙이고 아이들을 숙소에 둔 채 현장을 비운 소망유치원 원장 천경자에게 지워졌다.

누가 진실을 감추려 했나?

〈경기도 백서〉는 대형참사의 원인을 화재신고 지연, 안전조치 및 초동조치 미흡, 인솔교사 등 보호 의무자의 무책임, 협소한 진입로, 컨테이너 박스에 목재와 스티로폼으로 만들어진 건물 구조의 문제, 화재예방 활동 및 소방설비 관리소홀, 설계과실 및 감리업무 방기 등으로 꼽고 있다. 대단히 방대한 원인진단을 한 듯 보이지만 분량은 달랑 7쪽이며 모두 나열식, 겉핥기에 불과하다. 무엇보다 '관계인의 방화안전의식 결여' '법제도의 미비' '소방서의 지속적인 감독 미흡'을 언급하며 정작 경기도와 화성군이 이 참사에 어떤 원인을 제공했는가, 어떤 책임을 져야 하는가에 대한 구체적 진술은 찾아볼 수 없다.

〈유족회 백서〉는 참사의 원인에 대해 단 두 가지 문제를 집요하게 파고들고 있다. 하나는 화재가 발생했을 당시 인솔 책임자였던 유치원 원장과 교사가 어디에 있었는가 하는 것이다. 참사 당시 소망유치원 원생들은 301호에 18명, 302호에 24명이 자고 있었다. 〈경기도 백서〉에서는 301호와 302호에 아이들만을 재우고 원장 천경자와 인솔교사 3명은 301호 맞은편 314호에 있었기에 301호에 잠들어 있던 18명의 아이들이 희생되었다고 적고 있다.[7] 하지만 이것은 수원지검에서 천경자가 일방적으로 진술한 것일 뿐이다.

301호와 맞은편 314호는 불과 폭 1.5미터의 복도를 사이에 두고 있다. 314호에 있었다면 아무리 술을 마시고 있었더라도 컨테이너 내부 벽체인 스티로폼이 타들어가면서 발생하는 연기와 지독한 냄새를 맡지 않을 수 없는 거리다. 화재의 최초목격자 또한 "불이야"라고 소리를 지를 때 314호에서는 아무도 나오지 않았다고 진술하고 있다. 또 공룡미술학원의 비디오 촬영기사로 동행한 이가 찍은 당시 비디오 화면을 보면 이미 불길이 건물을 전부 휩싸고 있을 때 뒤늦게 운동장에서 이름을 부르며 아이들을 찾고 있는 소망유치원 교사가 등장한다. 302호에 있다 다른 어린이집 교사에게 구출된 아이들 또한 소망유치원 교사를 대피 이후에야 봤다고 이야기하고 있다.

한편 화재 직전 매점이나 운동장 등에서 씨랜드 원장과 술을 마시고 있는 유치원 원장, 교사들을 목격했다는 여러 사람의 증언이 있다. 또한 〈경기도 백서〉에는 유일하게 2층인 223호에서 친구 22명과 인솔교사 2명이 함께 묵고 있다가 희생된 이월드유치원 김혜지 어린이의 사망원인이 의혹으로 남았다고 기록되어 있지만, 〈유족회 백

---

7 〈경기도 백서〉, 15쪽.

서〉에서는 화성경찰서 수사기록을 토대로 이월드유치원 원장과 교
사들도 화재 현장에 있지 않았거나 뒤늦게 현장으로 달려왔음을 밝
히고 있다. 물론 인솔 교사가 숙소 건물 내에 있었는지, 밖에 있었는
지 여부가 그 법적 책임을 묻는 데 크게 영향을 주지 않을 수도 있다.
하지만 도덕적 책임의 무게는 다를 수 있다. 또한 법적·도덕적 책임
이전에 진상규명과 재발방지 차원에서 참사 당시 현장에 있던 관계
자들이 그 시간에 어디서 무엇을 했는지는 반드시 밝혀야 진실의 한
조각이다.

〈유족회 백서〉가 들고 있는 또 하나의 원인은 당시 많은 언론에서
도 다뤄졌듯 이윤만을 추구하는 소유주와 부패한 화성군의 '비극적
만남'이다. 〈경기도 백서〉 또한 평소 친분이 있던 서신면 직원이 허위
로 출장복명서를 작성하고, 무허가 건물을 고발하는 대신 마치 신축
건물인 것처럼 하여 무허가 건물을 합법화했으며, 씨랜드 소유주인
박재천은 '화목회'라는 친목계를 동원해서 건축허가를 받고, 허가 담
당자에게 뇌물 등을 전달하기도 하면서 압박도 하여 건축물 사용승인
을 받았다고 수원지검 수사발표를 인용하고 있다.

수원지방검찰청 수사발표 자료(1999. 7. 28)에 따르면, 씨랜드는 사
고 발생 2년 전인 1997년 6월에 허가를 받지 않고 롤러코스터 등 놀
이시설을 설치하고 영업을 하다, 그리고 1998년 2월에 무허가 건물
을 지어 수련시설로 운영하다 적발당했다. 특히 1997년 10월부터
1998년 1월 사이에 한국전기안전공사로부터 전기안전점검 시설개선
명령을 받았으나 전혀 이행하지 않았다. 이렇게 무수한 문제에도 불

구하고 화성군은 1998년에 건축허가를 내주었으며, 건축물대장에는 이 건물이 1998년 2월에 착공되어 12월에 완공된 것으로 기재되었다. 1999년 3월에는 경기도에서 화성군에 '청소년 수련시설에 대해 재난 예방 차원의 시설점검을 하라'는 지시를 내렸으나 화성군은 그 지시를 이행하지 않았다.

어떻게 이럴 수 있었을까? 당시 사회복지과장으로 있으면서 씨랜드 허가를 위해 발 벗고 나섰던 강호정은 수원지검에서 "씨랜드 소유주인 박재천은 1995년 지방선거 당시 김일수 화성군수 후보 선거사무장이던 이와 친분을 쌓은 뒤 1998년 지방선거에서 선거자금을 제공하는 등 김일수 화성군수의 재선에 일조하여 화성군수가 적극적으로 씨랜드 허가에 깊숙이 개입하였을 것으로 생각한다"는 폭탄발언을 했다. 수원지검은 김일수 화성군수와 주변인을 두고 계좌추적 등 수사에 나섰지만, 혐의점을 잡아내지는 못했다. 더군다나 강호정 과장은 김일수 화성군수와 대질신문도 기피하고, 앞서 진술한 내용도 곧 부정해버렸다. 결국 강호정 과장의 폭탄발언은 의혹으로만 남겨졌다.[8]

어쨌든 1997년 씨랜드 소유주 박재천은 화성군의 지역경제과장, 주택과장 등 '화목회' 회원을 동원하여 일처리를 부탁했고, '군수님의 뜻'을 알아차린 담당 공무원들은 무허가 건물의 인허가를 내주게 된

---

8 〈유족회 백서〉, 148쪽.
　　〈국회 법제사법위원회 국정감사 회의록〉(부록), 70쪽, 1999. 10. 5.

다. 거기에 그친 것이 아니라 박재천과 건축과장은 증축과 관련하여 경비절감을 위해 컨테이너 박스를 쌓은 뒤 지붕을 덮고 외벽을 나무로 마감하면 허가가 가능한지 같이 논의하고 실행에 옮기게 된다. 결국 철근 콘크리트 건물로 증축했을 경우 소요되었을 7억3000만 원의 건축비를 박재천은 컨테이너 박스를 쌓아 올려 7000만 원에 해결할 수 있게 되었다. 일사천리로 진행되던 씨랜드 설계변경은 예기치 않게 한 공무원 담당자 앞에서 막힌다. 그이는 이장덕 부녀복지계장으로, 청소년수련시설 수용인원이 500명으로 되어 있는 데 대해, 이들을 싣고 대형버스 일곱 대 이상이 수련원을 오가기에는 진입로가 너무 좁다며 허가를 미뤘다. 그러자 상급자인 강호정 과장은 물론 박재천 씨랜드 소유주까지 찾아와 협박을 하고 폭력을 행사한 끝에 마침내 씨랜드는 허가를 받게 되었다. 반면 마지막까지 저항하며 이러한 과정을 내부고발했던 이 계장은 참사 다음 해 안타깝게도 명예퇴직을 하고 말았다.[9]

더 큰 문제는 이 연결고리에 얽힌 대부분의 공무원에게 솜방망이 처벌이 내려졌다는 사실이다. 가장 큰 책임을 져야 하는 김일수 화성군수는 뇌물죄가 입증되지 않아 기소조차 되지 않았다.(이후 김일수 군수는 씨랜드 사건과는 무관하게 뇌물을 받은 혐의로 구속되었으나 이후 지역 유지로 승승장구하며 지난 2013년 총선에서 당시 새누리당 서청원 후보의 선거대책위원장을 맡

9 〈국회 법제사법위원회 국정감사 회의록〉(부록), 68~70쪽, 1999. 10. 5.
 〈국회 행정자치위원회 국정감사 회의록〉(부록), 119~123쪽, 1999. 10. 7.
 수원지방검찰청 수사발표 자료, 1999. 7. 28.

기도 했다.) 몇몇 공무원이 구속되었지만 집행유예로 나오거나 벌금형으로 낮춰졌고 일부는 대법원에서 무죄를 받기도 했다.

사회도 곧 잠잠해졌다. 특히 화재를 확산시키고 유독가스를 내뿜어 피해를 키웠던 건축자재와 관련한 법률기준 강화는 지지부진하다가 2008년에야 개정되었다. 정부가 화재사고에 대한 예방과 대응을 철저히 하겠다고 약속했지만 헛구호였던 셈이다. 실제로 씨랜드 참사 후 얼마 지나지도 않은 1999년 10월 인천 인현동 호프집에서 화재가 발생했고, 마찬가지로 기준 미달의 건축자재로 인해 유독가스를 마신 고등학생 56명이 목숨을 잃는 대형참사가 반복되었다. 이 화재사건 직후 씨랜드 화재 희생자 유가족 중 한 명인 김순덕 씨는 정부에 항의 편지를 보내며 국가로부터 받은 훈장들을 반납했다. 김 씨는 편지에서 "원인을 규명하고 대책을 마련해야 할 정부의 무성의와 무책임에 실망한 나머지 배신감까지 느낀다"고 밝히며 1986년 서울아시안게임, 1988년 서울올림픽, 1990년 베이징아시안게임에서 메달을 딴 공로로 받은 체육훈장 맹호장, 국민훈장 목련장, 대통령 표창을 반납하고 남은 가족과 뉴질랜드로 이민을 떠났다.

그들이 말하는 '원만한 조기수습'

〈경기도 백서〉는 절반이 훌쩍 넘는 분량을 사고수습 활동과 희생자 보상 등의 내용에 할애하고 있다. 사고 발생 전에 경기도의 상황체계가 어떠했는지, 사고 발생 후 경기도와 화성군의 대응체계에 문제는 없었는지, 이후 유가족들에 대한 지원에는 미흡한 점이 없었는지를 살피는 것은 중요하다. 하지만 〈경기도 백서〉에서는 이러한 사항에 대해 내부를 향한 치밀한 점검이나 비판적 검토는 찾아보기 힘들다. 다분히 일반적이고 원칙적인 설명과 함께 시간대별, 날짜별로 어떠한 조치를 취했는지만 나열식으로 서술하고 있다.

눈에 띄는 점은 사고 또는 재난의 '수습'에 대한 관점과 태도다. 〈경기도 백서〉는 재난수습은 "피해자들에게 재난의 피해가 최소화될 수 있도록 계획을 수립"해야 한다면서 '원만한 조기수습'이라는 표현을 수차례 사용한다. 경기도가 말하는 원만한 조기수습은 대체 무엇일까? 먼저 경기도는 '원만한 조기수습'을 위해 재난관리계획 등에 의거하여 도지사를 위원장으로 하는 사고대책위원회를 구성하고 사고 원인 조사와 보상, 장례 등 현안 사항에 대해 기관별 적극 대응을 협의했다고 밝히고 있다. 또한 분향소에 관계 공무원을 상주시켜 유가족 편의를 제공한 것도 경기도가 말하는 '원만한 조기수습'의 노력 가운데 하나였다.

희생자 보상으로 들어가서는 내용이 좀 더 구체적이다. "경기도 지역사회의 안정과 희생자와 유가족의 권익을 보호하고 아픔을 최소화하고자 최대한 빨리 합리적 조정을 이루어야 한다"[10]는 것이 수습과 보상의 기본입장으로 등장한다. 그러면서 피해보상 방향을 결정하는

---

10 〈경기도 백서〉, 81쪽.

데 '모기향불 등으로 추정'되던 화재사고의 발화원인이 "모기향으로 밝혀졌다"고 단정적 표현으로 바꾼 뒤, "신속한 사고수습 종결"을 위해 보상문제가 "조속한 시일 내 타결되어야 한다는 공감대가 이뤄져 (…) 배상책임이 있는 자에 대한 배상(보상)청구권 및 보험청구권을 행사하지 않고 청구권 일체를 경기도 및 화성군에 양도하기로 합의"하고 1999년 8월 10일 최종합의서가 작성되면서 '수습'이 마무리된 듯이 기록하고 있다.

그런데 과연 대형참사에서 '원만한 수습'과 '조기수습'이 같이 갈 수 있는 것일까? 오히려 서로 상충되는 관계는 아닐까? 어쩌면 원만한 수습이나 조기수습 모두 제대로 된 참사 피해의 수습을 가로막는 장애물인 것은 아닐까? 유가족들이 진정으로 바란 건 원만하지 않고, 시간에 쫓기지 않는 수습 아니었을까?

참사에서 쌍둥이 두 아이를 잃은 뒤 유족회 대표를 맡게 된 고석 씨는 정부가 유가족들에게 서둘러 피해보상을 하고 사건을 빨리 덮으려 하는 인상을 지울 수 없었다고 말한다.

"미국 같은 경우는 조사하는 데만 2~3년 걸린다는데…. 저희가 수습된 시신을 확인하려고 국과수로 가고, 사고원인 규명해달라고 화성경찰서로 가고 그러던 중에 느닷없이 경기도나 화성군에서 보상 이야기가 나오는 거예요. 우리는 사고원인 분석이라든지, 아이들 시신 확인 과정이 제대로 되었는지 조사해달라고 하는데 거기에 대고 보상 이야기를 하니 유가족이 흥분해서 '그럼 얼마 해줄래? 10억 해줄 수 있어?'라고 했는데, 이게 와전돼서 그대로 언론에 보도되는 경우도 있었죠."

실제로 경기도가 스스로 밝히고 있는 '원만한 조기수습'을 위한 경기도사고대책위원회의 역할 중 사고원인 규명에 대한 노력은 거의 전무했다고 볼 수 있다. 그리고 사고원인 규명을 위해 재수사를 요구하는 유족들의 활동에 어떤 지원도 하지 않았다. 오히려 유가족들은 사고수습 과정에서 새로운 아픔, 제2의 피해를 당해야만 했다.

앞서 이야기되었듯이 유가족들은 국과수와 화성경찰서 등에서 과격한 집단민원인, 또는 잠재적 범죄자 취급을 받으며 사고의 원인규명과 수사 과정에서 철저히 배제되었다. 사건이 발생하고 보름 정도 지날 무렵에는 씨랜드 화재 수사를 맡아온 화성경찰서와 화성군의 유착관계로 인해 수사의 공정성에 대한 문제가 불거져 나왔다. 수사를 지휘한 수사과장과 김일수 군수가 사돈지간으로 밝혀진 것이다.[11] 하지만 이러한 유족회와 언론의 문제제기에도 경기도에서는 보상협의 테이블에서 화성군을 배제하는 것 이외에 유가족들의 요구를 수용하지도 않았고, 공정한 수사와 진상규명을 위한 어떤 적극적인 역할도 취하지 않았다.

유가족들은 국과수와 경찰을 믿지 못하게 되자 직접 진상규명을 위해 뛰어들었다. 하지만 현장에 남아 있다가 국과수로 넘어간 화재원인 파악을 위한 감정물 잔량은 첫 재판이 시작되기도 전에 폐기처

11 '이유 있는 화성경찰서의 수모', 〈한국일보〉, 1999. 7. 14.
〈국회 행정자치위원회 국정감사 회의록〉(부록), 46쪽, 1999. 10. 7.

분되었다. 화성경찰서에 왜 감정물 잔량의 반환을 요구하지 않았느냐고 문의했더니 "국과수에서 감정 결과를 받았으면 됐지 뭐하러 그 잿더미를 반환요구하냐"는 답변이 유가족들에게 되돌아왔다.

다급해진 유가족들은 정부종합청사로 달려갔다. 처음에는 경기도에서 내어준 버스를 타고 갔더니 버스째로 견인이 되어 한나절을 '감금' 상태로 있어야 했다. 다음에는 아이들의 영정 사진을 안고 정부종합청사 뒤편에 자리를 깔고 앉아 재수사와 국무총리 면담을 요구했다. 김종필 당시 국무총리는 "유가족들이 원한다면 전면 재수사를 검토하겠다"고 했지만 이마저도 지켜지지 않았다. 그렇게 원했던 국무총리 면담은 유가족들이 보상과 관련하여 향후 "민형사상, 행정상 어떠한 이의도 제기치 않고" "배상책임이 있는 자에 대한 배상(보상)청구권 및 보험청구권을 행사하지 않고 동 청구권 일체를 '갑'(경기도)에 양도한다"는 합의서[12]에 도장을 찍은 뒤에야 이뤄졌다.

유가족들은 검찰 수사와 재판에 기대를 걸 수밖에 없었다. 씨랜드 화재참사로 박재천 씨랜드 소유주를 비롯해서 공무원 6명과 소망유치원 원장 등 총 16명이 구속되었다. 1999년 9월 13일 수원지방법원에서 열린 첫 재판에서 유가족들은 밤잠을 이루지 못하고 달려와 초조하게 방청석에 앉아 있었다. 그런데 몇몇 공무원들이 보석으로 풀려나 재판에 참석한 사실을 알게 되었다. 곧이어 믿을 수 없는 일이 벌어졌다.

---

12 〈경기도 백서〉, 100쪽.

"강찬영, 5세 남……."

찬영이가 남자라니? 검사의 공소장 낭독을 듣고 있던 유가족들은 귀를 의심했다.

"배한슬, 6세 여……."

가장 기본적인 사실조차 파악하지 못한 검찰에게 과연 무엇을 기대할 수 있을까. 그 순간 검찰에 대한 신뢰가 와르르 무너져내렸다. 이후 재판은 국과수의 발표대로 화재원인을 모기향불로 단정 지은 채 참사의 책임을 소망유치원 원장에게 몰아가는 수순일 뿐이었다. 그나마 1심 재판부는 씨랜드 소유주이자 수련원장인 박재천과 소망유치원 원장 천경자에게 업무상과실치사상 죄를 적용하여 각각 법정 최고형인 징역 2년 6개월과 금고 5년,[13] 금고 5년을 선고했다. 하지만 수사 과정에서 모기향불이 직접적인 화재원인으로 모아졌던 데서 예견되었듯이 이후 박재천은 징역 1년으로, 천경자는 금고 4년으로 감형되었고 몇몇 공무원에 대해서는 무죄 판결이 났다.

단 한 가지 교훈만 얻었더라도

2000년 7월, 유족회가 보상금 일부를 내놓고 변호인단도 수임료 일

---

13 금고와 징역 모두 부과된 형기만큼 교도소에 복역해야 하는 형벌이지만 징역은 강제 노동을 해야 하는 반면 금고형은 노동이 부과되지 않는다.

부를 반납하면서 뜻을 모아 한국어린이안전재단(이하 재단)이 만들어졌다. 재단은 지금까지 화재예방 교육, 어린이용 카시트 보급 등의 사업을 해오고 있다.

"(참사가 일어나면) '안전불감증이 불러온 인재'라는 말을 많이 합니다. 저는 아니라고 생각합니다. 우리나라 국민들은 안전사고가 자주 일어나니까 정말 의식이 많이 깨어 있습니다. 그런데 정부나 지자체가 인허가 과정에서 부정부패를 저지르고, 해주지 말아야 할 것을 해줬기 때문에 아이들이 희생되고 참사가 일어나는 것이죠. 부패권력, 지역형 토착비리, 부패의 사슬, 규제완화…. 이런 것이 바뀌지 않고 진상규명도 되지 않으니 계속 반복되는 겁니다."

유족회와 재단의 대표를 맡고 있는 고석 씨의 이야기다.

매년 6월 30일, 서울 송파구에 있는 어린이안전교육관에서 씨랜드 화재참사 추모식이 열린다. 추모식에서는 희생자의 형제자매들을 위한 장학금도 전달된다. 생존자 김영희(가명) 씨는 매년 추모식에 참석하고 있다. 사건 당시 같은 반 19명의 유치원생 가운데 단 2명만이 살아남아 어느새 대학생이 되었다. 그는 자신이 어렸기 때문에 사람들이 그날을 기억하지 못할 것이라고 생각하지만 화재 당시가 지금도 생생하게 기억난다고 한다. 그날을 떠올리면 지금도 자기도 모르게 몸이 떨린다.

"일단 진상규명이 제대로 안 되었다는 게 가장 큰 고통이에요. 씨랜드만 해도 흐지부지 끝났죠. 뭔가 개선되는 게 없으니 반복될 수밖에 없죠. 피해자들을 지원하는 것도 중요하지만 기본적으로 진상규명

서울 어린이안전교육관에 세워진 씨랜드 화재 희생 어린이 추모비. ©이병국(미디어빠꾹)

이 될 수 있도록 하는 게 가장 중요한 것 같아요."

김영희 씨는 얼마 전부터 어린이 안전사고 피해자를 대상으로 트라우마 지원 프로그램을 준비 중인 재단에서 자원봉사를 하고 있다. 참사의 경험자이자 생존자로서 어린이들에게 어떤 도움이 필요한지 전하고, 자신이 겪은 아픔을 반복하지 않도록 용기를 낸 것이다. 그는 이야기를 하면서 '책임감'이라는 단어를 자주 사용했다. 그런데 정작 책임감을 느껴야 할 사람들은 누구인가.

2014년 세월호 참사 직후 한 언론에서는 대형참사 이후 발간된 백서 다섯 권을 분석한 기사를 내보냈다.[14] 서해훼리호 침몰(1993), 성수대교 붕괴(1994), 삼풍백화점 붕괴(1995), 씨랜드 화재(1999), 대구지하철 화재(2003). 정부가 발간한 이 백서들에서는 하나같이 부실한 대응, 지휘체계 혼선, 개선되지 않는 문제점과 페이퍼 대책 남발이 지적되고 있다. 다섯 권의 백서를 모두 합치면 2075쪽이고, 백서가 다룬 참사에서 사망한 사람만 1041명이다. 기사는 과거 재난들에 대해 백서가 짚은 문제점 중에서 "단 한 가지 교훈만 얻었더라도 참사를 막거나 희생자를 최소화할 수 있었다"며 '재난 대비용'으로 백서를 만들고 활용하지 않는다면 언제 또 아무도 읽지 않을 백서를 만들지 알 수 없다고 끝맺고 있다.

전문가들은 시간이 아무리 오래 걸리더라도 철저한 검증 결과와 다양한 이견을 백서에 온전히 담아야 한다고 강조한다.

---

14 '대형참사마다 발간된 백서, 먼지만 쌓여 있었다', 《시사인》, 2014. 5. 10.

'씨랜드 참사'에서 자식을 가슴에 묻은 한 어머니가 참사 10주기인 2009년 6월 29일, 당시 화재 현장 앞 바다를 바라보며 오열하고 있다. ⓒ연합뉴스

　"막대한 예산을 들여 만든 정부 백서가 가치 있는 자료로 인정받기 위해서는 피해자나 유가족들도 수긍할 만한 방대한 자료조사가 이뤄지고, 내용이 반영되어야 한다. 또한 백서 발간 과정에 정부 부처 대표뿐 아니라 유가족 대표, 관련 분야 전문가, 시민단체 대표 등도 포괄적으로 참여해 불신을 없애는 것이 무엇보다 중요하다"[15]는 것이

15　'씨랜드 백서는 왜 2개인가', 〈한국일보〉, 2014. 6. 9.

이재정 충북대 행정학과 교수의 말이다.

씨랜드 참사를 다룬 두 권의 백서, 〈경기도 백서〉와 〈유족회 백서〉의 가장 큰 차이점은 무엇일까? 〈경기도 백서〉에는 〈유족회 백서〉에 담겨 있는 슬픔과 분노가 빠져 있다. 오히려 참사의 직접적 이해당사자이자 관련된 정보를 가장 많이 갖고 있는 유가족들을 비이성적이고 과격한 집단민원인, 또는 보상문제에서의 협상의 대상으로만 바라보고 있다. 그러하기에 〈경기도 백서〉에서는 그 어떤 치열함이나 개선의 의지가 읽히지 않는다. 그야말로 아무도 읽지 않는 행정서류 묶음이 되고 만 것이다. 유가족들은 자체적인 백서의 발간 이유를 이렇게 밝히고 있다.

> 더 이상의 왜곡은 막아야겠다는 생각에 이렇게 책을 내게 됐습니다. 전문적인 지식 하나 없는 저희가 사건을 하나하나 따라가며 파헤치는 데는 많은 어려움이 있었습니다. 그러나 진실은 밝혀야겠다는 생각에 공부하고 또 공부했습니다. 저희들의 힘이 미약하여 진실을 다 밝혀내지 못했다 하더라도 단초만은 마련하고 싶습니다.[16]

이윤밖에 모르는 사업주, 부패한 관료, 지역형 토착비리, 조기수습에만 매달리는 지자체 등 씨랜드 화재참사에서도 다른 재난참사들과 비슷한 점이 발견된다. 하지만 이 참사만의 특이점 또한 갖고 있는데,

---

16 〈유족회 백서〉, 11쪽.

이 두 개의 백서가 그것이다. 어쩌면 진실로 가는 길, 그 단초는 우리 사회가 참사의 희생자를 대하는 태도, 유가족의 마음과 공감하려는 노력, 다시는 뼈아픈 실수를 하지 않겠다는 다짐이 담긴 진정한 백서가 만들어질 때 가능한 것이지 않을까.

지역정치와
비용절감이 밀어낸
'안전'

박희정 · 이호연

대구지하철 화재참사
2003.02.18

2003. 2. 18	오전 9시 53분경 대구지하철 1호선 중앙로역에서 방화로 인한 화재 발생.
	대구시, 사고수습대책본부 설치.
	대구지하철공사, 사고 당일 밤 사고 전동차 월배차량기지로 견인.
2. 19	대구지하철공사, 오후 1시경 육군병력 200여 명과 함께 사고현장 정리 후 수거한 잔재물을 안심차량기지창으로 운반.
	김대중 대통령, 중앙로역 일원 특별재난지역 선포.
3. 1	정부, 중앙특별지원단 파견.
3. 5	시민사회단체대책위원회, 조해녕 대구시장과 윤진태 전 대구지하철공사 사장을 증거인멸과 업무상 중과실치사상 혐의로 대구지검에 고발.
3. 10	중앙특별지원단 '실종자사망인정위원회' 구성.
	(총 10차에 걸쳐 진행. 619건의 실종자 신고 중 사망 또는 생존이 확인된 498명을 제외하고 121명의 심사 대상 중 확정사망 99명, 인정사망 1명, 불인정 20명, 판단유보 1명으로 결론)
3. 19	대검찰청 특별수사본부 설치, 대구지검과 공조해 참사 관련 의혹 수사.
4. 23	대검찰청 특별수사본부, 특별한 성과 없이 해체.(조해녕 대구시장 무혐의 처분, 윤진태 전 대구지하철공사 사장 불구속 기소)
4. 19	중앙특별지원단 해체.
5. 10	추모사업추진위원회 구성.
5. 16	사망자에 대한 1차 보상 시작으로 보상업무 시작.
6. 29	합동영결식.
2008. 12. 29	대구시민안전테마파크 개장.
2016. 3. 15	2·18안전문화재단 설립.

"전부 현장근무자만 처벌을 받은 거죠. 지하철을
1인 승무로 설계하고, 불쏘시개 전동차를
도입하고, 안전에 취약한 역사를 건설하고,
인력을 제대로 운영하지 않은 그 어느 누구도
여기에 대한 책임을 지지 않았습니다."

아무도 상상하지 못한 불이었다. 2003년 2월 18일 대구지하철 1호선 중앙로역에서 발생한 화재참사. 사망자 192명, 부상자 151명. 세계적으로 지하철이 생긴 이래 두 번째로 큰 인명피해를 낸 대참사였다. 2002년 월드컵을 성공적으로 개최했다는 자부심을 채우고 새로운 대통령[1]의 취임을 코앞에 둔 시점에서 선진국의 문턱에 들어설 수 있으리라는 설렘으로 꿈틀대던 한국 사회는 큰 충격에 빠졌다.

1079호 열차의 방화범

참사의 시작은 방화였다. 참사 당일 오전 9시 52분 32초, 1079호 열차가 반월당역에서 중앙로역으로 미끄러져 들어와 정차했다. 출근시

---

[1] 같은 달 25일, 16대 노무현 대통령의 취임식이 열렸다.

간대가 지났지만 대학교와 병원, 기차역과 상점가 등이 밀집한 도심을 지나는 열차 안에는 승객들이 제법 타고 있었다. 평일이었지만 방학 기간이었고 졸업식 시즌이기도 했다.

1079호 기관사실과 바로 붙은 1번 객차의 승객들은 열차가 중앙로역에 진입하기 전부터 운동복 차림의 한 남성(당시 56세)을 주시하고 있었다. 휘발유 냄새가 나는 흰색 플라스틱 통과 라이터를 들고 수상쩍은 기운을 풍기는 그에게 사람들은 본능적인 불안감을 느꼈다. 맞은편에 앉은 한 승객이 참다 못 해 "왜 자꾸 불을 지르려고 하냐"며 한마디를 던졌다. 그는 열차가 중앙로역에 정차한 후 다른 승객들의 제지를 물리치고 기어이 일을 내고야 말았다. 휘발유가 든 통에 불을 지르고 바닥에 던져버린 것이다. 불은 방화범의 몸에도 옮겨 붙었다. 그는 열린 문을 통해 승강장으로 뛰쳐나갔고 한 승객이 옷을 벗어 불을 꺼주었다.

"불이야!" 비명을 지르며 1, 2호 객차의 승객들이 소란스럽게 자리를 떴다. 기관사실에 설치된 CCTV와 후사경으로 심상치 않은 움직임을 본 1079호 기관사는 객실을 살펴보다 불길이 번지고 있는 것을 발견했고, 기관실에서 소화기를 가져와 진화에 나섰다. 그러나 소화기 한 통을 다 퍼부었음에도 불은 코웃음 치듯 무서운 속도로 번져나갔다. 역사 안에는 금세 유독가스가 차올랐다. 기관사는 승객들을 대피시키기 시작했다. 지하 3층에 위치한 승강장이 어둠에 휩싸이고 유독가스가 사람들의 기도와 폐를 덮쳐왔지만 그래도 열린 출입문을 통해 1079호 열차 안 승객들은 대부분 탈출했다. 상황이 여기에서 그쳤다

2003년 2월 18일, 화재로 처절하게 타버린 대구지하철. ©연합뉴스

면, 우리가 기억하는 대구지하철 참사의 규모는 많이 달라졌을 것이다. 그러나 이미 불덩이가 되어버린 중앙로역 맞은편에는 또 다른 열차 1080호가 들어오고 있었다.

'살인마'가 된 기관사

"중앙로역 지하 1층 대합실 한쪽 벽 위에 유족들이 '살인마 기관사를 처벌하라'라고 붙여놓으셨어요. 뭐랄까… 끔찍했죠. 우리가… 살인마? 그 당시에 지하철공사에서 근무하던 사람 전체가 그런 상처에 시달렸습니다. 연일 언론에서는 1080호 기관사에 대해 보도하고 지하철이 엄청난 희생을 냈다고 하니까 현장에서는 근무복을 제대로 입지도 못했어요. 기관사는 역에 진입하면서 승객들을 쭉 보잖아요. 어떤 분은 손가락질도 하고…. 역에 근무하는 조합원들은 항의를 받기도 했어요. 지하철에서 일한다는 것이 옆집에 알려질까 봐 부담스러울 정도였죠. 그런 분위기 속에서 숨죽여 근무를 했습니다."

2015년 늦봄, 참사 이후 12년이 넘는 시간이 흐른 시점에서도 '그 단어'를 내뱉는 이원준 씨의 숨 사이사이 침묵이 무겁게 고개를 떨구었다. 1998년 대구지하철 1호선의 완전개통과 함께 역무원으로 근무를 시작한 이원준 씨는 2·18대구지하철 참사 당시 현장근무를 떠나 대구지하철공사 노동조합 위원장을 맡고 있었다. 직접적인 사건 관련자는 아니었지만 이원준 씨에게 2·18참사는 결코 '남의 일'이 될 수 없었다. 참사 직후 수사기관과 언론을 통해 방화범 김 모 씨와 더불어 '마스콘키'를 뽑아 탈출한 1080호 기관사 최 모 씨가 참사의 '원흉'으로 집중조명되었기 때문이다. 대구에서는 그래도 알아주는 큰 규모의 공기업에 다닌다는 자부심을 주던 근무복이 하루아침에 "죄인 된 심정"을 덮어씌운 굴레가 되어버렸고, 그는 지하철 근무자들을 대표해 유가족들을 찾아 머리를 숙였다.

1080호 기관사에 대한 당시 언론보도를 살펴보면 '기관사가 마스콘키를 빼서 탈출하는 바람에 출입문이 닫혀 승객들이 갇혔고, 이로 인해 방화사건이 대형참사로 이어졌다'는 식의 기사가 봇물을 이룬다. '마스콘키'란 '마스터콘트롤키Master control key'를 줄인 말로 자동차 열쇠처럼 전동차 운행을 제어하는 데 핵심역할을 하는 열쇠다. 마스콘키를 빼는 순간 전동차는 작동하지 않게 된다.

참사 당일 중앙로역에는 1079호와 1080호, 두 대의 열차가 정차해 전소되었다. 방화는 먼저 들어온 1079호에서 발생했지만 사망피해는 뒤에 들어온 1080호에 집중되었다. 대구시에서 발간한 백서에 기초해 1080호 열차와 관련된 사건 경과를 요약하면 다음과 같다.

중앙로역에 정차한 1079호 맞은편에 1080호 열차가 들어와 멈춘 것은 9시 56분 45초. 방화가 발생했던 시각부터 4분여의 시간이 흐른 뒤였다. 전체 열차 운행을 관리하는 종합사령실[2]은 9시 55분경 중앙로역 역무원으로부터 역사 내에 화재가 발생했다는 보고를 받는다. 그러나 화재의 규모에 대한 정확한 정보를 확인하지 못하고 중앙로역으로 진입하는 1080호 열차를 특정해 '진입하지 말라'거나 '무정차 통과를 하라'는 등의 구체적인 지시를 내리지 않는다. 운행 중인 전체 열차에게 "중앙로역에 진입 시 조심해 운전해 들어가시기 바랍니다. 지금 화재 발생하였습니다"가 사령실이 내린 지시의 전부였다.

1080호가 출발한 전 역인 대구역부터 중앙로역까지의 구간은 곡선으로 되어 있어서 역 가까이 직선 구간에 들어설 때까지는 기관사가 중앙로역의 상황을 파악할 수 없었다. 직선 구간에 들어서 본 중앙

2　지하철공사본부에 위치한 종합사령실은 열차운행 관리를 담당하는 운전사령, 전력공급 관리를 담당하는 전력사령, 종합열차제어시스템 관리를 담당하는 신호사령, 역사공조방재 관리를 담당하는 기계설비사령, 열차무선 통신시스템 관리를 담당하는 통신사령 등이 있다.

로역은 이미 유독가스로 가득 찬 상태였으나 1080호 기관사는 큰 화재가 아닐 거라 생각하고 역내로 진입한다. 반자동운전[3] 상태인 열차는 자동으로 승강장에 정지해 출입문을 열었다. 곧바로 유독가스가 차내로 밀려들었다. 놀란 기관사는 문을 닫고 출발을 시도했지만 열차는 출발하지 않았다. 열차에 전기를 공급하는 전력선이 불길에 손상된 것이었다. 9시 58분경 전기가 공급되어 출발을 시도했으나 다시 단전된다. 같은 시각 1079호의 불이 1080호로 옮겨 붙었다. 전기가 들어왔다 나가기를 몇 차례 반복했지만 결국 1080호 전동차를 출발시키는 데 실패한 1080호 기관사는 "잠시 기다려달라"는 안내방송을 두세 차례 하고 10시 3분경 자신의 휴대폰으로 종합사령실과 연결을 시도한다. 운전사령은 "연기가 많이 찼으면 문 열어놓고 안내방송을 하여 승객들을 승강장 위로 대피시키라"는 지시를 내린다. 1080호 기관사는 운전실 우측 측면 출입문 열림 스위치를 누른 후 객실로 들어가 승객들에게 대피하라고 외친다. 두 번째 객실로 이동 중 대피를 요청한 3~4명의 승객을 계단 입구까지 유도하고 다시 운전실로 돌아갔다. 10시 10분경 다시 운전사령실과 통화한 1080호 기관사는 "전동차 판 내리고 대피하라"는 지시를 받고 최종적으로 열차를 떠난다.

"기관사들은 원래 차를 떠날 때 마스콘키를 반드시 뽑아 가야 합니다. 일반 자동차도 운전자가 키를 뽑고 안전조치를 해놓고 가듯이요."

---

[3] 열차의 운행, 정차, 출입문 개방은 자동으로 이루어지고 출입문 폐쇄, 출발은 기관사가 수동으로 조작하는 운전방식을 말한다.

이원준 씨의 설명처럼 1080호 기관사는 평소 훈련받은 대로, 또 '열차를 죽여놓고' 가라는 사령실의 지시대로 키를 뽑아 들고 나온다. 그런데 당시 1080호는 출입문이 닫혀 움직이지 않는 상태였고, 전체 6량의 객차 중 수동으로 문을 연 두 개의 객차를 제외한 나머지 네 개 객차에서 승객들이 갇힌 채 사망한 것으로 밝혀졌다. 1080호 전동차 내부에서 수습된 시신은 140여 구에 달하며 열차 출입문 근처에 얽혀서 발견된 경우가 많았다. 사람들의 인식 속에서 방화범은 불을 질러 참사의 원인을 제공한 자였고, 기관사는 승객의 탈출을 막아 참사를 키운 자였다. 엄청난 희생 앞에 걷잡을 수 없이 일어난 시민들의 슬픔과 분노는 지하철공사에서 일하는 전체 노동자에게 향할 정도가 되었다. 그런데 '마스콘키' 논란과 관련되어 이후 수사와 재판 과정에서 새로운 사실이 드러난다.

"전동차는 공기로 출입문을 여닫는데 기본적인 상태는 출입문이 닫혀 있는 겁니다. 열차를 연결하는 곳을 보면 배선관과 함께 출입문 개폐나 제동을 담당하는 공기 호스가 있습니다. 이것이 불연재가 아니었습니다. 화재에 의해서 공기 호스가 타고 공기가 빠져버리니 출입문이 저절로 닫힌 상태가 된 거죠. 이미 이때 키를 뽑는 것은 전체 전동차의 작동에는 별 의미가 없는 상황인데 기관사는 어쨌든 사령의 지시대로 키를 뽑고 대피를 했습니다. 대법원 판결에서도 출입문이 닫힌 것은 기관사 책임이 아니라고 했어요. 그렇지만 전체적으로 제대로 된 조치를 취하지 못하고 많은 희생이 난 데 대한 책임으로 기관사가 업무상과실치사상죄 최고형인 금고 5년형을 받아 복역했습니

〈시간대별 상황〉(대구시 발간 〈대구지하철 중앙로역 화재사고백서〉 참조)

09:52:32 1079호 전동차 중앙로역 도착.

09:53:00 문이 열리자 방화범이 인화물질이 든 통에 불을 붙여 바닥에 던짐. 전동차 내부가 빠르게 타들어갔고, 유독가스가 지하 3층 승강장과 지하 1, 2층의 대합실로 확산. 승객들 대피 시작. 1079호 기관사 소화기로 진화 시도하다 실패 후 화재 발생 사실을 종합사령실에 보고하지 않고 역사 밖으로 대피. 종합사령실 기계설비사령 주 컴퓨터에 중앙로역 화재경보 문구가 뜨고 경보음이 울렸으나, 종합사령실에서 확인하지 못함.

09:53:35~09:54:40 1079호 승객, 소방본부 종합상황실에 화재 발생 최초신고. 이후 역사 밖으로 탈출한 승객, 전동차 안에 갇힌 승객과 휴대전화로 통화한 가족들의 신고 잇따름.

09:55:00 중앙로역 역무원이 종합사령실에 화재 사실 알림. 종합사령실은 사태의 심각성을 깨닫지 못하고 119 신고를 하지 않음.

09:55:30 1080호 전동차, 대구역에서 중앙로역으로 출발.

09:55:36 종합사령실 운전사령이 전체 열차에 중앙로역 화재 사실 통보.

09:56:45 1080호 전동차, 중앙로역 정차. 출입문이 자동으로 열렸으나 승강장에 있던 유독가스가 밀려들자 기관사가 출입문 닫음.

09:57:07 1080호 전동차 전원 끊김. 전동차가 움직일 수 없게 됨.

09:57:32 1080호 기관사, 운전사령에게 열차무선으로 "엉망입니다. 빠른 조치 바랍니다"라고 요청. 운전사령은 "대기하고 승객들에게 안내방송하

라." 지시. 1080호 기관사는 "잠시 후 출발할 것이니 기다려달라"고 안내
방송.

09:58:28 1080호에 잠시 전력이 공급되어 출발을 시도했으나 전력이 다
시 끊기는 일이 반복. 기관사는 전동차가 곧 출발할 예정이므로 전동차 안에
대기하도록 승객들에게 방송. 1079호에서 1080호로 불이 옮겨 붙기 시작
했을 것으로 추정. 종합사령실과 1080호 간 열차 무선통화 두절.

10:02:48 종합사령실에서 1080호 기관사에게 "승객들을 승강장 위로 대
피시키라." 지시. 1080호 기관사, 출입문 개방 스위치를 누른 후 대피 안내
방송 실시. 손전등을 꺼내어 객실로 들어가 대피하라고 소리치며 2번 객실로
이동 중 승객 3~4명이 대피시켜줄 것을 요청하여 계단 입구까지 유도하고
다시 운전실로 돌아옴.

10:10:00 1080호 기관사, 운전사령의 "전동차 판 내리고 대피하라"는
지시를 받고 마스콘키를 뽑아 일부 승객과 함께 탈출.

13:38:00 화재 진화.

다. 그런데 이 출입문 논란에 빠져들다 보니까 정작 중요한 문제는 뒷
전이 되어버린 겁니다."

참사 직후 결성된 유가족단체인 '대구지하철참사 희생자대책위원
회' 윤석기 위원장은 대구지하철 참사에 대해 묻는 사람들에게 2·18
참사를 대표하는 키워드처럼 각인된 '방화범'과 '기관사'를 지우고 대
구지하철 참사를 다시 들여다볼 것을 주문한다.

"방화범과 기관사. 저는 그것이 이면의 진실을 감추는 허상이라고 생각합니다. 방화범 김 모 씨와 기관사는 살인마로 낙인찍혔지요. 처음에는 우리도 그렇게 생각했습니다. 조금 지나서 문제의 본질을 찾아보게 되었어요. 우선 위급상황에 대한 매뉴얼이 없었습니다. 안전교육은 '전파교육'이라고 하더라고요. 원래는 모두가 받아야 하는 건데, 대표 한 명만 뽑아서 받게 하고 다른 사람들에게 전파한다는 뜻입니다. 이건 대구시장과 대구지하철공사 사장의 책임입니다.

게다가 현장 종사자들에게는 자의적인 판단을 할 권한이 없었습니다. 그 당시 법제도로는 그렇게 하면 지시명령 위반입니다. 당시 교신 내용을 보면 기관사가 계속 질문을 합니다. '어떻게 할까요, 조치를 내려주세요.' 그런데 사령이 판단을 못 합니다. 사령실도 헤매요. 왜냐면 자기도 전동차에 불났을 때 어떻게 해야 한다는 매뉴얼 자체를 본 적이 없고 훈련을 받은 적이 없으니까요. 처음 당하는 상황이었던 겁니다. 그러니까 종합사령실에서는 올바른 지시를 못 했고, 기관사는 알맞은 현장대응을 할 수 없었던 것이죠."

마스콘키를 뽑기도 전에 이미 불길은 열차를 움직이지 못하게 했다. 당시 방화범이 사용한 인화성 물질은 2~3리터 정도의 휘발유. 그렇다면 1079호 객차 안에 뿌려진 이 많지 않은 양의 휘발유에 붙은 작은 불은 어떻게 1079호와 1080호 열차 두 대를 전소시킨 대형화재 참사가 되었는가. 진상규명에 나선 유가족과 시민들은 이 질문에서부터 참사의 근본원인을 찾아나가기 시작했다.

시민사회단체가 밝힌 참사의 원인

참사 다음 날인 2월 19일 대구 지역 37개 시민사회단체가 대구지하철참사 대책위원회를 구성하고 진상규명 활동에 나선다. 시민사회단체 대책위원회 진상조사단은 대구지하철 참사의 원인을 크게 세 가지로 발표했는데, 첫 번째는 방화로 인한 화재와 함께 '불쏘시개'가 되어 유독가스를 배출한 전동차, 두 번째는 1인 승무원제로 인한 안전 인력의 부족, 세 번째는 취약한 방재시스템이었다. 이후 대구시에서 발간한 백서나 개인 자격으로 이루어진 연구논문 등에서도 참사의 원인에 대한 분석은 대부분 이 틀을 크게 벗어나지 않는다.

참사를 일으킨 일차적인 원인은 '방화'다. 그러나 '방화' 자체가 '지하철 화재참사'를 가져온 원인의 모든 것이라 할 수는 없다. 2·18참사가 발생한 지 1년 뒤 홍콩에서 매우 유사한 사건이 발생했는데 전혀 다른 결과를 낳았기 때문이다. 60대 남성이 달리는 객차에 인화물질을 뿌리고 불을 질렀는데, 다음 정차한 역에서 역무원들에 의해 3분 만에 소화기로 진화되었다. 사망자는 없었고, 대피 과정에서 14명이 가벼운 찰과상을 입었을 뿐이었다. 그 차이는 '불쏘시개'라고 지칭될 정도로 화재에 취약했던 대구지하철 전동차에 있었다.

홍콩지하철은 1979년 첫 운행을 시작할 때부터 전동차 전체를 불연성·난연성 소재로 만들고 철저히 관리해왔다. 또한 역사 내 부착된 광고물까지 불에 타지 않거나, 불에 타더라도 유독가스를 발생시키지 않는 재질을 사용했다. 그러나 사건 당시 대구지하철은 불에 취약할

뿐만 아니라 화재 시 유독물질을 뿜어내는 소재로 가득했다.[4] 시커먼 유독가스는 화재 발생 후 약 20초 만에 이미 승강장에 설치된 CCTV 화면을 가릴 정도가 되었고, 불길은 매우 강력해서 1.5미터 이상 떨어진 1080호 열차로 순식간에 옮아 붙었다. 화재 발생 약 8분 후에 소방관들이 중앙로역에 도착했지만 역사 안으로 접근하는 것은 불가능했다. 불은 3시간 45분간 두 대의 전동차와 역사 내에서 '탈 만한 것을 모두 태우고 나서야' 꺼졌다.

대구지하철이 도입될 당시에는 한진중공업, 대우중공업, 현대정공이 치열한 수주경쟁을 벌였는데[5] 안전관리기준은 매우 허술했고, 세 회사 중 가장 낮은 가격에 입찰한 곳이 납품을 하게 되는 구조였다. 당시 해외로 수출하는 전동차가 10억에서 15억 사이인 데 반해 국내 지하철은 도입단가가 5, 6억 정도에 불과했다. 안전관리기준이 매우 높은 홍콩지하철의 경우는 대당 18억~20억 원 선이었다. 대구지하철 전동차 서너 대를 도입할 비용이다. 다른 나라들이 수많은 사람들의 생명과 직결된 대중교통의 안전을 가장 우선적 원칙으로 둔 반면, 우리나라는 비용절감을 위해 이를 우선순위에서 뒤로 미룰 수 있는 것으로 본 것이다.

이러한 접근의 차이는 단순히 내외장재를 무엇을 사용하는가의 차

---

4   벽과 천장은 유리섬유강화플라스틱FRP, 의자는 폴리에스테르와 폴리우레탄폼, 바닥재로는 염화비닐을 썼다.
5   이 세 회사의 철도차량 생산 부문은 IMF이후 ㈜로템으로 통합된다. 현재는 현대로템㈜.

이에 불과한 것이 아니다. 2004년 희생자대책위 윤석기 위원장, 방재 전문 교수 등과 함께 현지취재를 통해 '안전 지하철 홍콩을 가다'라 는 기획기사를 작성한 〈영남일보〉 보도에 따르면 홍콩지하철 관계자 들은 대구지하철 참사의 마스콘키 논란을 듣고 "기관사가 마스콘키를 빼더라도 승객용 문은 열려 있도록 설계돼 있어야 하는 것 아니냐는 반응을 보였다"고 한다. 홍콩의 경우 "비상전원 공급 상태에서 마스콘 키를 빼더라도 비상조명등은 계속 작동하고 개방된 출입문은 절대 닫 히지 않는다"는 것이다.

대구지하철공사는 1호선 개통 후 2002년 말 기준 총부채가 1조 3316억 원에 이를 정도로 만성적인 적자에 시달렸다. 대구지하철공 사는 이 문제를 인력감축을 통해 해결하려 했다.

"그러니까 승강장에도 안전요원이 없는 것이고, 또 역에 근무하는 직원들도 그 당시에는 4~5명 정도뿐이어서 평소 승객을 대피시키는 것이 훈련되어 있지 않았어요."

이원준 씨는 1인 승무원제가 참사 당시 어떻게 위험을 키우게 된 것인지 다음과 같이 설명했다.

"1079호의 앞부분에서 화재가 났으니 1080호 열차 뒷부분에 불이 옮겨 붙은 거죠. 열차 한 편성이 6칸인데 1칸이 20미터 정도 되니까 전체 길이는 120미터 정도 됩니다. 그러니까 제일 앞칸에 있었던 기 관사는 열차 후미에서 벌어진 상황을 제대로 파악할 수 없었습니다. 기관사 이외에도 뒤쪽에 차장이 있었다면 화재상황 확인이나 승객 대 피 역할을 나눌 수 있었겠죠. 수백 명의 승객을 태우고 가는데 기관사

혼자서 운전도 해야 하고 사령실과 교신도 해야 하고 비상시에 응급 조치도 해야 하고 출입문도 닫아야 하는 겁니다."

취약한 방재시스템의 이면에도 안전보다 이윤을 우선시한 결정이 숨어 있었다.

"연기를 제거해주는 설비들이 잘 돌아가지 않았고 승객의 대피를 유도하는 유도로나 대피등도 제대로 작동하지 않았어요. 대피 동선도 제대로 확보되지 않았습니다. 역사를 '대량수송'에만 초점을 맞춰 설계했기 때문입니다. 화재 당시 역사에서 지하상가로 통하는 출입문이 닫혔다는 논란이 있었는데[6] 이 또한 역사가 수익을 내는 쪽으로만 중심을 두고 설계되었지, 유사시 승객의 안전한 대피 쪽으로는 제대로 설계가 안 되어 있었다는 걸 보여주는 거죠."

'돈' 뒤에 숨은 것

2003년 3월 17일, 대구경북 지역의 유력 일간지 〈매일신문〉은 "참사 현장에서 수습작업에 참여한 정치권과 시민단체 관계자"의 말을 인용

---

6 중앙로역 지하 2층과 1층 상가를 연결하는 통로에 설치된 방화벽 네 개가 조기에 닫히면서 희생자가 늘어났다. 이 방화벽들은 비상구와 일체형이었고 그 앞에서 비상구를 찾아왔다가 탈출하지 못한 시신들이 발견되었다. 중앙지하상가 관리업체인 D실업이 상가 피해를 줄이기 위해 수동으로 방화벽을 내렸다는 의혹이 제기되어 당시 논란이 있었으나 검찰 조사에서는 뚜렷한 혐의를 찾지 못했다.

해 다음과 같은 목소리를 보도한다.

"중앙로 참사의 원인을 따져보니 결국 돈이었습니다. 열악한 대구시의 재정으로는 부실 지하철을 만들 수밖에 없었고 그것이 피해를 키운 것입니다. 정부가 지하철을 맡아야 안전을 근본적으로 확보할 수 있습니다."[7]

기사는 "가난한 대구시가 지하철을 계속 운영하고 건설해서는 또 다른 참사도 막을 수 없다"라는 말도 덧붙여 대구지하철 국가 운영의 필요성을 더욱 강조했다. 여기서 '정치권'으로 보도된 이들은 당시 지역 다수당인 '한나라당'이다. 한나라당 의원들은 정부가 '한국지하철공사'를 만들어 대구지하철을 맡아 건설·운영하라고 목소리를 높였고, 박승국 의원은 이를 구체화해 2003년 3월 19일 '한국지하철공사법안'을 발의한다.

이 기사에서는 '정치권'과 함께 '시민단체 관계자'를, 인용한 말의 주체로 함께 쓰고 있지만 구체적으로 어떠한 시민단체인지 밝히고 있지는 않다. 이러한 모호한 표현 뒤에는 사실상 대구지하철의 국가 운영을 요구했던 〈매일신문〉의 의지도 숨어 있다고 봐야 할 것이다. 오히려 당시 시민사회단체 대책위를 필두로 한 지역 시민사회에서는 이와는 뚜렷이 다른 목소리가 존재했다. 양쪽 다 참사의 근본원인 중 하나로 '돈'의 문제를 지적하긴 했으나 그 말이 의미하는 바는 달랐다. 한나라당, 대구시 공무원노동조합 등은 정부 지원이 부족한 것만을

---

7 '지하철 국가서 운영을-요구의 정당성', 〈매일신문〉, 2003. 3. 17.

문제 삼았다. 그러나 유가족과 시민사회단체, 지하철노동조합 등은 보다 근본적인 부분에서 짚어야 할 문제가 있다고 보았다. 전 대구지하철노동조합 위원장 이원준 씨의 말을 계속 들어보자.

"당시에는 지하철 건설과 운영에 있어서 국비 지원의 원칙이 제대로 서 있지 않았습니다. 기준 없이 정치적 흐름에 따라 40퍼센트가 되기도 하고 60퍼센트가 되기도 하는 식이었죠. 당시 부산 같은 경우는 국가가 운영하는 데 반해(2006년부터 부산시가 건설·운영) 대구시나 서울은 지방자치단체가 운영했고요. 불균등한 국비보조 비율을 균등하게 하고, 전체적으로 높여서 안전시설에 투자하자. 국비에 관해서는 이런 의견이었습니다."

부산지하철은 1988년 부산교통공단을 설립해 국가가 운영을 하다 2006년 1월 1일부터 '부산교통공사'로 이름을 바꾸고 부산시로 건설과 운영이 이관되었다. 부산교통공단 설립은 1987년 13대 대통령 선거 당시 부산 표심을 의식한 노태우 후보의 정략적 선택으로 이루어진 것이라 보는 시각이 있다. 이원준 씨는 지하철의 누적된 적자문제를 이해하기 위해서는 지역사회에서 지하철이 어떻게 도입되었는지 그 배경부터 따져봐야 한다고 말한다.

"지하철이 정치적 이유, 단체장들의 치적이나 선거용 공약으로 건설되어왔습니다. 지방재정자립도는 뻔한데 경쟁적으로 건설하다 보니 공사도 급하게 진행되고, 대량수송과 효율만 중시하다 보니 안전을 비용으로 인식하게 되는 거죠. 서민들이 많이 이용하는 대중교통을 보는 철학적 기반 자체가 문제입니다. 돈은 그다음 문제죠."

참사가 발생한 대구지하철 1호선 적자의 원인으로 '수요예측 실패'와 '건설부채'가 지적된다. 그런데 이 두 가지 문제는 이후 개통한 지하철 2, 3호선에서도 반복되고 있다. '하늘열차' '달리는 전망대'라는 화려한 수식어로 지역 상권을 활성화시켰다고 홍보되고 있는 3호선 모노레일마저도 개통 1년이 지난 시점에서 이용한 승객 수가 예측 수요의 절반밖에 미치지 못하고 있다.

"지금은 예비타당성조사[8]가 법제화되어 있는데 1999년 이전에는 심사 형태로 되어 있었습니다. 건설비 빼고 운영수입만 가지고도 흑자가 나는 정도가 되어야 승인하니까 지하철 건설을 밀어붙여야 하는 지방자치단체의 용역을 받은 연구기관들이 수요를 부풀려서 보고서를 내게 됩니다. 요즘은 국비보조가 지자체에서 5를 대면 국비에서 5를 지원해주는 매칭펀딩 형식으로 되어 있는데 지방자치단체의 인식이, 예를 들어 건설비가 1조 들어가는 사업이라면 국비 5000억이 지역에서 돈다는 식입니다. 그렇게 대규모 공사를 벌이면 지역 경기에 도움이 된다는 거죠.

건설비가 과거에는 1미터당 6000만 원 든다고 했는데 지금은 1억원 정도 듭니다. 혼잡한 도심에 건설하다 보니까 건설비가 증가하는

---

8   예산낭비 방지와 재정운영의 효율성을 높이기 위해 총사업비 500억 원 이상, 국가의 재정지원 규모가 300억 원 이상인 신규 공공투자사업을 사전 검토하는 절차다. 경제적 타당성뿐만 아니라 국가균형발전 등 비경제적 측면까지 고려해 종합적으로 판단하게 된다. 사업추진 여부는 예비타당성조사 결과뿐만 아니라 사업의 시급성, 재원여건, 지방자치단체 등의 사업추진 주체와의 협의 등을 고려하여 국회 심의를 거쳐 최종적으로 결정된다.

건 어쩔 수 없는 측면이 있죠. 대규모 토목공사와 신호설비 장비도 설치해야 하니까요. 그런데 차량 도입에 있어서는 우려되는 점이 있습니다. 국내 전동차는 현대로템 독점입니다. 그렇다 보니 '열차 도입가격에 비해서 적정한 품질이 되고 있는가.' 하는 의문이 들지요. 대구는 3호선뿐만 아니라 1, 2호선도 모두 무인운전 기능을 붙인 차량을 도입했는데 실제 무인운전은 너무 위험하니까 반자동 정도로 운행합니다. 대량승객을 수송하는 지하철은 자동화로만 해결되지 않는 부분들이 있거든요. 결국 쓰지도 않는 기능 때문에 전동차 도입 가격만 올라간 겁니다. 이렇게 되면 건설비는 올라가고 안전에 들어갈 비용이 그만큼 줄어드는 거죠."

대구지하철 3호선은 지상에서 평균 11미터 높이에 설치된 콘크리트 빔을 달리는 모노레일 방식이다. 상판이 없기 때문에 문을 열면 허공이고 탈출을 바로 못 하는 구조로 되어 있다. 세계적으로 대중교통에 모노레일을 도입한 사례는 많지 않으며 이마저도 보통은 관광용이나 한정된 짧은 구간에서만 운행하고 있다. 전체 24킬로미터, 30개 역의 긴 노선을 운행하는 경우는 대구지하철 3호선이 유일하다. 따라서 공사 단계부터 시민사회단체로부터 안전에 대한 문제제기가 끊임없이 이어지고 있다.

"대구지하철 3호선은 예비타당성 심사에서 승인이 안 나오니까 건설비가 절반이면 되는 모노레일 형식으로 지상에 올린 겁니다. 게다가 운영비를 줄이기 위해서 '무인'으로 운영하고 있죠. 대구지하철 참사 이후에도 '안전'보다 '수익성'이 국토교통부의 지하철 건설 승인

기준이 되어 있습니다. 대중교통은 세금을 걷어서 서민들이 이용할 수 있는 교통에 투자하는 재분배 효과도 있으니까 단지 수익성만 보아선 안 된다는 생각입니다."

이원준 씨는 한편으로 이러한 문제의 바탕에 지하철의 건설과 운영이 분리되어 있는 점으로 인한 구조적 문제가 있음을 지적한다.

"서울과 대구도 그렇고 대부분은 시에서 일종의 태스크포스 조직인 건설본부가 건설을 하면 지하철공사나 교통공사가 인수인계해서 운영하는 식으로 되어 있습니다. 건설과 운영이 분리되어 있다 보니 운영상 발생하는 문제들이 건설 과정에서 제대로 반영되지 않습니다. 2003년 참사에서 그렇게 불에 잘 타는 '불쏘시개' 전동차를 도입한 것도 실은 건설본부의 문제였죠. 허술한 방재시설이나 승객의 대피 동선이 복잡하게 설계된 문제도 그렇고요. 지하철 운행을 1인 승무로 설계한 것도 건설할 때 이미 결정된 겁니다. 물론 운영 과정에서도 잘못이 있지만 근본적으로 안전한 대책을 세우려면 건설 단계에서부터 안전하게 설계와 시공을 해야 하는 거죠.

두 번째는 사고가 났을 때 책임소재의 문제가 생깁니다. 사고는 건설이 끝난 후 운영하는 과정에서 나게 되지 않습니까? 그런데 여기에는 인적 요인이 개입됩니다. 2003년 참사도 기관사 과실과 같은 인적 요인만으로 사고의 원인을 몰아가니까 건설 단계에서부터 안전에 취약한 구조적 문제들이 다 가려지는 거죠. 현장근무자의 과실도 당연히 처벌받아야 되겠지만 근본적으로 시공, 설계가 이렇게 되어 있는 상황에서 이 사람들이 할 수 있는 역할은 아주 제한적입니다."

그러나 2·18참사 후 지하철을 건설했던 대구시 도시철도건설본부의 책임에 대해서는 당시 문제제기가 이루어지지 않았다. 대구시는 2003년 중앙로역 화재참사 이전에도 이미 상인동 가스폭발참사,[9] 신남네거리 공사장 붕괴사고[10] 등 지하철1, 2호선 건설 과정에서 큰 인명피해를 발생시킨 사고를 겪은 바 있다. 그럼에도 불구하고 대구시의 지하철 건설과 운영은 불안을 더욱 가중시키는 쪽으로 향해 가고 있다. 반복된 대형참사 앞에서도 대구시와 대구지하철공사는 왜 바뀌지 않는 것일까?

9 1995년 4월 28일 대구광역시 달서구 대구백화점 상인 지점 신축공사장에서 굴착 중 도시가스 배관에 구멍을 내었고, 가스가 인근 하수구를 통해 지하철 1호선 상인역 공사장으로 유입돼 폭발했다. 사고 발생 시각이 오전 7시 52분경이어서 등교 중이던 인근 영남중학교 학생 42명을 포함해 101명이 사망하고, 202명이 부상을 입었다. 당시 폭발로 차량 통행을 위해 공사장 위에 임시로 설치한 복공판 400m가 무너졌고, 건물 346채, 자동차 152대가 파손되었다. 대구백화점 공사 관계자들은 해당 관청에 도로굴착 승인을 얻고 나서 가스관이 묻힌 위치를 문의한 후 공사를 진행해야 하나, 이를 무시하고 허가 없이 굴착을 진행했다. 가스관 파손 후 도시가스에 신고를 30분이나 지연시킨 것도 참사의 한 원인이 되었다.

10 2000년 1월 22일 오전 5시 12분 대구광역시 중구 동산동 대구도시철도 2호선 공사 현장에서 공사를 위해 임시로 만들어진 복공판이 내려앉으면서 발생한 사고다. 새벽 4시경 현장근무자가 복공판 일부가 내려앉은 것을 발견했으나 경찰이 복공판이 꺼진 차선만 막고 차량을 통제해 반대편 차선에서 신호 대기를 하던 시내버스가 지반이 침하되며 추락했다. 운전기사는 구조되었고, 승객 3명은 매몰되었다 다음 날 숨진 채로 발견되었다.

사고 현장을 훼손한 대구시장

"우리는 대구지하철 참사 하면, 방화범도 기관사도 아니고 가장 먼저 '대구시장'을 떠올립니다."

'대구지하철참사 희생자대책위원회' 윤석기 위원장은 2·18참사에 대해 이야기하는 자리에 서게 될 때마다 항상 이와 같은 말을 빼놓지 않는다. 2·18참사 당시 현장은 섭씨 1000도가 넘는 고온으로 타올랐고 전동차 안에 갇힌 희생자들의 시신은 심하게 훼손되었다. "시신이라고 가루가 든 봉지를 몇 개씩" 받았거나 "뼛조각 몇 개"로 돌아온 가족을 받아 든 이들이 부지기수였다. 사체를 찾지 못했지만 유품과 정황증거만으로 사망이 인정된 사례도 있다. 현장보존이 무엇보다 우선시되어야 할 상황에서 대구시는 사고 당일 22시부터 전동차를 월배차량기지창으로 옮기는 작업을 시작하고, 2월 19일 군병력을 동원해 사고현장을 청소했다. 아직 실종 상태인 가족을 찾지 못한 유가족들은 이 사실을 알고 경악한다. 윤석기 위원장은 당시 상황을 이렇게 회상했다.

"제가 참사 이튿날 2시 면담 때 '전날 사고가 났는데 오늘 현장을 청소하는 게 말이나 되느냐. 우리 식구 거기 있는데. 유품 거기 있는데. 다 찾았냐'고 강력하게 항의했지만, 무시하고 청소를 진행했습니다. '다 찾았다. 이제 쓰레기밖에 없다.' 그러고는 4일 후에 대구시가 시민들에게 현장을 개방합니다. 그 자리에서 유품을 무더기로 발견했어요. 그래서 우리가 인간 띠를 두르고 국과수한테 항의를 했습니다.

참사 하루 뒤인 2003년 2월 19일, 사고가 난 지하철역 구내를 청소하고 있다. ⓒ연합뉴스

사고현장 수습 새로 해라. 그리고 현장 청소 후 버린, 안심기지창에 야적해놓은 쓰레기 더미를 전부 다 파헤쳐서 실종자 신체 일부를 찾기도 했습니다. 당시 온전한 사체가 별로 없었습니다. 어떤 사람은 정강이뼈 하나, 어떤 사람은 두개골 타다 남은 것을 한 사람이라고 인정을 하는 거죠. 이렇게 훼손된 14명분의 사체가 그 쓰레기 더미에서 나왔습니다. 그것도 실종자 가족들이 자기 손으로 찾아냈어요. 146명의 유품도 함께 찾아냈습니다. 지옥을 가보지 않았지만 그 같은 지옥이 또 있을까 생각합니다.”

“더군다나 그중 한 구는 그 쓰레기 더미에서 못 찾으면 영원히 찾지 못하게 되는 상태였어요.” 희생자대책위에 함께해온 또 다른 유가족 전재영 씨의 말이다. 그는 2·18참사로 당시 일곱 살이던 딸과 부인을 함께 잃었다. "어떤 시신은 한 부분은 열차 안에 있고 한 부분은 바깥 쓰레기 더미에 있었어요. 그런 것들이 그 당시 사고수습을 얼마나 엉망으로 했느냐를 보여줘서 가슴이 너무 아팠죠. 우리는 바보같이 대구시가 잘해놨겠지 믿었거든요."

당시 현장 훼손으로 논란이 일자 대구시장은 물청소를 한 적이 없다거나 유가족이 동의했다는 등의 말을 했지만 사실이 아닌 것으로 밝혀졌다. 이 사건은 대구시가 유가족들의 불신을 받게 되는 결정적 계기가 됐다. 이로 인해 촉발된 유가족과 대구시 사이의 갈등은 사태수습을 더욱 어렵게 만들었다는 평가를 받는다.

"그날 밤에 우리가 선언을 했어요. '대구시장은 더 이상 참사수습의 주체가 될 수 없다. 사체유기 책임자로서 형사처벌 받아야 할 대상이지 행정기관의 수장으로 참사수습을 할 능력도 자질도 권리도 없다.' 이렇게 선언하고 중앙정부에게 참사수습을 요청합니다."

당시 현장을 방문한 고건 총리는 이와 같은 희생자대책위의 요청을 받아들여 중앙특별지원단 파견을 결정한다.[11] 사건을 조속히 무마하려는 듯한 대구시의 태도에 시장의 책임을 묻는 여론이 높아졌다. 시민사회단체들은 검찰고발뿐만 아니라 1인시위 등 조해녕 시장 퇴진을 요구하는 적극적인 활동에 나선다. "시민들의 목소리를 외면하고 무능과 무책임으로 행정을 수행한다면 언제든지 퇴출될 수 있다는

---

[11] 중앙특별지원단은 3월 1일부터 약 2개월간 실종자인정사망심사위원회 구성, 부상자 치료 지원 등 참사수습 활동을 벌인다.

생각을 가지고 책임행정을 실시해야 한다"[12]는 것을 보여주기 위한 것이었다.

시장 퇴진 요구를 막아선 정치와 언론

"대구의 불행을 정치적으로 악용하려는 정치세력이 있다면 용납할 수 없다"[13]

"정치적 마타도어가 있다."[14]

"수습책임을 한나라당에 뒤집어씌우려는 저의에 단호히 맞서야 한다."[15]

2003년 3월 5일, 대구지하철 참사 시민사회단체대책위가 조해녕 당시 대구시장과 윤진태 전 대구지하철공사 사장을 각각 증거인멸 혐의와 업무상 중과실치사 혐의로 대구지검에 고발하자 한나라당 소속 의원들 사이에서 터져 나온 목소리다.

참사 초기 자성론을 내세우던 한나라당은 조해녕 시장 퇴진론이 나오면서 급히 태도를 바꾸었다. 조해녕 시장이 한나라당 소속이었기 때문에 이를 '한나라당에 대한 정치적 공격'으로 받아들인 것이다. 한

---

12 '고착화된 관료사회가 대형참사 불렀다', 〈오마이뉴스〉, 2003. 6. 12.
13 '한나라당, 조 시장 퇴진론 고심', 〈매일신문〉, 2003. 3. 8.
14 위의 기사.
15 '지역의원들 '참사' 대책 고심', 〈매일신문〉, 2003. 3. 11.

나라당은 참사수습 과정에서 시장의 책임을 묻는 유가족과 시민사회
단체의 목소리를 '근거 없는 사실을 조작해 상대를 중상모략 한다'는
의미의 '마타도어(흑색선전)'라고 지칭하는 데까지 나아갔다.

조해녕 시장 감싸기에 나선 것은 한나라당만이 아니었다. 대구경
북 지역 유력 일간지 〈매일신문〉의 정재완 사장은 2003년 3월 19일
'대구경북지역발전협의회' 회의에 참석해 유가족들의 집회를 두고
"지하철 사고가 나서 유족들한테 250만을 대표하는 시장이 멱살을 잡
히고 (…) 대구의 체면이 구겨지지 않을까 염려된다. 지하철 사고 때
유족이라고 해서 절대 법 위에 있는 것은 아니다. 기물을 부수고 횡포
를 부리는데 일단 경찰이나 검찰에 잡아넣고 조사를 해야 할 것이다.
(…) 술 취한 주정꾼이 경찰서에 들어와서 컴퓨터를 부수고 하는데
이런 경우가 어디 있는가? 미국 같으면 총이라도 맞았을 것이다"라고
발언해 물의를 빚었다.[16]

대구경북지역발전협의회는 대구지하철 참사 이후 대구경북 지역
현안에 대해 지혜를 모아가자는 취지로 결성된 소위 '오피니언 리더'
들의 모임으로 조해녕 대구시장을 포함해 경북도지사, 지역 대학총
장, 언론인들이 참석했다. 정재완 사장의 말은 다음 날 있을 2·18참
사 수습상황을 점검하는 총리 방문에 어떻게 대응해나갈 것인가에 대
한 논의가 오고 가는 와중에 나온 것이었다. 이와 같은 사실이 언론에
공개되자 유가족들은 정재완 사장의 공개사과를 요구하며 매일신문

사를 항의방문했다. 정 사장은 발언이 있은 지 이틀 후 유가족들에게 사과문을 전달한다.

〈매일신문〉 사장의 발언은 2·18참사의 해결을 요구하는 목소리를 대구시 유력인사들이 어떻게 바라보았는지를 단적으로 드러내주는 사건이라고 할 수 있다. 정 사장의 발언을 단지 '실언'으로 볼 수 없는 이유는 아래 기사에서도 드러난다. 당시 〈매일신문〉이 2003년 3월 13일자에 게재한 윤주태 논설위원의 '세풍-잃어버린 8년'이라는 사설이다.

(…) 더 심각한 문제는 사건해결 방향을 놓고 시민의 눈이 양분兩分돼 있다는 점이다. 그것이 보수와 진보의 대립인지, 세대 차이인지, 또는 합리적 해결과 원만한 해결을 원하는 계층 간의 입장 차이인지 명확하지 않지만 양자구도인 것만은 확실하다.

비교적 진보적인 시각은 이렇다. 같은 사건이 자꾸 발생하는 것은 시스템의 문제다. 따라서 이번 기회에 책임소재를 명확히 하자는 것이다. 즉, 이런 사고가 확대된 구조적인 문제점까지 제대로 묻자는 것이다. 지난 상인동 가스폭발 사고가 결국 작업 인부 몇 명을 구속시키는 선에서 끝난 것을 상기시키며 이번만은 그렇게 안 된다는 것이다.

그러나 반대편에서는 딴판이다. 가뜩이나 대구의 경제와 민심이 어지러운 판에 사고를 빨리 수습하고 '제2의 출발'을 서두르는 것이 바람직하다고 주장한다. 희생자들의 억울함과 유족들의 슬픔이야 천 번 만번 이해하지만 U대회 같은 국제대회를 앞둔 시점에서 이를 원만히 매듭짓지 못하면 대구는 그야말로 3류 도시로 전락한다는 것이다. 그렇다면 어느 쪽을 택할 것인가. 시간은 한없이 소요될 것이다. 그리고 어떻게 해결이 되든 어느 한쪽은 상처를 입을 것이다.

대구는 지금 대형참사라는 물리적인 폐허 위에 '방법론의 대립'이라는 넘어야 할 또 하나의 '이념의 벽'에 부닥쳐 있다.

이 사설은 '참사의 책임소재를 명확히' 하고 '구조적인 문제점까지 묻자'는 것을 "진보적 시각"이라 규정한다. 이 진보적 시각의 '반대편'은 국제행사인 유니버시아드 대회를 앞세워서 참사를 조속히 매듭짓지 못하면 대구가 '3류 도시'로 전락할 것이라는 협박성 주장을 하고 있다. 도대체 이 두 목소리의 차이가 어떻게 진보와 보수라는 '이념의 차이'로 정의될 수 있는지 모를 노릇이다. 이렇게 둘로 갈라진 진영만을 부각시키는 방식은 참사의 합리적 해결이라는 보편의 원칙을 자신의 정치적 이해관계를 위해 이용하려는 목적을 드러낼 뿐이다. '이념의 벽'을 세운 것은 70퍼센트에 가까운 구독률로 지역여론을 주도하는 힘을 가진 매체, 그 자신인 것이다.

대구대 도시과학부 전영평 교수는 2004년 대구지하철 재난 대응의 실패를 '지방정치 위기'의 관점에서 조명한 논문을 발표한다.[17] 전영평 교수는 '영호남'의 지방정치가 공식적 권력기관뿐만 아니라 비공식적 권력자들이 정치·경제구조를 지배하면서 지역의 자원배분

---

17 《지방정부연구》 제8권 제4호, 2004 겨울.

과 행정서비스 제공에 큰 왜곡이 일어나고 있다고 보았다. 일당지배적 정당정치, 시장市長 중심적 관료체제, 지방의회의 종속적 지위, 친권력 성향의 지역언론, 시민 참여 부족 등이 결합된 "낙후된 지방정치의 구도"가 민주주의의 위기를 낳고 있다는 분석이다. 전영평 교수는 "이런 구도 속에서는 재난사고와 같은 특별한 사건에 대한 합리적 대응은커녕 일반 지방행정 분야에서의 실질적 혁신조차도 실로 어려울 것"이라고 진단했다. 2005년도 청렴도 조사에서 전국 71개 조사대상 기관 중 대구시가 최하위권을 기록한 것은 이와 관련해 시사하는 바가 크다.

참사 당시 대구대 사회학과 홍덕률 교수도 2003년 5월에 발행된 《문학과 경계》 여름호에 논문[18]을 수록해 2·18참사의 구조적 원인을 대구의 지역적 특성에서 찾아보려는 시도를 한다. 홍덕률 교수는 대구의 정치·행정·경제·언론·대학에 포진하고 있는 지배집단에 대해 고찰하는데 이들은 이념적으로 매우 '수구적'이라는 특징이 있다고 지적한다. 홍 교수에 따르면 이 지배집단은 대개 K고등학교 출신들로 "강력한 연고주의"로 묶여 있으며, "1960년대 박정희 대통령 시절부터 공유해온 산업화 이데올로기와 냉전의식이야말로 그들이 공유하고 있는 가장 중요한 공통점"이다. "1987년 6월항쟁 이후 시작된 거대한 정치·사회민주화에 저항적"이며 "정치권력을 감시하고 비판하

---

18 〈'대구', 무엇이 문제이고 무엇이 해법인가 – 지하철 참사로 돌아본 '대구'와 '대구 사람'〉, 《문학과 경계》, 2003 여름호.

는 시민운동, 여성운동과 참교육 운동, 그리고 노동운동 등 기존의 정치·경체·사회질서에 도전하면서 새로운 사회패러다임을 주장해온 움직임에 대해 적대적이기까지 하다."

한 집단의 지배적 특징을 논하는 것에는 조심스럽게 접근해야겠지만, 이러한 목소리가 대구 안에서 나온다는 점은 주목할 필요가 있다. 최소한 지역 안에 존재하는 어떠한 현상을 증언하는 것이기 때문이다. '연고주의'는 한국 사회에 만연한 병폐지만, 대구는 박정희의 정치적 고향이며 대구 지역의 지배집단은 중앙정치권력과 오랜 기간 긴밀한 관계를 맺어왔다. 이것이 지역의 정치구도를 더욱 왜곡시켰을 가능성이 있는 것이다.

안전 지하철을 지키고자 나선 지하철 노동자들

시민사회단체가 조해녕 시장의 퇴진을 요구하는 운동을 펼치는 한편에서 대구지하철노동조합은 2003년 6월, 조합 설립 이래 최초의 파업투쟁에 나선다. 이원준 당시 지하철노동조합 위원장은 파업 시작의 배경을 다음과 같이 말했다.

"당시에 시민들의 희생도 엄청났지만 현장에서 근무하던 사람 7명도 희생됐거든요. 중앙로역 통신근무자 두 분과 검수근무자 두 분, 그리고 청소하던 여성 노동자 세 분. 그렇다면 당시에 처벌을 누가 받았느냐? 1079, 1080호 기관사, 그리고 이 기관사들의 운행을 통제하는 사령실의 세 사람, 중앙로역 화재감지기를 미리 제대로 감시 못 했던 설비사령 두 사람, 그리고 중앙로역 역무원 중 한 사람. 이렇게 8명이 구속되어서 다 형사처벌을 받았습니다. 전부 현장근무자만 처벌을 받은 거죠. 지하철을 1인 승무로 설계하고, 불쏘시개 전동차를 도입하고, 안전에 취약한 역사를 건설하고, 인력을 제대로 운영하지 않은 그 어느 누구도 여기에 대한 책임을 지지 않았습니다.

당시 조해녕 시장 퇴진을 요구하는 목소리가 크니까 대구시나 사법기관에서는 이 여론을 다른 쪽으로 돌리려고 희생양을 만들어내려고 했던 것 같아요. 이런 상황 속에서 우리가 제대로 역할을 해야만 이것을 바로잡을 수도 있겠다는 생각이 든 거죠. 노동조합이 그때까지는 주로 임금단체협약이나 노동자 처우개선 같은 문제만 주로 노력했지, '안전'에 대해서는 많은 노력을 하지 못했거든요. 그런데 이 사고를 겪고 보니까 노동조합이 지하철 안전을 제대로 지키지 않고서는 시민의 안전도 지킬 수 없고, 조합원의 안전도 지킬 수 없다는 큰 깨달음을 얻었습니다."

대구지하철노동조합은 첫 파업투쟁을 통해 1, 2호선의 안전요원 확충, 전동차 내장재 교체, 안전방재시설 확충 등의 특별단체교섭을 체결하는 성과를 낸다. 그런데 이원준 위원장은 이 파업으로 인해 형사처벌을 받게 된다.

"저희가 특별단체교섭을 체결할 때 단체협약만 하고 임금협상을 하지 않았습니다. 그 엄청난 참사 앞에서 노동조합이 임금인상을 요구하는 것은 도의적으로 옳지 않다는 생각이었습니다. 그런데 검찰에

서는 왜 노동조합이 임금인상이나 근로조건 개선을 요구하지 않고 너
희들과 무관한 안전문제로 파업을 했느냐면서 '목적상 불법파업'으로
규정했어요."

지하철의 안전문제가 지하철에서 일하는 노동자들의 안전문제와
직결된다는 노동조합의 통찰과는 전혀 다른 판단이었다. 게다가 2·
18참사 이듬해인 2004년에 지하철노동조합은 또다시 청천벽력 같은
소식을 듣게 된다.

"2005년에 개통을 앞두고 있던 2호선 운영과 관련해 대구시와 지
하철공사가 대대적인 구조조정안을 짠 겁니다. 1, 2호선 모두 인원을
대폭 줄이고 2호선 역사 운영을 민간에 위탁한다, 그리고 일부 기술
분야에 대해서는 외주용역을 주겠다, 그래서 노동조합은 2호선 운영
계획을 철회하기 위한 파업에 다시 나섭니다."

역사상 최악의 지하철 화재참사가 일어난 지 1년밖에 되지 않은
때였다. 그 참사의 원인 중 하나로 인력감축이 지목된 상황에서 받아
든 구조조정안을 노조는 그대로 수용할 수 없었다. 그러나 대구시가
대화를 단절해버리면서 파업은 당시 공기업 사상 최장기라는 88일까
지 이어졌다.

"그 뜨거운 여름에 석 달 동안 무노동 무임금을 적용해서 월급이
1원씩 나왔거든요. 그래도 1000명 정도의 조합원들이 큰 이탈 없이
동참했습니다. 결국 노사 간에 합의가 되지 않아 시민중재위원회를
구성해서 다루는 것으로 하고 파업을 마쳤는데, 대구시와 지하철공
사가 약속을 어기는 바람에 2호선은 대구시 계획대로 운영계획이 확

정되어 개통하게 됩니다. 조합원들에게는 징계가 내려졌죠. 그래서 2005년에 다시 파업을 했어요."

3년에 걸친 파업투쟁으로 이원준 위원장을 비롯한 노동조합원 13명이 해고되었다. "2004년 파업할 때는 전국의 지하철이 다 같이 파업을 했습니다. 그래서 서울이나 인천에서도 해고자가 발생했는데 다른 지역은 다 복직이 됐어요." 그러나 유일하게 대구지하철 해고자들만 아주 오랫동안 해고 상태에 머물렀다. 이원준 씨는 이를 "대구시가 감정적 앙금을 가지고 있었던" 탓이라 본다. 파업 당시 지역 일간지들은 지하철 파업을 비난하는 기사를 연일 쏟아냈다. 여론의 뭇매 속에 파업을 지탱할 추동력은 약해져갔다.

해고된 노동자 중 1명은 2012년 폐암으로 세상을 떠났고 남은 12명 중 2014년과 2015년에 걸쳐 8명이 복직한다. 그러나 이원준 위원장을 비롯한 4명은 결국 일터로 돌아가지 못했다.

정의를 원한 유가족들이 부딪힌 벽

"일반인들은 사회가 돌아가고 있는 시스템에 대한 막연한 기대가 있습니다. 우리의 안전은 담보가 된다. 생명과 재산은 지켜진다. 우리도 마찬가지였죠."

희생자대책위 윤석기 위원장은 참사 유가족들이 대부분 스스로를 '보수' '체제 순응적'이라 여겼던 평범한 대구경북민들이라고 말한다.

이들은 참사수습 과정에서 난생처음으로 행정기관에 맞서는 경험을 했고 지역정치권, 언론, 엘리트 집단으로부터 '폭도' '마타도어 세력'으로 규정되었다. 이는 유가족들이 그간 지녀왔던 상식이 배반당하는 경험이었다.

"희생자대책위는 가족을 잃고 살아남은 우리가 해야 될 게 뭘까를 생각했지요. 그래서 희생자대책위 4대 과제를 선정했습니다. 첫 번째가 실종자·희생자 문제의 완벽한 해결, 두 번째가 안전한 지하철 만들기, 세 번째는 철저한 진상규명과 엄중한 책임자 처벌, 네 번째가 안전교육을 중심으로 하는 추모사업 추진. 이것이 희생자대책위가 2003년 3월 1일부터 추진하고 있는 4대 행동과제인데, 이것 때문에 안팎에서 오해를 많이 받았습니다. '유족이 왜 안전한 지하철을 이야기하지? 유족은 보상만 받으면 되는 것 아닌가?' 과거의 대형참사는 그렇게 해왔다는 겁니다. 사고가 일어나면 돈 몇 푼 쥐여주고 끝낸다는 거예요."

강경한 목소리를 내는 윤석기 위원장에게는 여러 가지 '정치적' 공격이 잇따랐다. "저를 두고 '누군가 보낸 훈련받은 투사'라거나 '노동조합 간부 출신이다'라는, 사실과 다른 소문도 돌았습니다."

한편 희생자대책위 유가족들은 추모사업과 관련해 대구시와 겪은 갈등을 참사만큼이나 큰 상처를 받은 경험으로 꼽는다. 가장 핵심적인 사건은 팔공산 자락에 조성된 '대구시민안전테마파크'와 관련된 이면합의 논란이다. 대구시민안전테마파크는 재난과 안전사고 발생 시 대응방법을 체험할 수 있는 교육 프로그램을 제공하는 곳으로

2008년 12월에 문을 열었다. 추모공원 건립이 난항을 거듭하던 중 희생자대책위와 대구시는 2005년 11월 22일 '묘역'이 들어가는 추모공원은 제외하고, '위령탑'은 안전과 추모를 상징하는 조형물로 대신하는 것을 골자로 하는 합의문에 서명한다. 그러나 희생자대책위의 주장에 따르면 이것은 '대외 발표용'이고, 대구시에서 제안한 '이면합의' 내용은 따로 있다는 것이다.

요약하면 이렇다. 대외적으로 발표할 합의문에 유가족들이 서명해준다면 새로이 조성될 대구시민안전테마파크에 실제로는 수목장 형태의 묘역을 조성하고 위령탑을 건립해주겠다고 약속했다는 것이다. '대구안전시민테마파크' 이름 옆에 '2·18기념공원'을 병기하는 것도 포함된다. 희생자대책위 유가족 32명은 이면합의에 따라 2009년 10월 27일 새벽 3시 테마파크의 안전 상징 조형물 인근에 유골을 묻었다. 그리고 1년 뒤 대구시청 기자실에 어찌된 일인지 출처를 알 수 없는 투서가 들어가 '암매장 논란'이 불거졌다. 대구시는 대구지검에 수사를 의뢰했고 희생자대책위의 윤석기 위원장과 황순오 전 사무국장이 기소되었다.[19] 희생자대책위는 대구시가 이면합의를 이행하지 않았고, 이면합의가 있었다는 사실이 논란이 되자 이면합의 자체를 부인했다고 말한다.

〈한겨레〉는 2014년 5월 9일자 보도[20]를 통해 이 사건과 관련된 이

---

19 2년여의 법적 공방 끝에 모두 무죄 판결을 받았다.
20 '유가족은 그렇게 암매장꾼으로 몰렸다', 〈한겨레〉, 2003. 5. 9.

들을 취재한 후 이면합의가 있었다는 사실에 무게를 싣는다. 또한 당시 이면합의의 주체였던 대구시 행정부시장이 4·16세월호참사 당시 재난 컨트롤타워인 안전행정부의 수장 강병규 장관이라는 점도 밝혔다. 〈한겨레〉가 보도한 희생자대책위 유가족들의 당시 녹취록을 보면 유가족들 사이에서도 강한 반대의 말들이 나왔다. 상식적으로 쉽게 납득하기 어려운 제안이었기 때문이다. 그런데도 이를 수용할 수밖에 없었던 것은 당시 대구시 실무자들의 강한 설득이 있었기 때문이지만, 그만큼 추모사업을 진행하려는 유가족들이 처했던 어려운 상황을 보여주는 것이기도 하다. 추모공원 부지는 선정할 때마다 해당 지역 주민들의 강한 반대에 부딪혀 무산을 거듭했다. 표면적인 이유는 '묘역'이라는 '혐오시설'에 대한 반대였지만 유가족 전재영 씨는 대구시의 입김이 숨어 있던 것이 아닌가 하는 의문을 품고 있다. "대구 대공원 같은 경우는 천주교 묘역 바로 옆이란 말이에요. 추모공원이 들어가도 이상할 게 없잖아요. 그런데 거기도 반대를 하더란 말이죠. 그것도 가까이 사는 사람들이 아니라 먼 곳에 있는 사람들이 목소리를 크게 내요."

당시 대구시가 최소한 이러한 문제를 해결할 정치적 능력이나 의지가 부족했음을 부인할 수는 없을 것이다. 참사수습의 책임자였던 조해녕 대구시장은 2006년까지 임기를 다 채웠으며 정치생명에 작은 흠집조차 나지 않았다. 퇴임 후에도 대구사회복지공동모금회 회장, 세계육상선수권대회 조직위원장 등을 역임하며 활발한 활동을 이어나갔다. 조해녕 시장 뒤를 이은 김범일 시장은 참사 당시 부시장이었음에도 불구하고 시장으로 재임한 8년간 추모식에 단 한 번도 참석하지 않았다.

딸을 잃은 유가족 윤근 씨는 "대구시 행정과 정치권은, 믿은 사람을 바보로 만들어왔다"며 개탄했다. "인간사회는 서로 간의 믿음이 바탕이 되는 것"이라는 그의 말은 새겨들을 가치가 있다. 현재 대구시민안전테마파크 입구에 있는 2·18참사 희생자 192명의 이름이 새겨진 조형물은 실질적인 '위령탑'임에도 불구하고 공식적으로는 '안전 상징 조형물'이라는 명칭만 사용하고 있다. '위령탑인 듯 위령탑 아닌' 이 조형물은 유가족들이 경험한 대구시의 비틀어진 행정을 보여주는 상징물이 되어버렸다.

바뀐 것과 바뀌지 않은 것

2·18참사 이후 정부는 도시철도기본계획에 안전관리를 포함시키고 안전관리기준을 상향조정했다. 이에 따라 이후 도입된 전동차는 모두 불연 내장재를 사용하고 있다. 비상시 승객이 기관사와 사령실에 전동차 내 비상상황을 알릴 수 있도록 전 차량에 핸드마이크식 비상 인터폰이 설치되고 비상시 차량탈출요령 등 대국민 안전교육이 이루어진 것도 시민들이 피부로 느꼈던 변화다. 그러나 이원준 전 대구지하철노조 위원장은 정부의 대책이 화재대비에만 치중했다는 한계가 있다고 평가한다.

"탈선, 추돌, 침수 등 다양한 안전사고가 일어날 수 있는데 이런 데에 대한 대비는 안 되어 있는 거죠. 오히려 지하철은 점점 더 무인승무를 추진하고 있고요. 한 역에 13~50명이 근무하다가 지금은 9~10명 정도 근무하고 있습니다. 현장에 근무자들을 자꾸 줄이다 보니까 평소에 사고에 대한 훈련을 해야 하는데 훈련을 할 사람이 없습니다."

2005년 전국 전동차의 내장재 교체율이 절반 정도에 불과한 상황에서 대구지하철이 전 차량의 내장재를 교체하게 된 것은 노동조합의 파업투쟁이 가져온 성과라고 할 수 있다. 대구지하철노동조합은 2003년 6월 첫 파업을 통해 대구시에 내장재 교체뿐만 아니라 무선교신장비와 같은 안전시설의 단계적 교체, 장애인 승객을 위한 방독마스크와 안전경보장치 마련 등을 꼼꼼하게 지적하고 요구했다. 이원준 씨는 노동조합의 활동이 참사 대응 초기부터 적극적으로 이루어졌다면 좀 더 많은 것을 바꿀 수 있지 않았을까 아쉬워한다.

"참사 당시 저희 노동조합이 출범한 지 오래되지 않아 기자회견문이나 보도자료를 어떻게 쓸지도 모르는 상태였거든요. 그러다 보니 시민사회단체의 진상조사 활동에 노동조합이 적극적으로 결합할 수 없었던 거죠. 노동조합이 지하철 운영을 잘 아니까 처음에 적극적으로 대응을 했어야 되는데 제대로 못 했어요. 오히려 유가족의 뒤를 따라가는 정도였어요. 초기에 많은 것들이 판가름 났는데 그것이 아쉽죠."

조해녕 시장 퇴진운동을 벌였던 대구의 시민사회단체들은 지역의 관료나 정치권이 '자발적'으로 개선될 것이라 보지 않았다. 반복되는 재난참사의 고리를 끊을 안전한 사회를 건설하기 위해서는 견제와 균

형의 역동을 가져올 시민의 참여가 무엇보다 중요하다고 보았다. "대안의 목소리를 내고 가시적 행보를 보여나갈 새로운 정치집단의 형성이 필요하다"고 본 것이다. 참여는 차이를 낳는다. 이것은 대구 안에서 이어진 지난 참사들이 증명한다. 영남대학교 백승대 교수는 1995년 상인동 가스폭발 참사, 2000년 신남네거리 공사장 붕괴사고, 2003년 대구지하철 화재참사에서 시민단체 활동의 차이가 어떠한 결과를 가져왔는지를 비교·분석했다.

백 교수에 따르면, 1995년 상인동 참사 때는 "대구 지역에 존재하는 시민단체의 수도 그리 많지 않았고 또 대형사고에 대해 조직적으로 대응할 수 있는 시민단체의 역량도 부족"했다. 대구 지역의 대표적인 시민단체 중 하나인 대구참여연대가 1998년에 창립되었고 본격적으로 시민사회단체들이 생겨난 것은 1990년대 후반부터다. 이러한 변화에 따라 2000년 신남네거리 공사장 붕괴사고 때는 "시민단체의 대응활동의 폭이 질적으로 확대"되었다. 1995년 상인동 참사에서는 당시 존재했던 소수의 시민단체들이 성명서를 내는 정도에 그쳤을 뿐 "사고수습 과정에 직접적인 참여를 요구하지는 않았다." 그러나 신남네거리 참사 때는 "사고의 진상을 규명하기 위한 자체 활동을 전개했다."

대구시는 한국건설기술안전협회에 신남네거리 사고의 원인을 규명하기 위한 용역을 발주한다. 그런데 여기에서는 "기술적으로 예측할 수 없는 불가항력적 사고"라는 평가가 나온다. 사건의 책임자이자 시공사인 삼성물산이 용역 발주자로 참여한 조사 결과에 의혹을 제기한 시민단체들은 대구시에 재용역을 요청했고, 새로운 조사 결과 '인재'로 나타났다. 시민사회단체의 활동이 사고로 묻힐 뻔한 사건의 진상을 밝혀낸 것이다.

2·18대구지하철 참사에서는 사고 다음 날 바로 37개 시민사회단체가 대책위를 구성하고 자체 진상조사단을 꾸릴 정도로 신속한 대응이 이루어졌으며, 조직적이고 체계적인 활동으로 이어졌다. 이것이 가능했던 이유를 백승대 교수는 두 가지로 꼽는다. 하나는 "대구 지역 시민사회단체가 각종 연대사업을 지속적으로 수행하면서 시민사회단체 간의 네트워크가 일정하게 형성"되었다는 것, 두 번째는 "불과 몇 년 사이에 연이어 대형 지하철 사고가 터지면서 지하철 사고에 대한 시민단체들의 대처능력과 방법이 축적되었기 때문"이라는 것이다.

2·18대구지하철 화재참사에서 또 하나 특징적인 것은 진상규명과 재발방지를 위한 유가족들의 참여의지다. 여러 어려움 속에서도 희생자대책위원회 유가족들은 포기하지 않고 지금까지도 실질적인 활동을 이어오고 있다. 유가족들은 추모재단 설립의 필요성, 추모공원의 가치에 대해 끈질기게 문제제기 해왔고 재난참사의 수습에 있어서 이러한 요구가 상식으로 자리하는 데 큰 역할을 했다. 표류하던 대구지하철참사 추모재단은 2014년 지방선거에서 대구시장이 새롭게 바뀌고 난 후 2016년 9월 '2·18안전문화재단' 설립으로 이어졌다. 그러나 재단의 독립성, 활동의 방향성과 관련된 유가족들의 고민과 투쟁은 지금도 계속되고 있다. 이 외에도 여전히 고통 받고 있는 생존자들의 처우와 관련해 산적한 문제들이 있다.

우리는 지역의 행정과 정치사회, 언론문화를 바꾸어나갈 힘을 가진 시민사회의 형성과 함께, 유가족과 생존자의 '정치적 권리'를 보장하는 것이 참사를 수습하고 재발을 방지하기 위해 매우 중요함을 확인할 수 있다. 대구지하철 참사는 한국 사회에서 발생한 수많은 재난참사와 마찬가지로 지금도 끝나지 않은 문제다. 대구참사를 잊지 않기 위해, 우리는 단지 '아픔'을 기억하는 것을 넘어 지역사회의 민주적 시스템이 제대로 돌아가고 있는지 지속적으로 관심을 가지고 지켜봐야 할 것이다.[21]

---

21 《대한정치학회보》, 11집 2호, 2003.

재난과 지역,
맞물린 참사의
고리

하승우(녹색당 공동정책위원장)

한국의 재난은 곳곳에서 일어난다. 그렇지만 참사는 보통 지역·지방
에서 일어난다. 이 책에서 다뤄지는 재난의 현장도 경기도 화성군, 대
구광역시, 강원도 춘천시, 충남 태안군, 제주도, 전남 여수시, 전남 장
성군 등이다. 언제나 신고는 늦고 대응은 더디고 피해자는 희생자로
변하기 쉽다. 중앙·지방정부가 지역의 상황을 모르거나 잘못된 매뉴
얼을 따르다 보니 재난이 참사로 변하곤 한다.

물론 서울에서도 성수대교가 내려앉고 삼풍백화점이 무너지고 아
현동 도시가스가 폭발했다.

이 역시 끔찍한 사건들이지만 서울에서 벌어진 사건들은 언론에
주목을 받으며 기억되고 즉각적인 대처가 이루어지기도 한다. 자연히
재난의 발생주기도 길다. 확실히 보는 눈이 많은 곳과 적은 곳은 차이
를 보인다. 재난에 대한 대처만이 아니라 재난을 기억하고 재난과 유
가족에 대한 사회의 관심도 다르다.

잠깐 지역으로 돌려진 언론의 관심이 서울로 돌아가면 지역은 아

무 일 없었다는 듯이 잠잠해진다. 지역에는 변변한 시민사회단체조차 없기에, 재난은 개인의 문제, 개인의 슬픔이 되어 유가족들을 점점 고립시킨다. 재난을 기억하는 것이 지역에 대한 이미지를 나쁘게 만든다며 유가족들을 비난하기도 한다. 지역에서는 그만큼 재난이 반복되기도 쉽다.

그래서 재난에 대한 대처를 민간의 능력이나 이해관계에만 맡겨둘 수 없고 그래서는 안 된다. 시민의 생명과 안전을 보호하는 것이 정부의 목적이다. 그렇지만 한국과 같은 중앙집권형 국가에서는 정치·경제·문화적인 힘이 한쪽에 집중되어 있기에, 서울시민의 생명과 안전은 특별하게 취급되고 지역민의 삶은 부수적이기 쉽다. 대표적으로 참사 이후의 대처는 그런 불균형을 반영한다. 서울시의 참사는 법을 바꾸기도 하지만 지역의 참사는 묻히기 쉽다. 지역의 참사는 생업을 포기하고 서울로 올라가지 않으면 해결책을 찾기 어렵다.

정부만이 아니다. 내로라하는 기업들의 본사는 모두 서울에 있고, 원청·하청·재하청이 꼬리를 무는 한국의 부조리한 경제구조 탓에 본사는 사건이 터지면 꼬리부터 자르려 든다. 진짜 사장 나와라, 목 놓아 소리쳐야 얼굴이라도 한번 구경할 수 있는 사회에서는 그 책임이 모호하다. 그래서 유가족은 배상은커녕 사죄도 받기 어렵고 범인의 얼굴을 보기조차 어렵다. 유가족의 한이 쌓이는 건 당연한 일이다.

그래서 재난을 막으려면, 특히 지역에서 반복되는 참사를 막으려면 어디서 무엇이 잘못되었는지 진단하고 지역화된 대안을 만들어야 한다. 그런데 이렇게 주장하면 참 무기력하다. 수십 년간 누적되어온 구조는 당위를 허용하지 않는다. 범인과 원인이 분명하지 않으니 진단이 어렵고 지역에 결정권한이 없으니 법제도적인 대안도 마련하기 어렵다.

그래서 일단 유가족들의 목소리가 사회로 흘러나오도록 통로를 열어주면 좋겠다. 유족들의 가슴에 고인 이야기들이 전국으로 흘러야 하겠지만 먼저 지역사회가 듣고 고통을 나눌 수 있었으면 한다. 그래야 운이 좋아 참사를 피할 수 있었다는 사실을 인정하고 조금 더 예측가능한 세상을 만들기 위해 서로를 마주볼 수 있다. 합의 이전에 서로 부둥켜안고 우는 시간이 필요하다.

그리고 대안을 마련하기 위해 권력을 지역으로 소환하려면 우리의 시야가 지역으로 향해야 한다. 중앙정부의 법률로는 존재하지만 지방자치단체의 조례로 뒷받침되지 않으면 무의미해지는 제도들이 많다. 예를 들어, 2015년 화학물질관리법이 제정되고 2016년 7월에 시행령이 발표되었으며 2017년 1월 28일부터 화학물질의 등록 및 평가 등에 관한 법률시행규칙도 시행되었다. 그렇지만 중앙정부의 노력은 아직 잘 보이지 않고 얼마나 지역에 관심을 두고 관리할지도 알 수 없다. 그런데 2016년 4월, 경기도 수원시에서 '수원시 화학사고 대응 및 지역사회 알권리 조례'가 만들어지면서 지역사회의 대응체계를 갖추게 되었다. 물론 이 조례 역시 어느 정도 효과를 거둘지 알 수 없으나 시민들이 개입하기에는 중앙정부보다 지방정부가 더 쉽다.

재난과 참사 역시 우리가 국가처럼 보는 게 아니라 지역시민의 관점으로 듣고 봐야 제대로 질문을 던질 수 있다. 답은 그 다음이다.

'인재'임을
증명하기 위한
싸움

이호연

춘천봉사할동 산사태참사
2011.07.27

2011. 7. 25	인하대학교 동아리 아이디어뱅크 학생들, 춘천 상천초등학교에서 발명캠프 개최 위해 천전리 도착.
7. 27	0시 20분경 산사태 발생. 인하대 학생 10명 포함 13명 사망, 인하대 학생 20명 포함 25명 부상.
7. 29	유가족들, 춘천시장 항의 방문, 사고조사위원회 구성 합의.
8. 19	사고조사위원회 기술 부문 위원들, 춘천시에 과업지시서(과업과 예산) 제출, 춘천시청 "시 예산이 부족하다"는 입장 발표.
9. 8	'7·27 춘천참사 사고조사위원회, 활동정지 사태에 대한 입장 발표' 기자회견.
9. 9	사고조사위원회 해체 결정.
9. 26	'7·27 춘천 산사태 유가족 진상조사 발표' 기자회견.
9. 30	국회 행정안전위원회 강원도 국정감사.
11. 17	특별조례에 대한 행정안전부 입장 확인, 강원도와 협의 진행.
11. 21	조례 제정을 위한 전국 서명운동 시작.(4만7036명 서명)
2012. 4. 25	'강원도 춘천시 신북읍 천전리 산사태 희생자 등 위로금 지급 등에 관한 조례안' 통과.
7. 27	춘천봉사활동 인하대 희생자 1주기 추모식 및 기념사업회 창립식.

"따라다녀 보니까 공무원들하고 이런 문제를 해결하는 게 진짜 어려운 일이구나 느꼈어요. 우리가 그 사람들보다 더 많이 알아야 하는데 알 수가 없잖아요. 유족들은 거의 다 그렇게 생각하고 있을 거예요."

2016년 7월 27일, 먹구름이 하늘을 덮더니 아침부터 비가 부슬부슬 내리기 시작했다. 덥고 습한 궂은 날씨에도 200여 명의 사람들이 춘천시 상천초등학교 강당에 모여 춘천봉사활동 인하대 희생자 5주기 추모식을 기다리고 있었다. 당시 16박 17일간 국토대장정을 진행 중이던 인하대 학생 100여 명이 참석해 다른 때보다 더 많은 사람들이 자리를 채우고 있었다. 1주기 이후 처음으로 춘천에서 열린 추모식이었다. 추모식이 끝난 후 참석자들은 유가족들과 함께 참사 현장을 둘러보았다. 산사태가 덮친 민박집이 있던 자리에 자란 무성한 풀들만이 5년의 시간을 말해주는 것 같았다.

"지금도 눈을 감으면 맴돌아요. 그 자리를 보는 게 항상 겁이 나지만 와보고 싶은 곳이기도 해요. 거기서 우리 애가 눈을 감았으니까 흔적이 있을 것 같은 막연한 생각이 들어서요." 유신 어머니 민은순 씨는 그곳에서 아들의 모습을 그리는 듯했다. 기억 속에 존재하는 5년 전 참사 현장이 민하 어머니 정경원 씨의 설명을 통해 그려졌다. "우리끼리 항상 얘기를 해요. 1년에 한 번씩이라도 와서 뭘 하지는 않더라도 현수막이라도 달자고. 오고 싶지 않지만 이 동네 사람들이 잊을까 봐 오는 거죠."

무너지는 소리 [1]

2011년 7월 25일, 2박 3일 일정으로 인하대학교 동아리 아이디어뱅크 학생 31명이 춘천 상천초등학교에 발명캠프 봉사활동을 왔다. 1994년부터 시작된 발명캠프는 1년 중 아이디어뱅크의 가장 큰 행사다. 참석자의 절반은 처음 발명캠프에 온 1학년이었다. 25일 학교에 도착한 학생들은 교장에게 인사를 하고 다음 날 진행할 발명캠프 리허설을 하면서 설레는 마음으로 시간을 보냈다. 숙소는 상천초등학교에서 1킬로미터 떨어진 춘천민박이었다. 발명캠프의 경우 마을회관이나 공공시설에서 숙박을 하는 편이어서 원래 학생들은 상천초등학교 체육관을 숙소로 사용하려고 했다. 하지만 학교 측은 시설물 관리가 무인경비 시스템으로 바뀌어서 체육관을 빌려줄 수 없다고 했다. 학생들이 이용하는 동안 시스템을 해제하면 관리할 당직 교사가 필요한데 비용이 없다는 이유였다.[2] 결국 봉사활동을 간 학생들이 동아리

---

1   이승원, 《네 꿈을 기억할게 – 춘천봉사활동 인하대희생자 투쟁 이야기》, 한내, 2013. 이 책은 춘천봉사활동 인하대희생자 기념사업회가 기획하고 참사의 전 과정에 함께했던 이승원 씨가 기록한 소중한 자료다. 이 글도 책에 기록된 내용을 참고했다.

회비로 숙박문제를 해결해야 했다. 참사 피해자들은 여기서부터 상황이 "꼬이기 시작했다"고 말했다.

26일 오전 9시 반부터 오후 5시까지 진행된 발명캠프는 상천초등학교뿐 아니라 가까운 다른 초등학교 학생들까지 참석했다. 일정이 예정보다 일찍 끝나 남학생들이 운동장에서 축구를 하고 있었는데 비가 오기 시작했다. 학생들은 숙소에 돌아와 못 다한 이야기를 나누며 즐거운 시간을 보냈다. 그사이 빗줄기는 굵어져 저녁 8시부터 집중호우로 바뀌었다. 저녁 9시 25분, 민박집 뒤쪽 마적산 인근 지역에 산사태 위험주의보가 발령되었다. 산림청은 춘천시에 세 차례에 걸쳐 산사태주의보를 보냈다. 하지만 춘천시는 전달체계를 통해 적극적으로 대피 상황을 알리지 않았고 안이한 대처[3]를 했다.

26일 밤 9시 30분경 춘천시 신북읍 천전리 마을회관 맞은편 해강아파트 앞에 있던 집 두 채가 침수되었다. 마적산 정상으로부터 내려온 빗물이 배수가 안 되어 역류된 상황이었다. 27일 새벽 0시 8분경 천전리 윗샘밭 시내버스 종점 인근 해발 50미터, 일명 떡갈봉의 경사면이 무너지면서 산 아래에 있는 인근 상가 건물이 묻히는 1차 산사태가 났다. 마적산 정상에서 내려온 토사가 반대편 하천 부지까지 건

---

2 상천초등학교가 무인경비 시스템으로 바꾼 것은 강원도교육청 방침이었다. 시스템 해제 시 당직교사를 두어야 하는데 당직비 예산을 조달할 수 없다는 것이었다.

3 9월 30일 국정감사에서 민주당 백원우 의원은 이광준 시장에게 산림청의 산사태 위험경보 누락 이유를 질문했다. 이 시장은 "호우주의보 발령 당시 공무원들이 이·통장을 상대로 주의 방송했으나, 명확한 판단이 어려웠기 때문에 대피명령은 하지 못했다"고 답변했다.

물을 밀어낸 것이었다.

1차 산사태 직후 춘천민박 옆 다른 민박집에 투숙했던 사람들 중 일부는 지인인 동네 주민의 연락을 받고 미리 피신을 했다. 하지만 인하대 학생들은 어떤 사전대피 연락도 받지 못했다. 지역 주민인 민박집 주인은 실제로 민박에 거주하지도 않았고 상황을 알려줄 관리인조차 없었다. 1차 산사태가 나고 12분 후인 27일 0시 20분경 그 지역에서 100여 미터 떨어진 능선에서 두 번째 산사태가 났다. 토사가 학생들이 묵었던 옆 민박집을 덮쳐 건물이 완전히 무너졌다.

"우리가 머물던 집은 가건물로 지어졌던 걸로 기억해요. 생존한 학생들이 지중해풍 집으로 기억을 하고 있었는데 나중에 보니까 벽지만 이쁜 걸 붙여놓은 거더라고요."

곧이어 학생들이 묵었던 춘천민박이 반파되었다. 민박집 1층 벽면이 뺑 뚫리고 순식간에 토사에 휩쓸렸다. 춘천민박은 외벽만 벽돌이었지 조립식 패널로 지어져 토사가 내려오자 벽이 버티지 못하고 무너졌다.

26일 오후에 후발대로 합류한 생존자 신태진 씨는 참사 당시 4학년이었다. 그는 "후배들에게 맛있는 것도 사주고 출발 못 한 후배들을 차로 태워다주려고 선배들을 모아 격려차" 온 상황이었다. "딱 하루만 자고 나오려고 했던" 그에게 상상도 못 한 일이 일어난 것이다. 그에게 상담을 해달라고 한 후배와 1층 테라스에 같이 앉아 있을 때 산사태가 났고 "후배랑 위아래로 겹쳐서 묻혀 있었다."

"애들은 흙에 묻혀서 질식해 죽은 건데 저는 큰 돌에 깔려 있어서

2011년 7월 27일, 산사태로 인해 민박집 건물이 무너진 현장. ⓒ연합뉴스

산 거예요. 돌이라서 물이 밑으로 빠지니까. 무너진 민박집 건물 벽에
깔리는 바람에 왼손이랑 양 다리가 돌에 끼여 못 움직이는 상태로 묻

혀 있었어요. 오른팔만 움직일 수 있었는데 같이 묻혔던 후배 허벅지에 손이 닿았어요. 후배를 안정시키면서 계속 얘기를 했어요. '살려주세요.' 소리 지르지 말고 힘을 아끼고 있다가 사이렌 소리 들리고 우리 위로 구조대원들이 움직이는 게 느껴지면 그때 소리 지르자고. 묻혀 있어도 밖의 소리는 들리잖아요. 멀리서 산이 무너지는 소리가 들려요. '살려주세요.' 하는 소리가 들리면 '아 쟤네들은 살았구나.' 안심하고 있다가 10분 지나면 그 소리가 사라져요. 그 친구를 부르면 대답이 없어요."

새벽 1시 30분이 지나 본격적인 구조작업이 시작되었다. 두 사람은 1시간 반 동안 묻혀 있다 구조되었다. 119구조대가 출동했지만 1차 산사태로 길이 끊겨 접근이 어려웠기 때문이다. 중장비가 들어올 수 없어 성인 8명이 돌을 옮긴 후에야 두 사람은 나올 수 있었다. 구조대는 사다리로 길을 만들고 사람들을 구급차에 태워 병원으로 이송했다.

누가, 무엇을, 어떻게 조사할 것인가?

이 산사태로 인하대 학생 10명을 포함해 13명이 희생되었다. 부상자는 인하대 학생 20명을 포함해 25명이었다. 사망자와 부상자는 강원대병원과 한림대병원 등으로 옮겨졌다. 부상자 신태진 씨는 구조된 후부터 병원에 와서까지 언론사 카메라와 기자들에게 시달려야 했다.

"들것에 실려서 구급차로 옮겨지는데 플래시가 엄청 터지는 거예요. 응급실에서 처치받고 나왔는데 그때부터 기자들이 저한테 몰려오기 시작했어요."

신태진 씨는 부상자 중 "의식이 있고 몸 상태가 상대적으로 괜찮은 편"이어서 의사들도 기자들이 오면 그에게 보내는 상황이었다. "인터뷰하는 건 괜찮은데 한 사람이 하고 가면 다른 사람이 오니까" 그는 밤새 "인터뷰만 열 몇 번을 하게 되었다." 사실 그도 "온몸이 진흙범벅이었고 수술 대기 중이라 물도 못 먹는" 상황이었다. 하지만 그는 혹시 기자들이 쉬어야 할 후배들에게 갈까 봐 걱정이 돼서 선배인 자신이 인터뷰를 할 수밖에 없었다고 했다. 생존자로서 그가 해야 할 일은 기자들을 응대하는 것만이 아니었다.

"사람들이 실려 들어오는 응급실 문 앞에 있었어요. 형사가 제 옆에 애를 데리고 와요. 누군지 알겠냐고 물어보는데 진흙투성이니까 닦고 본다고 해도 잘 모르겠는 거예요. 제 핸드폰으로 전화를 걸어서 그 애의 핸드폰이 울리고 이름이 뜨면 확인을 해주는 거죠. 나중에 형사들한테 그 애 상태가 어떠냐고 물어보면 죽었다고… 제가 시체를 보고 확인해준 거잖아요. 그걸 계속해야 했어요. 진흙을 닦아서 본 얼굴이 계속 기억에 남아 있어요."

신태진 씨는 학교에 연락을 하고 부상자를 인하대병원으로 옮기는 일도 챙겨야 했다. 그는 "슬퍼할 겨를이 없어서" 울지 못했다고 그날을 기억했다. 인하대병원에 오면서 그가 학교 측에 먼저 요청한 것은 기자 출입 통제였다. 사고 소식을 들은 유가족들은 앞이 안 보일 정도로 쏟아지는 비를 뚫고 병원으로 모이기 시작했다. 서로 누가 누군지 알 수 없는 상황이었고 충격으로 쓰러진 부모들도 있었다. 장례식은 일산병원과 인하대병원에서 28일과 29일에 치러졌다. 28일 일산병원에서 열린 장례식에 노동단체에서 활동하는 민하 어머니 정경원 씨와 친분이 있던 상지대학교 홍성태 교수가 조문객으로 찾아왔다. 그는 "강원도 난개발문제를 관심 있게 보고 있는데 이 참사도 연결된 문제[4]인 것 같다"는 얘기를 했다. 장례식장에 온 사람들이 신문 등[5] 사건 경위에 대한 자료를 정리해서 주기도 했다. 들은 이야기를 전하고 자료를 공유하는 과정에서 유가족들은 인재人災일 가능성을 생각했다. 건설 쪽 일을 했던 일반인 사망자 이은영 씨의 오빠도 "민박집 자체와 건축허가 과정의 문제"[6]를 얘기했다.

이광준 춘천시장은 28일 저녁이 되어서야 병원에 나타났다. 조사위원회 구성에 대한 얘기가 나오자 이광준 시장은 "결국 보상 아닙니까. 액수를 이야기하세요"라는 얘기를 했다고 한다.

---

4 '무분별한 개발 행위 대형 참극 불렀다', 〈강원도민일보〉, 2011. 7. 28. 기사는 토질학 및 토목공학 전문가들은 이번 산사태에 따른 인명피해를 안전성을 무시한 무분별한 개발행위가 부른 인재라고 진단한다는 내용이다. 전문가들은 이번 참극이 안전성을 무시하고 산을 절개해 건물을 신축했기 때문이라고 진단했다.

5 '춘천 산사태는 무분별한 개발정책으로 인한 인재', 〈오마이뉴스〉, 2011. 7. 27. '중부 물폭탄/ 춘천 펜션 붕괴도 총체적 인재', 〈한국일보〉, 2011. 7. 28. '산 깎고 물 막아 펜션·빌라… 산사태도 인재였다', 〈한겨레〉, 2011. 7. 28. '되풀이된 산사태, 방심이 부른 인재', 〈강원도민일보〉, 2011. 7. 28. '중부 최악 물폭탄/한밤 두차례 "우르릉~ 꽝"… 잠자던 학생들 그냥 당했다', 〈세계일보〉, 2011. 7. 28.

6 그는 한 신문사와의 인터뷰에서 "산에 물길을 내주고 산사태 방지용 옹벽을 설치했다면 방지할 수 있던 사고였다"며 "법을 떠나 기본적인 관리소홀 책임을 피할 수 없다"고 말했다.

　유가족 정경원 씨는 보상담론에서 참사 피해자들의 위치를 이야기
했다. "부모들한테 돈 때문에 그러냐고 대놓고 얘길 했거든요. 모욕을
당했잖아요. 부모들이 싸울 때 제일 싫어하는 게 그거예요. 돈 바라고
그러는 거냐고." 하지만 "보상을 받는 게 나쁜 게 아니죠. 보상을 받는
다는 건 그들이 잘못을 인정하는 거니까 당당하게 요구할 수 있는 것
이기도 하죠." 문제는 책임을 져야 할 사람들과 일부 언론이 유가족의
요구를 듣지도, 제대로 책임지지도 않으면서 보상문제로만 몰아가는
패턴을 반복되고 있다는 점이다. 이런 과정에서 진상규명을 향한 외
침이 가려지거나 왜곡되기도 한다.

　유가족들은 '춘천봉사활동 인하대학교희생자 가족대책위원회'(이
하 가족대책위)를 구성하고 진상규명을 위한 싸움에 돌입했다. 가족대책
위 대표단은 7월 29일 춘천시장실을 항의방문하여 유족 측 추천인사
3인, 시청 측 추천인사 3인으로 사건조사위원회(이하 조사위)를 구성하
기로 합의했다. 조사위는 정해진 기간 안에 여러 전문가의 정밀조사
가 필요하다고 판단해 외부기관에 연구용역을 의뢰하기로 결정하고
필요비용에 대한 구체적인 내용을 작성해 춘천시에 제출하기로 했다.
바로 조사위가 가동되는 듯했으나 8월 24일 춘천시는 이전과 다른 태
도를 보였다. 장례식 이전에 합의할 당시에는 예산 등 전폭적인 지원
을 약속했던 춘천시가 조사범위 및 용역의뢰비용을 두고 최대 지원
가능한 금액으로 2000만 원[7]을 얘기한 것이다. 반면 조사위는 2억 원
가량의 비용을 추산했다. 춘천시는 조사위원들의 자체조사만으로 충
분하다고 보는 듯했고 예산부족으로 조사를 위한 용역업체를 선정할

수 없다는 말만 되풀이했다. 조사위는 조사범위와 내용을 최소한으로 해서 비용을 1억 원 정도로 수정 제안했다. 조사위원들의 조정 노력과 조사 필요성 요구에도 불구하고 춘천시는 제안에 대한 답변 없이 한 달이 지나도록 조사를 진행하지 않았다. 산사태 원인규명 일정은 계속 지연되었다. 조사위원회 회의는 제대로 성사되지 않았고 결국 사건조사위원회는 별 성과 없이 해체되었다.

조사위원회 해체에 대해 유가족은 분노했다. 유가족 중 한 명은 같은 날 발생했던 우면산 산사태[8]와 춘천 산사태를 비교하기도 했다. 춘천시장은 "조사라도 해서 관리자로서 할 수 있는 최선을 성의껏 보여야 하는데" 그조차 하지 않았다는 것이다. 조사위가 해체된 상황에서 진상규명은 어떻게 해야 할까? 가족대책위는 싸움의 다른 국면을 만들어야 했다. 사건조사위원회를 지원하기 위해 8월부터 활동했던 가족대책위 자체조사팀이 있었다. 조사팀은 그동안 사건 현장 탐문을 시작으로 마적산 조사, 아이디어뱅크 회원 면담, 천전리 마을 주민 면담 등을 진행하며 자료를 모으고 있었다. 가족대책위는 여기서부터 다시 시작했다. 그동안 확보한 증거자료를 정리해 이후 방향에 대한

---

7 '갈등의 골에 갇힌 억울한 인하대생들의 죽음', 《시사저널》, 2011. 10. 2. 기사는 예산 추가집행에 대한 춘천시의회 의장의 인터뷰를 싣고 있다. 의장은 예산지원에 대해 긍정적인 답변을 했다. 비용문제가 사전에 의회와의 논의를 거쳐 여러 가지 가능성을 타진해볼 수 있었던 상황이라는 점을 언급하고 있다.

8 춘천봉사활동 참사가 있던 2011년 7월 27일, 서울에서는 우면산 산사태가 있었다. 서울시는 10명의 민간조사위원들을 선임하고 1억3000만 원의 비용을 들여 조사를 실시했다.

논의를 진행했다. 그리고 전문가들의 도움을 받아 가족대책위가 조사한 내용을 사회적으로 알릴 준비를 했다.

진상조사 과정과 내용의 주도권을 누가 갖느냐의 문제는 중요하다. 누구의 입장에서 사건을 보느냐에 따라 접근방식과 내용의 강조점, 조사 결과까지도 달라질 수 있기 때문이다.[9] 민하 어머니 정경원 씨는 조사를 둘러싼 딜레마를 이렇게 얘기했다.

"사실 관에서 하는 진상조사는 한계가 있잖아요. 자기들 입맛에 맞게 할 수밖에 없어요. 물론 조사위에 결합한 분들은 우리한테 우호적이었고 도움을 많이 주었지만 구조적인 한계를 가지고 있는 거죠. 진상조사는 그걸 감안할 수밖에 없어요. 밖에서 완전히 따로 구성할 수도 있지만 조사비용을 감당하기도 어렵고 공신력이 없죠. 딜레마예요. '조사위가 깨져서 큰일이네.' 이런 생각을 할 수도 있었지만 저는 위기가 아니고 다른 계기를 만들 수도 있다고 생각했어요."

---

9   '산사태 원인 규명 아직도⋯', 〈한국일보〉, 2012. 7. 28. 이 기사에서 우면산 산사태 유가족 대표는 서울시에서 진행한 원인조사 보고서의 문제를 지적했다. "보고서는 사건 당시 기록적인 폭우가 내린 점을 부각시키고 서초구청도 자연재해로만 몰아 공무원들에게 면죄부를 줬다"는 것이다. 2012년 9월 2일 〈한국일보〉는 서울시 우면산 대책회의에 참여하기도 한 이수곤 서울시립대 토목공학과 교수의 인터뷰를 실었다. 그는 그동안 조사가 진행된 몇몇 사건을 언급하며 조사 과정과 결과의 문제를 지적했다. 그는 우면산 산사태를 인재라고 보았다. 이수곤 교수는 2014년 8월 7일 JTBC 저녁 뉴스에 출연해 우면산 조사보고서의 문제와 논란을 얘기하기도 했다. 2016년 6월 법원은 서초구가 우면산 산사태 희생자 유족에게 배상할 책임이 있다며 원고 일부승소 판결을 내렸다.

"춘천 산사태참사는 필연적인 인재였다"[10]

가족대책위는 조사위의 해체 과정을 겪으면서 행정 당국이 참사의 원인규명에 대한 의지가 없다고 판단했다. 춘천시는 계속 '6000년 만의 폭우'라며 많은 강우량을 참사의 원인으로 주장했다.[11] 가족대책위는 더 이상 춘천시에 '천재'냐 '인재'냐에 대한 원인규명을 요구하지 않고 조사팀이 확보한 자료를 토대로 '인재'라는 입장을 정리했다. 그리고 사건의 진실과 춘천시의 무책임을 시민들에게 알리기로 했다.

유가족들은 먼저 춘천시청 앞에서 1인시위를 시작했다. 1인시위와 함께 선전물 3000장을 제작해 인천팀은 가평 휴게소에서, 상봉역 팀은 상봉에서 춘천까지 전철을 타고 선전전을 하면서 "춘천시 전역을 도배해버렸다." 또한 유가족들은 상여를 메고 춘천시를 행진하기도 했다. 민성 아버지 이건학 씨는 "열 가족이어서 한 사람이라도 빠지면 표시가 나는 상황이라 주말엔 다 같이 모이고 평일엔 회사에 월차를 내는 방법으로" 결합을 했다. 그는 "모두가 다 같이 움직일 수 없

---

10 2011년 9월 26일 가족대책위가 진상조사 보고서를 바탕으로 서울에서 했던 기자회견 제목이다.

11 춘천시는 시보인 《월간 봄내》(249호)에서 "7월 27일 발생한 천전리 산사태는 6000년 만의 폭우로 인해 발생한 천재"라고 주장했다. 또한 시보에서 "조사위원회는 어느 범위까지 책임소재를 밝힐지 여부보다는 예산 규모 책정에 중점을 주는 듯한 인상을 주었다"거나 "사고원인에 대한 춘천의 책임 여부만을 가려주면 될 조사위가 너무 무리한 요구를 해서 이런 파국을 맞게 됐다"는 식으로 조사위에 해체의 책임을 전가했다. 2012년 7월 6일자 〈노컷뉴스〉는 '춘천시보, 춘천시장 대변지 전략'이라는 제목으로 시보의 지면을 이용해 여론몰이를 하려는 춘천시의 문제를 다루고 있다.

2011년 9월 24일 춘천시외버스터미널 앞에서 춘천시에 재발방지대책 등을 요구하는 가족대책위원회
와 인하대 학생들. ⓒ연합뉴스

을 때 역할분담을 잘해서 1인시위를 하고 선전전도 했기 때문에 여기
까지 온 것 같다"고 했다. 유가족들은 "같이 싸우는 과정에서 가족들
상황에 맞는 다양한 방법을 찾아갈 수 있었다"면서, "싸우는 과정에서
또 다른 싸움이 만들어지고 서로 돈독해지면서 오히려 싸움도 더 잘
할 수 있었다"고 말했다. 또한 "다양한 수준에서 결합할 수 있도록 해
주는 방식"이 필요하고, "열심히 싸우는 사람들의 의지가 꺾이지 않도
록 조건을 만들어주는 게 중요하다"고 강조했다.

9월 26일 오전 11시 프레스센터 기자회견실에서 '7·27 춘천 산사
태 유가족 진상조사 발표 기자회견'이 진행됐다. 그동안 가족대책위
조사팀에서 현장탐사와 면담, 자료조사를 통해 자체조사 한 내용을 발
표하는 자리였다. 마적산 산사태문제를 살펴보면 첫째, 춘천시는 산림

청의 산사태 위험경보를 지역 주민들에게 제대로 알리지 않고 대피를 시키지 않았다. 산림청은 춘천시에 26일 21시 25분부터 0시까지 세 차례에 걸쳐 마적산을 산사태 위험주의보 대상 지역으로 정하고 경고 문자를 발송했다. 하지만 이 주의보는 제대로 전달되지 않았고 주민대피 조치가 취해지지도 않았다.(147쪽 주석3 참고) 산림 위험도는 4등급으로 나눠져 있는데 1·2차 산사태가 난 일대는 모두 1등급 지역이었다.

둘째, 산사태가 난 천전리 산 71번지는 토양의 특성상 폭우가 쏟아질 경우 물과 함께 토양이 쓸려 내려올 위험이 큰 지역으로 건축물 허가를 할 때 주의해야 하는 지형이다. 원래 이 마을 주변은 물이 많다고 해서 '윗샘밭'으로 불리는 지역이다. 마적산 기슭을 중심으로 민박집이 우후죽순처럼 난립하면서 재해위험지구 지정의 필요성이 제기되는 등 사고위험이 상존했다고 한다.[12]

셋째, 농어촌 민박은 법상 실제 거주하는 사람에게만 허가해주도록 되어 있다. 하지만 학생들이 묵었던 춘천민박의 경우 주인이 실제로 민박에 거주하고 있지 않았다.[13]

넷째, 산사태가 일어난 정상 부근에 방치된 방공포 진지(300평 규모)와 군사도로의 문제를 들 수 있다. 이 도로와 진지는 1973년 소양강

---

[12] '난개발·벽돌만 쌓은 건물 안전불감증이 피해 키웠다', 〈강원도민일보〉, 2011. 7. 28.

[13] 숙박시설의 경우 상대적으로 규제가 까다로운 펜션으로 등록하기보다 농어촌 민박으로 신고하는 경우가 많다. 펜션으로 불리지만 실제 법상으로는 민박집이고 이 경우 산사태 관리 대상에서 대부분 벗어나 있다고 한다. '산 깎고 물 막아 펜션·빌라… 산사태도 인재였다', 〈한겨레〉, 2011. 7. 28.

댐 준공 당시 공습 등에 대비하기 위한 것이었으나 방치되어왔다. 진지는 산을 절개해서 만들었고, 1차 산사태의 시발점이었다. 인하대 학생들이 희생된 2차 산사태는 방공포 진지에서 100여 미터 떨어진 군사도로에서 시작됐다. 1990년 9월, 민박집 위쪽 군사도로 인근에서 산사태가 발생해 집이 반파되는 일이 이미 있었다. 1999년에도 방공포 진지 방향에서 산사태가 발생했다. 이미 두 차례에 걸쳐 인근에서 산사태가 난 곳이었다. 방치된 진지 터에 텃밭까지 일구어 많은 비가 오자 머금고 있던 물까지 포함해 한꺼번에 무너져내린 것이다. 참사 이후 춘천시와 군부대는 서로 책임을 떠넘겼다. 군부대 측은 현장을 관리할 책임이 춘천시에 있다고 주장한 반면 이광준 시장은 국정감사에서 '방공포 진지를 방치한 것은 군방부 소관이지 시장이 그것까지 뒤처리하지 않는다'고 했다.

다섯째, 배수로가 없었다. 1990년 9월 배수로를 만들었으나 그 후에 새로 집을 지은 2층집이 배수를 막고 옹벽을 설치했다. 원래의 배수로는 자기 집의 정원으로 꾸몄다. 이곳의 지형은 지표면에서 30-60센티미터 사이의 흙이 덮여 있고 그 밑은 암반이었다. 암반 위의 흙이 빗물을 머금고 있어 산 밑으로 흐를 수 있는 배수로가 필요한데 막혀 있는 상황이었다. 토질 자체도 주로 미사[14]와 모래로 되어 있어 물과 함께 쓸려 내려왔다. 춘천시와 강원도는 과거 산사태가 난 지역을

---

14 그 지름이 0.004~0.006*mm*에 이르는 퇴적물 입자로 유수에 의해 쉽게 운반되나 정수에서는 곧 가라앉는다.

제대로 관리하지 않고 허가를 내줘서는 안 되는데 건축허가를 내주었다. 또한 배수로에 대한 확인도 하지 않은 상황이었다.

이 외에 자원봉사제도의 문제점을 들 수 있다. 인하대학교는 봉사활동을 적극적으로 권장[15]했지만 봉사활동 중 발생하는 안전 등의 문제에 대한 대책은 거의 없는 상태였다. 보험의 경우에도 신입생오리엔테이션, 학생대표간부수련회, 하계농촌활동, 총대의원회교육수련회, 동아리대표자수련회만 적용하고 봉사활동, 동아리활동 등에는 적용하지 않았다.

많은 사람들이 "산사태는 자연재해라고 생각한다." "조사를 통해 사실을 확인하고 산사태가 반복되었다는 걸 알기 전까지" 유족들도 비슷한 생각을 할 수밖에 없던 상황이었다. 하지만 가족대책위는 그동안의 자체조사 결과를 바탕으로 천전리 산사태가 "필연적인 인재"임을 사람들에게 알렸다. 유가족 정경원 씨는 "공공기관에서 하는 조사가 잘 진행되지 않는다면 유족들이 만든 진상규명이 있어야 하고 이것이 가장 중요"하다고 강조했다. 대부분의 참사의 경우 "법적 책임에 대한 처벌이 미미한" 현실에서 정치적 책임과 사회적 책임을 묻기 위한 "유족들만의 스토리가 있어야 한다"는 것이다. 그것은 누가 사건 규정의 주도권을 갖느냐의 문제다. 또한 진실을 위한 싸움에서 사건

---

15 인하대학교는 봉사활동을 장려하는 제도로 졸업인증제에 따른 봉사인재인증, 사회봉사장학금, 일부 학과 학점인정 등의 제도를 운영했다. 봉사인재는 봉사활동 시간(100시간 이상)을 받아 학교에 제출하면 봉사인재로 인정되어 성적기록부에 기재하는 제도다. 졸업을 위해 필수는 아니었지만 학교에서 장려하는 것이었다.

을 누구의 서사로 만들 것인가의 문제이기도 하다.

"아이들이 출발에서부터 왜 구조되지 못했는지 하나의 스토리를 가지고 있어야 해요. 정황 증거들이 충분히 있으니까 이게 중요하다는 생각이 들더라고요. 우리가 할 수 없는 건 토목 전문가, 산사태 전문가의 도움을 받은 거죠. 춘천시에서 그게 사실이 아니라고 말하든 말든 간에 우리가 만든 내용으로 기자회견하고 선전전을 하고 사람들을 만나서 이게 사건의 진실이라고 설명을 하는 거죠. 일관되게 알리니까 사람들이 믿어줘요. 우리가 주도권을 가지게 되는 거예요. 이걸 확실하게 해야 어떤 싸움을 하더라도 대응할 수 있어요."

가족대책위에서 만든 방대한 자료는 언론뿐 아니라 9월 30일에 열린 국정감사 자료로도 활용되었다. 춘천참사의 원인에 군시설 방치문제, 춘천시의 관리소홀 및 무분별한 건축허가 문제가 있다는 것이 사회적으로 인정되었다. 또한 국정감사에서 춘천시장이 사건을 해결할 의지가 없다는 사실이 다시 확인되었다. 강원도지사에게 책임이 있다는 의원들의 발언과 도시자의 인정, 그리고 보상하라는 의원들의 발언은 국정감사 이후 강원도지사와의 면담으로 이어졌다. 이제 가족대책위는 강원도와 협의를 진행하게 되었다.

누구와 함께 어떻게 싸울 것인가

가족대책위 논의에서 쟁점 중 하나는 대책위 구성과 투쟁범위에 대한 것이었다. 이 문제를 사회적으로 더 알리고 함께 싸울 사람을 모으기 위해서 인하대 희생자뿐 아니라 일반인 희생자와 부상자들도 대책위에 포함시켜야 한다는 입장을 가진 사람들이 있었다. 반면 대책위 구성을 학생 사망자로만 하자는 입장을 가진 이들도 있었다. 요구사항도 유가족 보상을 중심으로 해서 빨리 끝내야 한다는 입장과 재발방지책도 포함해야 한다는 입장이 있었다. 대책위 구성범위를 둘러싼 논의는 치열했고 대책위 명의에서 '가족'자를 빼는 문제에 대해 오랜 시간 토론했다. 가족으로 제한하면 총학생회나 동아리연합회, 아이디어뱅크 학생들이 발언권을 가질 수 없었다. 빨리 이 싸움을 정리하기 위해서도 "가족만으로는 어렵다"는 고민이 있었다. 그동안 유가족들은 "법적으로 해결할 수 있는 방법이 거의 없어 밖에 나가서 싸울 수밖에 없는 상황"이라는 생각을 갖게 되었다. 또한 지역 시민사회단체와 공무원노조 해고 노동자들의 도움과 지지를 받았던 경험도 있었다.

학생들이 같이하기 위해서도 '가족'대책위는 맞지 않다는 의견이 나왔다. 가족이 아닌 사람의 대책위 참여에 대한 거부감은 싸움의 현장에서 "연대를 깨기 위해" '순수 유족'과 아닌 사람을 분리시키는 말들 속에서 만들어지기도 한다. 춘천시청 앞에서 집회를 할 때 공무원들이 나와 '순수 유족' 이라는 말을 항상 입에 달고 다니면서 '순수 유족'이 아닌 사람이 왜 나서느냐는 식으로 말을 하곤 했는데 유가족들도 처음엔 "그런 말에 반박하면서 싸우지 못했다"고 했다. 하지만 나중에는 "함께 싸우는 사람들"이라는 생각이 생기면서 달라졌다는 것이다.

논의 결과 대책위 이름에서 '가족'을 떼는 것으로 결정되었다.

또 다른 변화는 유신 어머니 민은순 씨의 제안으로 이루어졌다. 그 동안 1가족당 1표씩 의결권을 부여했으나 "부부 사이에도 의견이 다를 수 있으므로" 1인 1표를 부여하자는 제안이었다. 민은순 씨는 "회의를 하다 보니 바꿀 필요가 있고 중요하다는 생각이 들었다"고 했다. 인하대 학생들도 항시 결합하는 학생들에게는 의사결정에 참여할 수 있도록 하되 아이디어뱅크의 경우 매번 오는 사람이 바뀌는 상황을 감안해 여러 명이 회의에 와도 1표만 행사할 수 있도록 조정했다. 이러한 결정은 그동안의 싸움의 경험 속에서 함께하는 힘을 알게 되고 서로에 대한 신뢰가 쌓여서 가능했던 것으로 보인다.

대책위는 참사에 대처하는 과정에서 치열한 논의를 거쳤고, 이것은 더 큰 힘을 모으는 계기가 되기도 했다. 하지만 아픈 선택을 해야 하는 상황을 만나기도 했다. 대책위는 강원도와 논의를 진행하면서 춘천시장과 더 이상 만나지 않고 춘천시의 문제는 강원도에 일임하는 것으로 결정을 내렸다. 그러나 유가족 중 몇 사람이 재논의 요청이나 사전 논의 없이 춘천시장을 만나고 온 일이 발생했다. 강원도로 논의가 넘어왔지만 기대만큼 진전이 안 되는 상태가 답답하고, 싸움의 기간이 길어질까 봐 부담을 느낄 수도 있었을 것이다. 하지만 전체회의에서 얘기된 바 없이 이루어진 돌출행동이었다. 더구나 시장하고 뭔가 이야기가 된 것처럼 외부로 알려진 난감한 상황이 돼버렸다. 이 일을 수습하는 과정에서 대책위의 1차 투표 결과는 부결되었으나 이후 문제가 해결되지 않으면서 결국 유가족 1명이 대책위에서 제명되었다.

"협상라인이 있는데 몇몇 사람이 별로도 라인을 만들면 일이 엉켜버리는 문제"도 있고 "조직이 같이 굴러가야 하는데 회의에 참석해서 적극적으로 의견을 내지 않고 장외에서 그렇게 하니까 더 이해하기 어려웠던 점이" 있기도 했다. 그 당시 "서로 힘을 빼면 안 되는 상황에서 대책위 '해산'까지 얘기가 나왔다. 유신 어머니 민은순 씨는 "하늘에서 애들이 울고 다니는 것 같아 이대로 해산은 안 된다는 생각"을 했다고 한다.

무엇이 바뀌고 무엇이 바뀌지 않았나?

정희 아버지 이상규 씨의 말처럼 유가족들은 "천재지변으로 그냥 죽었다는 소리가 듣기 싫었다." 춘천시에서 선전전을 할 때 지역 주민들이 던지는 "술 먹고 놀다가 죽은 거 아니냐"는 얘기는 부모들이 제일 듣기 싫어하는 소리였다. "아이들의 명예를 회복시켜야" 했고 "아이들이 봉사활동을 하러 왔다는 걸 중요하게 얘기해야 했다." 피해보상은 현행법으로 불가능했다. 대책위는 조례 제정이 어렵다면 "아이들에 대한 예우와 보상"을 위해 한시적으로 특정 사건에 대해서만 적용되는 특별조례를 제정해줄 것을 강원도에 요구했다. 11월 19일부터 12월 10일까지 유가족들은 가두 서명전을 시작으로 가가호호 방문을 통해 서명을 받고, 강원도 내 교수들의 서명을 모으기 시작했다. 5만 명을 목표로 한 서명은 총 4만7036명에 달했다.

2012년 4월, 대책위가 요구했던 '강원도 춘천시 신북읍 천전리 산사태 희생자 등 위로금 지급 등에 관한 조례'가 드디어 도의회에서 통과되어 제정되었다. 2013년엔 전국에서 처음으로 강원도에서 재난 피해자를 지원하는 '재난피해 지원조례'가 제정되었다. 강원도는 2011년 춘천 천전리 산사태와 2012년 8월 삼척 남영동 가스폭발사고[16]가 조례 제정의 계기가 되었다고 밝혔다. 신북읍 천전리엔 119 안전센터가 만들어졌다. 천전리 산사태 피해지역은 자연재해위험지구로 지정됐다. 그에 따라 배수시설 개선 등 복구가 진행되었다.[17]

참사 이후 "학생들의 봉사활동에 학교는 무조건 여행자보험을 들어주는" 것으로 제도가 바뀌었다. 참사 당시엔 학교에서 누가 봉사활동을 갔는지 파악이 안 되는 상황이었지만 이제는 인원과 일정을 확인하고 있다. 인하대학교 교정에는 추모비가 건립되었다. 봉사활동을 갔던 상천초등학교에도 참사로 희생된 인하대 발명동아리 아이디어뱅크 학생들의 봉사정신을 기리기 위한 공적비가 세워졌다.

참사 1주기 추모식을 즈음하여 대책위는 '춘천봉사활동 인하대희생자 기념사업회'로 전환되었다. 희생자들의 추모사업을 진행하고, 참사의 진실과 희생자들의 뜻을 널리 알리기 위함이었다. 기념사업회

16　2012년 8월 17일 오전 6시 57분께 강원도 삼척시 남양동의 한 노래방 건물에서 가스폭발사고가 발생, 건물 일부가 붕괴됐다. 이 사고로 중상 4명을 포함해 모두 27명이 부상을 당했다.

17　〈뉴시스〉, 2014. 6. 16. 기사는 참사 발생 후 3년이 지났지만 여전히 참사 현장에는 무너져내린 건물에 차량이 깔려 있고 펜스 외에는 별다른 조치가 없는 상태임을 보도하고 있다.

2014년 7월 26일 인하대에서 진행된 3주기 추모식(위)과 같은 날 춘천 상천초등학교를 찾은 추모객들.

는 백서 발간 등 참사의 진실을 알리는 일을 했고 참사 이후 지금까지 장학사업을 진행하고 있다. 사고 당시 인하대 학생들이 봉사활동을 갔던 상천초등학교의 6학년 학생 중 학교 추천을 받아 고등학교 졸업 때까지 장학금을 주고 있는 것이다. 기념사업회 초기에는 유가족이 운영을 책임지는 구조였다가 3주기 때부터 생존 학생인 신태진 씨가 회장으로 활동하고 있다.

기념사업회 활동 외에 유가족들은 지금도 두 달에 한 번씩 모임을 계속하고 있다. "그전까지는 각자 살아왔지만 같은 아픔을 겪으며 같이 싸웠고 그 시간 동안 서로에 대한 강한 믿음이 생겨서 안 보면 보고 싶어서" 만나고 있다. 김문호 씨는 지금도 생존 학생 부모 중 유일하게 모임에 참석하고 있다. 참사가 나고 대책위를 구성할 때 그는 유가족에게 "미안해서 회의를 가도 말을 못 했던" 시간을 보냈다. 그는 "죄인 같은 마음으로 시작해서 같이 투쟁도 하고 지내다 보니 이젠 편해졌고 고마운 마음이 든다"고 했다.

마음을 나눌 수 있는 사람들과 서로의 아픔을 보듬고 있지만 여전히 풀리지 않고 분노와 아쉬움으로 남아 있는 것이 두 가지 있다. 하나는 이광준 전 춘천시장에 대한 마음이다. 유가족들은 "천재든 인재든 시장이면 사과를 해야 하는데" 말 바꾸기와 거짓말을 하면서 유가족을 모욕했던 일 때문에 "화병이 날 수밖에 없었다"고 말했다. 유가족들은 "사고에 대해서 아무것도 한 게 없는" 시장에게 건축허가 등 여러 가지를 "조목조목 묻고 따지고 싶었지만" 하지 못했다. 조사가 안 되면서 '인재'라는 게 공식적으로 인정되지 않은 것도 억울한 일이다. "유가족들이 사건을 조사하러 다니는 게 말이 안 되는 상황"이었지만 "법이 어떻게 된 건지 사람이 13명 죽었는데도 행정조치라는 게 아무것도 없었기 때문에" 답답한 유가족들이 나설 수밖에 없었다. 유라 아버지 김용주 씨는 "정치인들이 사고 현장에 와서 사진 한 장 찍고 갈" 뿐이라고 말하기도 했다. 유가족들은 책임을 물어야 할 사람에게 책임을 지게 할 수 없는 막힌 현실에 분노했다.

유가족들은 1주기 추모식을 기해 춘천시장에 대해 명예훼손과 직무유기로 춘천지법에 민사소송을 제기하고, 형사 고소·고발을 했다. 유가족 1인당 500원씩[18] 총 8500원의 손해배상 청구소송이었다. 법원은 화해조정안[19]을 내놓았고 이광준 시장은 유가족에게 사과했다. 하지만 유가족 중 한 명은 5년이 지난 "지금도 화가 안 풀린다"고 했다. 여전히 이광준 시장에게 "하지 못한 말이 가슴에 한으로 남아 있는데 유가족들에게 남겨진 상처가 사과 한마디로 아물 수 있을까?

다른 하나는 민박집 주인에 대한 마음이다. "동네 사람들은 이미 연락을 받아서 죽은 사람이 없었던" 상황이었고 "전화 한 통이면 젊은 애들이 금방 다 뛰어나왔을 거라는" 원망의 마음이다. 유신 아버지 김현철 씨는 "당시에 정신이 없는 와중에 춘천시장이 계속 안 되는 쪽으로만 얘길 하니까 숙박업소 주인한테는 조치를 취하지 못한 채" 시간을 보냈고 당시 고소·고발을 하든 강력하게 뭔가를 해야 했다"는 아쉬움을 표했다. 유신 어머니 민은순 씨는 설사 법으로 처벌이 안 되더

---

18 "이 시장이 지폐 최소단위인 1000원짜리 소송을 할 정도의 가치도 없다고 판단해 상징적인 의미로 유족당 500원씩을 청구했다." 〈한국일보〉, 2012. 7. 28.

19 김유신 판사는 다음의 문안을 담아 사과하라는 결정을 내렸다. "피고(이광준 시장)는 2011년 7월 27일 춘천시 신북읍 천전리에서 발생한 산사태로 사망한 인하대학교 학생들의 유가족인 원고들에 대하여, 피고가 사고 장소를 관할하는 지방자치단체장으로서 위 사고를 수습함에 있어 원고들의 마음을 충분히 위로하지 못하고 원고들이 과도한 보상금의 지급을 최우선적으로 요구하는 것처럼 해석될 수 있는 발언을 하며 원고들의 부정적인 모습을 부각시키는 내용이 기재된 간행물을 발간하는 등 원고들에게 마음의 상처를 준 점에 대하여 진심 어린 유감의 의사표시를 한다."

라도 "기회가 되면 따져 묻고 싶고 인간으로서 그렇게 하면 못쓴다고, 최소한의 도의적인 책임을 지라"고 말하고 싶다고 했다. 유가족들은 민박집 주인에게 제대로 된 사과조차 받지 못했다.

1년 가까이 유가족들은 떠난 사람뿐 아니라 "살아 있는 사람이 살기 위해서" 싸움을 해야 했고 "할 수 있는 것들을 했지만" 하지 못한 말들은 아직도 마음에 쌓여 전해지지 못하고 있다. 매순간 상황의 변화에 따라 많은 선택이 눈앞에 있었고 그때마다 최선을 다했지만 무엇이 좋은 선택인지 판단하기 어려운 상황이 더 많았을 것이다. 유가족들은 가지 않은, 하지 못한 것에 대해 사무치는 마음들을 가지고 있었다.

시간은 약이 아니다

인하대병원으로 옮겨진 부상자들은 입원을 한 뒤 부상 정도에 따라 계속 치료를 받았다. 생존자 중 한 명은 구조 당시 의사로부터 "수술을 못 할 정도로 위독한 상황"이라는 얘기를 들었고, 그다음엔 "수술은 할 수 있는데 다리를 절단해야 한다"는 얘기를 들었다. 그 후로 "다리는 자르지 않았지만 제대로 걷지 못할 것 같다"는 진단을 받았다. 그는 수술을 하고 1년 반 이상 병원에서 지낸 후 걸을 수 있게 되었다. 어떤 사람은 악몽에 시달리기도 하고 트라우마 때문에 약을 먹어야 하는 사람도 있었다. 민박집 2층에 있었던 사람들은 "친구가 가로수에 부딪치는 것도 보고, 죽어가는 친구들을 지켜볼 수밖에 없는" 상황이었다. 비만 오면 "병동에서 이불을 뒤집어쓰고 울고 있었다." 퇴원 이후에도 병원에서 케어를 받을 수 있었지만 생존자들은 비가 오거나 천둥이 치면 "몸이 얼어서 움직이지 못했다."

참사가 난 지 5년이 지났다. 생존자들은 졸업을 해서 취업을 했거나 대학원에 다니고 있다. 신태진 씨는 "그 일 때문에 영향을 받아 뭘 못 하거나 하지는 않은 것 같다"고 하면서도 예기치 않았던 순간에 불현듯 떠오른 그날의 기억을 얘기해주었다.

"〈국제시장〉이라는 영화를 보러 갔어요. 별 생각 없이 보고 있는데 영화에서 독일 광부로 간 사람들이 광산이 무너져서 묻히는 장면이 나와요. 큰 스크린에서 흙이 무너지는 걸 보는데 제가 사고 때 봤던 거랑 너무 똑같은 거예요. 흙비가 내렸는데 그것도 똑같아서 저도 모르게 갑자기 눈물이 나기 시작했어요. 슬픈 영화를 봐도 눈물이 안 났었는데……"

민하 어머니 정경원 씨는 그동안 인터뷰도 많이 하고 사람들 앞에서 얘기도 많이 했지만 아직도 어떤 얘기는 힘들다고 했다.

"감정적으로 이렇게 누르고 사는 거잖아요. 나는 할 만큼 했고 우리는 이렇게 정리가 돼서 다른 데보다는 낫다고 스스로 위안을 삼으면서 살고 있는 거죠. 감정적인 얘기를 하는 건 지금도 힘들어요. 작년인가 재작년에 그런 인터뷰를 했어요. 영상을 찍으면서 하는 인터뷰인데 계속 감정적인 걸 물어보는 거예요. 카메라도 있는데 눈물은 나지, 화면에 대고 애한테 얘길 하라는데 너무 괴롭더라고요. 하긴 했지만 그 후에 며칠은 잠을 못 잤어요. 그 기억이 나서."

유신 어머니 민은순 씨는 오래 웃지 않았더니 "얼굴이 잘 웃어지지 않는다"며 "지금도 어제 같다"고 했다.

"정신을 차리고, '이렇게 있을 수만은 없다'는 생각이 들어서 하늘에 대고 허공에라도 부르짖고 싶었거든요. 억울하게 떠난 애들이 있다고. 그 마음으로 1년을 다닌 것 같아요. 우리 애가 엄마 곁에서 맴도는 것 같고 무슨 짓이든 하고 싶었으니까. 5년이 지나도 집에 있으면 조금 있다 우리 애가 들어오려나 생각하고 밖에 나가서 돌아다닐 때는 우리 애가 집에서 놀고 있나 생각하고. 겪지 않은 사람은 되도 않는 소리 한다고 하겠지만 마음이 그래요. 나는 그 당시나 1년이나 5년이나 똑같은 거 같아요."

생존자 신태진 씨도 감정에 대한 이야기를 들려주었다.

"그때 이후로 감정이라는 것 자체가 메마른 것 같아요. 슬픈 영화를 봐도 안 울고, 예능을 봐도 잘 안 웃어요. 원래는 표현도 많았는데 이젠 의식적으로 노력해야 표현이 돼요. 저와 정말 친해서 같이 다녔던 세 사람이 떠났어요. 친구는 저희 자취방 가까이에 살아서 거의 매일 술을 같이 먹는 사이였어요. 형 한 명은 자취하기 전에 통학을 같이했던 사람이고, 다른 형은 제가 시험 기간 한 달 정도를 그 형 집에서 살았어요. 그때 이후론 학교에 친한 사람이 없어요. 마음을 터놓고 말할 사람도 없고 술 먹고 싶은데 같이 먹자고 할 사람도 없고 학교 다니던 재미가 다 없어졌어요. 그래서 감정이 메말랐던 거 같아요. 표현할 사람이 없으니까. 세 명이 제일 친했는데, 그 세 명이 없어졌으니까.

민성 아버지 이건학 씨는 지금도 "두근거리고 울컥거리고 우울해지곤 하는데" 주위 사람들의 달라진 모습 때문에 더 힘들다고 했다.

"친한 친구들이나 가족들이 더 스스럼없이 연락을 해줘야 하는데 전화를 안 하는 거예요. 제가 불편해할까 봐 그런 거 같은데 더 힘들더라고요. 만나서 위로도 해주고 같이 술도 먹어주고 해야 하는데 자주 연락을 했던 사람들도 연락을 안 하는 거죠. 그게 더 저를 외롭게 만들었어요."

민하 아버지 최영도 씨도 비슷한 경험을 했다. 그는 "우연히 만난 친구가 눈치 보면서 말을 잘 안 걸고 장례식장에 가서 친구들이 모인 자리에 앉으면 눈치 보면서 말을 안 하기 시작하는" 분위기를 느꼈다.

우리에게 이것이 필요하다

2015년 어느 더운 여름날 춘천참사 가족모임이 있었다. 부모님께 인터뷰를 청했고, 먼저 아버지들의 이야기를 들었다. 1년 가까이 춘천을 오가며 싸워온 시간들이 어떤 기억으로 남아 있을지 궁금했다. "처음엔 싸우는 것 자체가 앞이 깜깜한 시간"이었다. "뭘 해야 할지 경험이 있는 것도 아니고 춘천시장과 싸워야 하는데 어떻게 해야 할지 모르고 모든 게 힘든 상황이었다." 유가족 중에는 "같이 해왔던 결과가 어찌 됐든 잘 싸운 게 아닌가 싶어 여한은 없는 것 같다"고 하신 분도 있고 "100퍼센트 다 해결이라고 보진 않지만 만족을 하는 편인 것 같다"
고 얘기한 분도 있다. 이날, 근처에서 눈물을 흘리고 계셨던 어머니들
은 결국 인터뷰를 못 하겠다고 하셨다. 5주기 추모식 이후 했던 인터
뷰에서 한 어머니는 "할 만큼 했다는 생각은 안 들고 눈감을 때까지
그럴 것 같다"고 하셨다. 유가족 정경원 씨는 참사를 겪은 유가족이
싸울 수 있는 조건이 무엇인지에 대한 이야기를 들려주었다.

"우리 안에서 교육을 할 때 그런 말을 했던 기억이 나요. '이렇게 더
했어야 했는데…' 하는 후회가 남으면 살아갈 수 없기 때문에 싸움에
다 쏟아붓고 책임질 내용을 객관적으로 만들어내야 살아갈 힘이 생긴
다는 얘기였어요. 유가족들이 나중에 와서야 그 얘기가 무슨 말인지
알겠다고 하더라고요. 그 얘길 들었을 때는 무슨 의미인지 잘 모르죠.
정신없고 하니까. 참사를 겪은 사람들이 다 그런 생각을 가지고 있을
거예요. 왜 우리가 겪은 일에 사람들이 관심을 안 가져주지? 관심이
없다는 거 때문에 나는 열심히 싸우고 싶어도 못 싸우는 조건이 되기
도 하거든요. 그래서 우리처럼도 못 하고 포기한 데가 훨씬 많죠. 우
리는 그나마 한 거고요. 당연히 어떤 점에 대해선 아쉬워하는 분들이
있을 거예요."

싸움이 언제 어떻게 끝날지 몰라 불안한 상황에서 유가족들은 사
람들의 관심과 지지로 다시 힘을 얻어나갈 수 있었다. 그중에는 이미
산사태가 났던 지역이라는 동네 주민의 제보도 있었고, 시민들과 사
회운동단체의 따뜻한 손길도 있었다. 싸움의 과정에서 우리 지역과
나의 문제라는 생각을 가진 사람들의 힘이 보태지고 연결되었다. 그

것은 유가족들이 계속 싸울 수 있는 중요한 조건이 된다.

유가족들은 입을 모아 지난 시간을 되돌아보니 이게 꼭 필요하더라는 얘길 들려주었다. 이들은 이런 과정을 이해하고 내용을 알면서 "가까이에서 도와줄 수 있는 사람이 상당히 큰 힘이 된다"고 말했다.

"보통 평범한 사람들은 자식 일이니까 물불을 안 가리고 옳고 그름을 가리고 싶은 마음에 두서없이 덤벼들게 되거든요. 그런 과정에서 의견 수렴이 중요한 거고 그걸 도와줄 사람이 필요해요. 부모들은 정신이 없어서 상황 파악도 안 되고 판단도 안 되거든요. 주변에 이런 일에 대해 조목조목 알고 경험도 있고 세부적인 걸 제시하면서 이렇게 해결하자고 제안할 수 있는, 믿고 따라갈 수 있는 사람이 필요하더라고요."

"사건 일어나고 춘천시청이랑 얘기가 안 되고 국정감사로 넘어가서 강원도랑 협의를 하게 됐는데 따라다녀 보니까 공무원들하고 이런 문제를 해결하는 게 진짜 어려운 일이구나 느꼈어요. 우리가 그 사람들보다 더 많이 알아야 하는데 알 수가 없잖아요. 유족들은 거의 다 그렇게 생각하고 있을 거예요. 정경원 씨하고 같은 단체에서 일하는 이승원 사무처장, 그리고 여러 다른 분들의 도움을 많이 받았는데, 그것 없이 우리끼리 했으면 과연 끝까지 갈 수 있었을까요? 이런 내용을 아시는 분이 있어서 많은 걸 배웠던 거 같아요. 사건이 벌어졌을 때 도움을 받을 수 있는 단체가 있었으면 좋겠어요. 저희를 막으려는 쪽에서는 '유가족이 아닌데 왜 나서냐'고 얘기하겠지만 유가족들은 그런 것들에 구애받지 말고 오히려 그런 사람들의 지원을 더 받아야 한다고 생각해요. 공신력 있는 단체가 있어서 이런 사건에 어떻게 대처하면 좋은지 의견을 주면 좋겠어요."

유라 아버지 김용주 씨는 "13명이 죽었는데도 이렇게 싸우기가 힘든데 한두 명 죽으면 묻혀버리는 건 일도 아닌 것 같다"고 했다. 정희 아버지 이상규 씨는 "인재가 계속 이어지는 현실에서 소를 잃어봤는데도 외양간이 고쳐지지 않는 게 문제"라고도 했다. 대책을 세우고 만드는 과정이 필요한데, 그것을 위해서는 참사를 꾸준히 알리고 정부와 지자체와의 관계에서 대처할 수 있는 내용과 방법을 연구하며 참사가 일어났을 때 실제적인 도움을 줄 수 있는 기관이나 단체가 필요하다는 것이다.

산사태가 날 때마다 난개발문제와 관리 시스템의 부재를 얘기하지만 '개발'의 역사를 자랑해온 사회 분위기 속에서 여전히 경제적인 이유를 들어 개발에 찬성하는 입장이 훨씬 더 많다. 유가족들은 '산사태는 천재다, 안타깝지만 어쩔 수 없는 일이다'라는 인식이 팽배한 사회에서 피해자 자신이 '인재'임을 밝혀야 하는 현실과 싸워야 했다. 진상규명과 책임자 처벌을 요구하기 위해 전문가들을 찾아다녔을 때 유가족들은 해결하기 '어려울 거라는' 얘기를 더 많이 들었다. 유가족들이 보낸 시간을 돌이켜 보면 춘천참사가 인재로 '인정' 받는 과정에서 이들이 어떤 문제를 만났고 어떻게 길을 내면서 싸워왔는지를 잘 보여준다. 유가족들은 책임을 져야 할 사람들이 사과를 하지 않았기에 사과를 '요구'해야 했고, 책임을 떠넘기려고만 했기에 책임을 지게 만들어야 했다. 유가족들이 먼저 문제를 파악하고 제기를 해야 문제화

될 수 있었다. 무엇 하나 '저절로' 된 것은 없었다. 이러한 과정은 참사를 둘러싼 관계에서 참사의 피해자들이 감당해야 할 몫의 불평등함을 보여준다. 안전사회로 가기 위해 참사의 피해자들이 힘겨운 싸움의 시간 속에서 하나의 디딤돌을 놓았다면 새로운 주춧돌을 세우는 것은 우리 모두의 몫이 아닐까? 우리가 함께 안전하게 살기 위해 지금 바꾸고 새로 채워야 할 '빈 부분'은 무엇일까?

안전교육,
그 허상과
실상

박두용(한성대 기계시스템공학과 교수/한국안전학회 부회장)

'안전불감증' '안전교육' '안전문화'

위 세 가지는 우리나라에서 대형참사나 안전사고가 벌어졌다 하면 약방의 감초처럼 등장하는 3종 세트다. 여기에 하나 더 추가하자면 근로자 과실이나 작업자 부주의, 또는 운전자 부주의다. 사고의 종류나 재난의 유형 같은 것은 상관없다. 사고의 직접적 원인이 무엇이고 근원적 원인이 무엇인가는 묻지도 따지지도 않는다. 작업자 부주의로 인해 사고가 났고, 이것이 바로 안전불감증이고, 그러니까 안전교육을 시켜야 하고, 그래서 안전문화를 바꿔야 한다는 것이다. 그야말로 기-승-전-안전교육이요, 기-승-전-안전문화다.

정말 그럴까?

일단 세월호 참사부터 따져보자. 누구를 대상으로 무슨 교육을 시키겠다는 것인가? 선실 내에서 기다리라고 해서 차분하게 기다린 학생들에게 도대체 무슨 교육을 시키겠다는 것인가? 또는 무슨 교육을 시켜야 한다는 것인가? 안내방송 따위는 믿지 말라고 가르칠 것인가? 배가 일정 이상 기울거나 이상현상이 나타나면 각자 판단해서 탈출하라고 가르칠 것인가?

구조적 위험은 개인이 조심한다고 되는 게 아니다

사고나 재난은 크게 자연재해와 인적 사고로 나눈다. 최근 우리나라도 자연재해로부터 결코 안심할 수 없지만 주로 문제가 되는 안전사고나 대형참사는 대부분 인적 사고다. 최근 들어 위험은 점점 대형화·고도화·집적화·복합화되고 있다. 건물은 위로 점점 더 높이 올라가고, 땅 밑으로 더 깊이 들어가고 있다. 교통수단은 점점 더 빨라지고 시설물은 점점 더 복잡해지고 있다. 위험사회로 진입한 지는 오래되었고 이제는 초위험사회로 진입하고 있다. 이러한 사회에서의 위험을 구조화된 위험이라고 한다.

구조화된 위험사회에서는 개인이 할 수 있는 것이 별로 없다. 배를 타기 전에 그 배가 안전한지 안전하지 않은지 개인이 일일이 확인하는 것은 불가능하다. 다리를 건너기 전에 그 다리가 안전검사를 제대로 받았는지 여부를 개인이 하나하나 확인하고 건널 수도 없고, 열차를 타기 전에 그 열차가 안전한지 확인하고 탈 수도 없는 노릇이다. 더 이상 애꿎은 국민 탓 좀 그만하기 바란다.

조심해야 할 자는 바로 위험생산자

현대사회에서 위험risk은 대부분 누군가 돈을 벌려고 하는 과정에서 생산된다. 다시 말하면 현대사회에서 위험은 경제활동 과정에서 생산되고 유통된다. 따라서 위험의 생산자risk creator와 유통자risk distributor가 위험을 제대로 관리하지 않으면 사고나 재난은 피할 수 없다. 세월호 참사도 마찬가지고 가습기 살균제 사건도 마찬가지다. 그런데 우리 사회는 누구를 대상으로 안전교육을 시켜야 한다고 하고 있는가? 바로 우리 국민, 근로자, 학생 아니었던가? 행여라도 위험의 생산자에게 교육을 시켜야 하지 않느냐고 하지 마라. 위험의 생산자에게 교육시킬 필요는 없다. 위험의 생산자는 반드시 그 위험을 알고 그 위험을 관리해야 할 의무가 있을 뿐이다. 현실적으로 위험의 생산자만큼 그 위험을 잘 아는 자들도 없다.

안전교육은 피해자를 가해자로 만드는 독약

안전교육은 참으로 그럴싸해 보이지만 피해자를 가해자로 만드는 프레임이라는 점에서 독약과도 같다. 대표적인 것이 근로자 교육이다. 우리나라는 산재사망률이 OECD국가에서 가장 높은 나라에 속하는 산재왕국이다. 산업안전보건법 제31조는 안전보건교육에 관해 규정하고 있다. 여기에 근로자 교육이란 것이 있다. 사업주는 해당 사업장의 근로자에 대하여 고용노동부령으로 정하는 바에 따라 정기적으로 안전·보건에 관한 교육을 해야 한다는 것이다. 언뜻 보기엔 당연할 것 같은 이 조항이 OECD국가 중에서 우리나라밖에 없다. 이상하지 않은가? 이상할 것 없다. 사업장이 안전하지 않고 작업조건이 불안전한데 근로자에게 백날 조심하라고 교육한들 그 사업장이 안전해지겠는가?

그럼 선진국에서 근로자 교육을 하지 않는가? 아니다, 한다. 우리나라보다 더 잘한다. 왜냐하면 사업장의 안전책임은 사업주에게 있기 때문이다. 안전사고를 예방하기 위해 필요하다면 거기에서 일하는 사람들에게 교육을 시키든 알려주든 못하게 하든 그건 알아서 할 일이지만, 근로자에게 적절한 정보를 주지 않았거나 적절한 조치를 취하지 않으면 안 되도록 하고 있기 때문이다. 선진국에서 근로자에 대한 법정교육이라는 형식적 규제를 없앤 것은 "자, 안전교육 했지? 이제 안전은 바로 당신들 책임이야, 알아서 조심들 해서 작업하도록 해!"라고 피해자에게 안전책임을 전가하는 기존의 프레임을 바꿔버린 것이다.

그럼 안전교육은 필요 없는가?

그렇진 않다. 사실 교육만큼 중요한 것이 어디 있을까? 문제는 필요한 교육을 필요한 사람이 필요한 사람에게 하도록 해야 한다는 것이다. 이해를 돕기 위해 간략히 선진국 학교의 안전교육과 일반 안전교육을 간략히 살펴보자. 일본 안전교육의 핵심은 지진, 화재, 태풍에 대한 대처와 대피훈련이다. 지진과 함께 화재가 늘 일어나는 위협요인이기 때문이다. 우리나라와 자연재해 특성이 비슷한 영국의 학교교육은 교통안전과 실험실 및 직업안전교육이 대부분이다. 영국에는 일본과 같은 지진이나 태풍 대비훈련이 거의 없다. 참고로 영국의 지진위험은 우리나라와 유사하거나 약간 높다. 독일도 마찬가지로 학교에서의 안전교육이 자전거 안전교육과 교통안전교육, 그리고 실험실이나 직업 안전교육이 대부분이다.

선진국에서 실시하고 있는 교육 중에서 간과하지 말아야 하는 것이 바로 안전권리에 관한 교육이다. 내가 어떤 안전권리가 있고 그 권리를 침해받았을 때 어떻게 구제받을 수 있는지에 대해 교육을 받는다. 대표적인 것이 노동안전보건에 관한 권리다. 그러므로 안전 선진국에서는 아르바이트를 하거나, 비정규 하청노동자로 일하면서도 불안전한 작업장에서 위험에 내몰리는 일이 없다. 필요한 것은 안전교육이 아니라 안전권리다.

성장이 묵인한 악순환

희정

**여수국가산단
대림산업 폭발참사
2013.03.14**

2013. 3. 14	대림산업 HDPE(고밀도폴리에틸렌) 공장 폭발, 6명 사망 11명 부상, 다수의 2차 피해자 발생.
15	'여수산단 대림산업 대형참사 책임자 처벌과 재발방지, 근본적 대안 마련을 위한 대책위원회'(이하 대림참사대책위) 결성.
16	살인기업 대림산업 규탄 노동자 결의대회.
19	대림참사 희생자 합동노제.
4. 30	여수산단 대림산업 폭발사고 진상규명과 근본적 대안 마련을 위한 전라남도의회 특별위원회 구성.
	대림참사대책위, 대림폭발사고 현장방문 및 조사.
5. 8	경찰 수사결과 발표, 대림산업 사측이 작업허가서를 조작했다는 사실은 밝혀내지 못함.
15	'여수대림산업 폭발사고의 문제점과 안전한 화학물질 관리를 위한 토론회' 개최.
6. 5	검찰 수사결과 발표, 대림산업 사측이 작업허가서를 조작했다는 내용 공개.
9. 30	광주지검 순천지청 1심 판결, 업무상과실치사상 등의 혐의로 기소된 대림참사 관계자 11명에게 집행유예 등 선고.
2014. 2. 19	광주지검 항소심 판결, 여수공장장 김 모 씨 등에 실형(징역 8개월) 선고.

"자기네들 단축된 일정에는 이 일을 오늘 끝내야 하는 거 아니겠어요? 그러니까 사람 올린 거 아니에요? 그 사람들 밤에 안 올라갔으면 안 죽었지. 야간작업 안 시켰으면 폭발이 있어도 안 죽었지."

2013년 3월 14일 저녁 9시 30분경, 속보 기사가 하나 떴다.

'여수시 대림산업 폭발사고 발생'

1명 사망으로 시작한 기사는 몇 분 단위로 사망자를 추가해야 했다. 사망자가 최종확인 된 것은 자정쯤이다. 6명 사망, 11명 부상.

"천둥 같은 소리와 함께 두 차례 폭발이 있었고, 거대한 화염이 치솟았다"고 증언되는 그날 사고는 여수국가산업단지 내 대림산업 폴리에틸렌HDPE [1] 공장에서 발생했다. 30미터짜리 사일로(저장탑)에서 폭발이 일어났고, 작업자들은 수 미터를 날아가거나 추락했다. 이들의 몸은 화염에 싸였다. 옷이 불타 사라지고 머리는 하얗게 그슬렸다. 인근 건물 유리는 산산조각 났다.

비명과 경악이 공존하던 그날 밤, 3차 폭발을 막기 위해 쏟아지는 차가운 소방수를 맞으며 현장노동자들은 직접 구조작업에 나서야 했

---

[1] 고밀도 폴리에틸렌. 전선, 호스, 파이프, 로프 등 압출성형품에 사용되는 합성수지다.

다. "시체 치우러 간 거죠." 그 시신이란 오랜 시간 함께 일해온 동료였다. 입고 있던 옷을 벗어 미동 없는 몸을 감싸고, 온몸이 타들어간 부상자를 둘러업었다. 그러는 사이 여러 번 정신을 놓았다.

끝날 것 같지 않던 밤이 지나고, 살아남은 이들은 소주병을 들고 집으로 돌아갔다. 사색이 된 가족이 그들을 맞았다. 이들마저 죽은 줄 알았다고 했다.

"뜬눈으로 밤을 보내는데, 날이 왜 이렇게 안 새는 거예요."

날이 밝자, 엿가락처럼 휜 사일로가 모습을 드러냈다. 여수 석유화학국가산업단지의 215번째 사고였다.

사고

그날 대림산업은 꽤나 분주했다. 대림산업이 상주한 여수국가산단이 늘 복잡하고 부산한 곳이긴 했다. GS칼텍스, LG화학 등 굴지의 정유 및 석유화학기업 300여 개가 한데 모여 여수산단을 이루었다. 겉모습만 보자면 거대한 미로와도 같다. 각각의 공장마다 수백 수천 개의 배관이 거미줄마냥 그러나 질서 정연하게 얽혀 있다. 이곳에서 국내 1일 정유량의 30퍼센트가량인 78만 배럴의 석유가 정제된다. 석유화학제품이 차지하는 비율은 그보다 높다.[2]

---

2 여수국가산단에서는 1일 정유 78만 배럴(국내처리능력 297만 배럴)이 정제되며, 연간

　　1967년 박정희 정권은 중화학공업 육성정책을 여수에서 펼친다. 럭키기업이 최초의 민간 정유회사인 호남정유(GS칼텍스 전신)를 여수 여천에 세운 것이다. 그 이래 여수산단은 부흥의 역사를 이어왔다. 산단 부지가 여의도 면적의 4배인 900만 평을 넘어선 2001년에는 '여수국가산업단지'라는 명칭까지 부여받는다. 이곳에서 해마다 200조 원의 매출이 발생한다. 1987년 입성한 대림산업 또한 연간 매출액 4000억 원을 자랑한다.

　　그러나 3월 14일 그날은 수십억 원대 매출을 포기해야 했다. 대정수 첫날이었다. 대정수란 '대규모 정기 보수'를 줄여 부르는 말로, 공장 설비 대부분을 보수·정비하는 일을 가리킨다. 설비를 멈춰야 하는데 배관 하나라도 막히면 공정 전체가 지장을 받는 화학공장 특성상 쉽지 않은 일이다. 그래서 대정수는 연례행사를 넘어 몇 년 단위로 진행된다. 대정수 공사를 도맡아 하는 플랜트건설 노동자, 그들은 대정수 공사를 '셧다운'이라 부른다. 모든 설비가 '다운down'된다, 곧 멈춘다는 의미다.

　　제조설비를 뜻하는 플랜트, 이 플랜트를 짓고 수리하는 이들이 플랜트건설 노동자다. 거대 배관이 실타래처럼 뻗어나간 화학공단의 풍경, 그 각각의 배관마다 유해 정도를 가늠할 수 없는 화학물질이 흐른다. 발암, 폭발, 화기라는 수식이 화학물질 앞에 붙는다. 화재·중

석유화학 에틸렌 392만 톤(국내총생산능력 835만 톤)이 생산된다.(여수시청 제공, 2014년 기준)

독·질식은 플랜트 노동자들에게 낯설지 않은 단어다. '이판사판 공사판'이라는 말은 이곳에선 흔한 비속어도 고매한 불교 용어도 아니다. 이쪽 판을 밟으면 살고 저쪽을 밟으면 죽는다는 공사판 현실일 뿐이다.

그런 공사 중 혼잡하기로 손꼽는다는 대정수, 더구나 대림산업 여수공장이 생긴 이래로 가장 큰 규모의 대정수라고 했다. 플랜트 노동자 수백 명이 동시에 투입된다. 억 단위 돈이 멈추는 일이다. 단기간에 최대한 많은 사람들이 동시에, 그리고 신속하게 움직여 작업을 마쳐야 한다. 현장은 복작거리다 못해 아수라장이 된다. 그럼에도 집중된 작업이 주는 활기가 있었다. 그날 낡은 배관이 해체되고, 배관을 감싼 보온재가 뜯겨나갔다. 팀을 이뤄 설비 이음새를 용접하고, 페인트칠을 했다. 그 옆에서는 비계공이라 불리는 이들이 고공작업을 위해 안전발판을 설치했다.[3]

저녁이 되고 사람들 대부분이 집으로 돌아갔으나 현장의 불빛은 여전했다. 하청업체 D사 소속 비계공과 제관공 30여 명은 사일로 주변에서 야간작업을 이어갔다. 비계공들은 거대 원형 저장탑인 사일로 위쪽으로 가 안전발판 설치작업을 했다. 몰랐겠지만, 아래쪽에서는 제관공들이 사일로에 검사용 맨홀(구멍)을 뚫기 위해 용접작업을 준비하고 있었다. 총반장 역할을 맡은 김 씨는 사일로를 슬쩍 봤다. 께름직한 느낌이 머리 꼭뒤를 잡았다. 청소된 거죠? 낮에 대림산업 원청

3　제관, 비계, 보온 등 플랜트건설로 묶인 직종만 10여 가지다.

직원에게 물었을 때, 돌아온 대답 "다 비웠어요." 믿을 수밖에. 현장엔 어둠이 깔리고 작업은 진행됐다.

8시 50분경 반대편 사일로에서 라인 철거작업을 지휘하던 이재석 씨는 쿵 소리에 반사적으로 몸을 엎드렸다. 폭발음과 함께 무언가 확 튀는 느낌. 고개를 드니 사방이 캄캄했다. 정전인가. 사람들 옷에 불이 붙은 게 보였다. 무전기를 찾아 움켜줬다. 팀원들이 위에서 작업을 하고 있었다. "카를 내려! 로프 자르고 내려오라고!" 무전기에 대고 악을 썼지만, 소리가 가 닿지 않았다. 사방이 소음과 비명으로 가득 찼다. 실랑이를 한참 벌인 끝에 내려온 후배 하나가 마구 울먹였다. 형님들 다 죽은 모양이에요. 생각이라는 걸 할 재간이 없었다. 무작정 사고가 터진 현장으로 달렸다. 20미터는 족히 떨어진 곳이었다.

현장으로 가니, 비계공 둘이 철골 봉을 타고 미끄러져 내려오고 있었다. 폭발로 계단이 끊어진 게였다. 저기 사람이! 고개를 드니 철골에 매달려 사람 몸이 휘청거리는 게 보였다. 뛰어 올라가려는데, 재석 씨 앞에 무언가 툭 떨어졌다. 사람이었다. 안전모가 벗겨진 얼굴에선 김이 모락 났다. "지금 생각해보면, 사람이 그렇게 오래 매달려 있을 순 없고 의식을 잃은 거 같아요. 안전망에 매달려 있다가 불이 그물을 태워 추락한 거 아닐까." 바닥에 널브러져 신음하는 사람들. 구급차는! 사람들의 아우성에도 119구급차 오는 소리는 들리지 않았다. 들 것이 없어 안전발판에다 부상자들을 뉘었다. 사람 다리를 잡아 올리는데 몸이 축 처졌다. 다리가 끊어진 게였다. 평소에 형님 동생 하던 이였다.

189

시간이 얼마나 흘렀을까. 체감상 30분은 족히 지난 것 같았다. 그제야 도착한 소방대는 고가사다리를 챙겨오지 않았다고 했다. 소방대원들은 공사용 크레인에 올라탔다. 함께 올라갈 사람을 구했으나, 대림산업 직원들은 나서지 않았다. 위에서 불빛이 흔들리고 있었다. 살아남은 사람들이 흔드는 조명이었다. 반쯤 얼이 나간 노동자들이 크레인 바스켓에 탔다. 살려야 했다.

"올라가는 과정에서 내가 거의 정신이 나가버렸어요. 올라가는데 뭐가 보이는 거예요. 우리는 안전띠 걸고 일하잖아요. 폭발이 얼마나 강했던지 사지가 떨어져 나가고 몸통만 달려서 안전띠에 대롱 매달려 있는 거야. 얼굴은 안 보이는데 빨간 조끼를 입은 거예요. 거기 올라간 빨간 조끼가 내 친구 한 명밖에 없었거든요."

재석 씨의 30년 지기가 공중에 매달려 있었다.

그 시각, 플랜트노조[4] 신성남 여수지부장은 전화 한 통을 받는다. 노동조합 행사를 마치고 막 집으로 돌아온 참이었다. 아는 후배이자 조합원이었다. 후배는 다짜고짜 "형님, 탱크가 터졌다는데 알고 계세요?" 물어왔다. 사고? 놀라울 것 없는 일이다. 벤젠, 불산, 아르곤, 포스겐… 이름만 대도 위험을 알 만한 화학물질이 즐비한 산단이다. 배관에 작은 틈이라도 생기면, 바로 사고다.

그러나 인명피해가 있느냐 없느냐는 천지 차이. 그는 서둘러 노동

4 　정식 명칭은 전국플랜트건설노동조합. 전국플랜트건설노조는 여수, 광양, 포항, 울산 등 8개 지역에 지부를 두고 있다.

사고 현장인 대림산업 내 저장탑에 널브러져 있던 노동자들의 작업도구. ⓒ연합뉴스

조합 노동안전국장에게 전화를 걸었다. "빨리 확인해봐라." 동시에 컴퓨터 전원을 켰다. 인터넷 창이 열리고 검색을 할 필요도 없었다. 포털사이트 메인 화면에 속보가 떴다. '대림산업 폭발 사상자 발생'

　사망자와 부상자 들은 전남·성심·제일병원 세 곳으로 분산됐다. 신승남 지부장은 우선 전남병원 영안실로 갔다. 얼굴이 붉게 그슬리고 머리는 타다 못해 하얗게 되어버린, 형체 모를 주검들을 옆에 두고 기다렸다. 한 현장에서 일한 동료들이 시신의 신원을 확인하러 왔다. 새벽 1시가 지나고 있었다. 눈이 붉게 충혈된 동료들은 무거운 발을 끌며 영안실로 들어가 주검 하나하나를 부여잡았다. 옷은 타들어가 형체를 알아볼 수 없었다. 허옇게 변한 머리칼 가운데 밝게 물들인 염색 머리를 찾고, 그을린 목에 매달린 목걸이로 확인했다. 지인과 비슷한 구석을 찾을 때마다 아흑, 신음 삼키는 소리가 났다. 그렇게 죽은 이에게 이름을 찾아줬다. 갈가리 뜯긴 사지도 하나둘 찾아 맞췄다. 누군가의 손목 하나는 가장 마지막에 찾았는데 다른 이 배에 꽂혀 있었다.

　부상자도 11명이나 됐다. 중화상을 입은 이들은 응급조치만 마친 채 구급차에 실려 광주로, 서울로 이동했다. 석유화학산단을 가진 도시에 화상전문병원 하나 없었다. 구조에 나섰던 10여 명의 노동자 또한 며칠 뒤 병원 신세를 져야 했다. 이들에게 외상 후 스트레스 진단이 내려졌다.

얼마나 억울한지

"너희가 우리보고 수습하라 했잖아!"

고성이 울렸다. 사고 다음 날인 15일 오전 11시경, 대림산업은 사고 현장을 보존한다는 이유로 외부인의 출입을 막았다. 외부인에는 전날까지 이곳에서 일한 플랜트건설 노동자들도 포함됐다. 작업자 하나 없이 멈춰버린 현장에서 대림산업 대표이사는 기자들을 모아놓고 사고 브리핑을 했다. 폭발한 사일로는 플러프fluff[5]라는 분말을 저장하던 탑이다. 사고 당일 분말제거 작업을 마친 상태였으나, 맨홀 설치를 하던 중 용접 불꽃이 잔류한 소량의 분말과 만나 발화한 것으로 추정된다고 했다. 분말을 제거했는데, 잔류 분말이 있었다? 기자들의 물음에 대표이사는 분말제거 작업에는 이상이 없음을 강조했다. "수압클리닝(일명 물세척)[6]은 물론, 질소로 사일로를 채우는 퍼지작업[7]을 했고 가연성 가스의 잔존 여부도 점검했습니다." 대표이사는 고개를 숙였다.

"지난밤 크나큰 사고에 희생된 사망자와 부상자에게 애도를 표합니다. 유족의 아픈 마음을 달랠 수 있도록 노력하고 사고수습에 필요한 조치도 가능한 한 빨리 마무리하겠습니다."

---

[5] 고밀도 폴리에틸렌 분말.
[6] 드레인drain. 수압클리닝이라고 불린다. 배관이나 저장탑에 남은 분말을 수압을 이용해 제거하는 방법.
[7] 퍼지purge. 질소 주입으로 산소를 제거해 산화할 요소를 없애는 방법.

죽음에는 애도가 필요하다. 그러나 기자들 앞에 머리 숙인 애도에 고함이 퍼부어졌다. "당신 자식이 죽어도 그렇게 이야기할 수 있어! 사실만 말하라고!" 조용하던 기자회견장이 순간 웅성거렸다. "저 사람들 뭐야. 안 막고 뭐해!" 질책이 따라붙었다. "손에 물병이 있었는데, 그걸 제가 던졌나봐요." 이재석 씨는 그때를 멋쩍게 회상했다. 통제된 공장 출입문을 의원 차량은 어렵지 않게 통과했다. 그 차에는 김영철 여수시의원과 이재석 씨를 비롯한 플랜트건설 노동자들이 타고 있었다.

고성이 오가는 가운데, 기자들이 물었다. 할 말이 있습니까? 할 이야기 많습니다. 기자 카메라가 노동자들을 향하자, 대림산업 관계자들은 하나둘 자리를 떴다. 이재석 씨는 뒤돌아선 그들에게 물었다. "당신들 손에 피 묻히기 싫죠?"

사고 발생 30분이 지나도 오지 않던 119소방차. 사고 신고를 하는 데만 10분이 걸렸다고 들었다.[8] 그사이 무슨 일이 벌어졌는가. 원청 대림산업은 구조작업에 나서지 않았다. 2차 폭발을 막는다며 설비에

---

8   사고 발생 시각은 저녁 8시 50분이나, 여수 평여119안전센터에 신고가 접수된 것은 8시 59분이다. 당시 목격자들 증언으로는 소방차가 사고 발생 후 30분 넘게 도착하지 않았다고 한다. 그러나 119안전센터는 9시 8분에 현장에 도착한 기록을 갖고 있다. 이 차이로 인해 현장 노동자들은 소방차가 정문에 도착한 후 사고 현장을 못 찾은 것 아니냐는 추측을 한다. 실제 여수산단은 300여 개의 업체가 밀집된 까닭에 미로를 방불케 하며, 사고가 난 대림산업 HDPE 공장은 4개 업체 공장과 정문을 함께 사용하고 있었다. 사전에 119안전센터 차원의 방제훈련이 되지 않았다면, 사고 현장을 찾지 못했을 가능성을 배제할 수 없다.

사고 당시 폭발로 구겨진 사일로. ⓒ민중의소리

물만 뿌렸다. 부상자들을 구조할 생각은 없어 보였다. 차갑게 젖어 헐
떡이는 이들을 그와 동료들이 품에 안아 옮겼다.

그런 회사가 다음 날 양복쟁이 모습으로 나타나 태연히 애도를 표
한다. 점검 결과 이상 없다고 말한다. 사실이라면 얼마나 좋을까. 그랬
다면 사고도 나지 않았을 것이다. 그러나 사고는 났다.

작업자들이 보기에 대림산업의 말은 전부 거짓이었다. 제거작업이
완벽했다고? 퍼지작업을 했다는 말을 믿을 수 없다. 원청이 퍼지작업에

들어가면, 보통 여타 건설작업은 멈추기 마련이다. 그러나 사고를 앞두고 작업이 중단되기는커녕, 퍼지를 한다는 이야기도 들은 적 없다.

이재석 씨의 증언은 언론을 탔다. 기자 브리핑은 주최자인 대림산업의 의도와 전혀 무관한 결론을 냈다. 그러나 기쁘지 않았다.

"벌어먹고 살려고 하다 어쩔 수 없는 사고가 나서, 운이 나빠서 죽은 거라고 해도 우리 입장에서는 억울한 거잖아요. 그런데 끝까지 숨기려고만 하지. '우리 잘못이오'라고 말하는 사람은 없고. 얼마나 억울한 일인지. 얼마나 많이 슬펐던지."

확률과 거짓, 누구에 의한 사고인가

누구에 의한 사고인가가 사건의 쟁점일 수밖에 없었다. 대림산업은 자신들에게 아무런 과실이 없다고 주장했다. 과연 대림산업의 안전조치에 아무런 이상이 없는가? 사고 다음 날인 15일, 대림참사대책위[9]는 이 같은 질문을 던졌다. 진상규명을 요구하는 기자회견을 연 것이다. 사고 하루 만에 발족한 대책위였다. 이례적으로 신속한 구성이었

---

9 '대림참사 진상규명과 재발방지 근본대안 마련을 위한 대책위원회'. 대림참사대책위에 소속된 단체와 개인은 다음과 같다. 민주노총 전국플랜트건설노동조합(여수지부, 전남동부지부, 경남서부지부), 민주노총 전남지역본부(여수시 지부), 민주노총 전국민주화학섬유연맹 광주전남본부, 노동환경건강연구소 일과건강, 통합진보당 전남도당(여수시위원회), 국회의원 김선동.

다. 산재로 인한 사망은 대다수의 경우 금전 보상으로 문제가 좁혀지
거나, "그것이 너무 원통해서 살려내라 이야기하는" 노동조합 또는 유
가족의 외침이 있을 뿐이다.

　그러나 이번엔 달랐다. 대림참사대책위가 만들어졌고, 이들은 대
림산업의 그 완벽했다는 분말제거 작업을 믿지 않았다. 오히려 사일
로 안에 분말만 잔류하지 않았을 거라 했다. 대책위는 잔류가스의 존
재를 제기했다. 1차 폭발이 일어난 후 더 강력한 2차 폭발이 일어났
다. 분말에 의해 일어나기에는 폭발 규모가 너무도 크다는 것이 현장
의 목소리였다. 가스에 의한 폭발이다? 사일로에 가스가 남아 있었
다? 가스제거 작업인 퍼지를 생략했을 가능성이 제기됐다.

　대림산업은 대책위의 의심을 강력히 부인했다. 분말제거(수압클리
닝)와 달리 잔류가스 제거작업은 법적 의무사항이다. 발주처인 자신
들이 감당해야 할 처벌의 수위가 달라진다. 이번 폭발이 분진에 의한
사고여야만 하는 이유이기도 했다. 대책위는 퍼지작업 결과를 공개하
라고 요구했지만, 대림산업이 자료를 제출할 의무는 없었다. 당시 어
느 법도 안전을 이유로 기업의 정보제공을 의무화하지 않았다. 정보
를 숨기는 것이 영업비밀이라는 말로 용인됐다. 그러니 사고가 일어
나면 늘 증거가 부족했다. 경찰 손에 들어간 증거자료는 나올 줄 모르
고, 대책위나 노동조합이 확보할 수 있는 정보는 현장노동자들의 증
언뿐이었다. 이들은 하청업체마저 단기로 고용한 작업자들이다. 사고
당일 위험은커녕, 사일로에 어떤 물질이 저장되어 있는지도 알지 못
했다. 정보를 가질 권리가 없었다.[10] 그러나 누구보다 현장 생리는 빠

삭했다.

"자기네들 단축된 일정에는 이 일을 오늘 끝내야 하는 거 아니겠어요? 그러니까 사람 올린 거 아니에요? 그 사람들 밤에 안 올라갔으면 안 죽었지. 야간작업 안 시켰으면 폭발이 있어도 안 죽었지."

하청업체 D사는 소속 노동자들에게 야간작업을 지시했다. 대정수 첫날부터 야간작업이라니, 공정 급한 것이 눈에 빤히 보였다. 그날 다른 업체 노동자들은 잔업을 하지 않았다. 사일로 안의 가스가 완전히 제거되지 않았다는 말을 듣고 추가작업을 취소했다는 업체도 있었다. 그러나 하청에 하청, 즉 대림산업의 수주를 받은 유한기술(주)로부터 다시 재하도급을 받은 D사는 공사기간 단축 압박을 견디지 못했을 것이다.

수압클리닝에 퍼지까지 길게는 1주일이 소요된다. 하청업체에 야간작업을 쪼아대면서, 정작 자신들은 충분한 시간을 들여 안전조치를 완벽하게 했다는 말을 믿을 수 있을까. 모두 말을 안 할 뿐, 안다. 산단 사람들은 사고 소식을 들었을 때, '생략'이라는 단어를 떠올렸다. 생략해왔다. 안전을 말하던 화학공장 직원은 대정수를 언급하자 멈칫했다. 그건 저도 장담 못 하겠는데요. 왜요? 왜 생략을 하나요? 대림참사 당시 비공식 인터뷰에서 화학공장 관계자, 그러니까 원청회사 직원은 대답했다. "기존에는 그렇게 해도 괜찮았어요."

---

10 2015년 이후, 산업안전보건법(29조 5항) 개정이 이뤄져 발주처와 원청의 정보제공 의무가 법으로 정해졌다. 또한 '화학물질의 등록 및 평가 등에 관한 법률'(화평법) 제정으로 화학물질에 대한 정보등록이 일정 부분 의무화되고 있다.

폭발물을 다루는 것치고 안일하다. 안일함을 만들어낸 것은 조급함이다. 공장을 하루 돌려 벌어들이는 돈이 크게는 억 단위다. 보수·정비기간, 이 돈은 손실액으로 잡힌다. 벌어야 하는데 벌지 못한 돈은 기업에게 손실로 이해된다. 억 단위 손실 앞에 윗분들은 조급해지고, 그 불안은 말단 직원들에게까지 전해진다. 하루라도 빨리 공장을 재가동해야 한다. "사고는 확률이에요." 마음 급해진 직원들은 확률 운운하며 심적 평온을 얻는다. 사일로 안 '화약'을 제거하는 작업은 생략된다.

대책위가 공사기간에 의혹을 제기하자, 대림산업은 사고 당일 야간 및 화기작업을 허가한 적 없다며 경찰에 '안전작업허가서'(이하 작업허가서)를 제출한다. 작업허가서란, 원청이 안전 상태를 점검한 후 최종적으로 작업을 허가하여 하청업체에 내리는 문서다. 작업지시 여부를 확인할 수 있기에 사고 발생 시 책임소재를 묻는 1차 근거가 된다. 대림산업이 제출한 작업허가서 어디에도 '화기작업 허가'라는 단어는 없었다. 하청업체가 무단으로 용접작업을 했다는 소리가 된다. "작업허가서에 우리가 직접 사인을 했는데, 사인 모양이 다른 거예요." 현장노동자들은 작업허가서가 위조됐다고 주장했으나 공방으로 취급됐다.

그런데 며칠 후 '진짜'가 나타난다. 폭발 직후, 대림산업과 유한기술 모두 작업허가서를 분주히 찾았다. '서류 가져와!' 절박한 목소리가 아수라장 가운데서도 작업자들 귀에 꽂혔다. 사고가 나면 회사는 작업허가서부터 챙긴다. 증거를 확보할 목적이든, 은폐할 목적이든 말이다. 작업허가서를 손에 넣은 것은 하청업체 유한기술이었다. 유한기술은 경찰에 작업허가서 진본을 제출했다. 공구실(작업공구를 저장한 창고)에 숨겨두었다는 소문과 함께 등장한 작업허가서에는 대림산업이 야간·화기작업을 허가한 내용이 담겨 있었다. 이로써 하청업체와 노동자들에게 책임을 덮어씌우려 한 원청기업의 속셈이 세상에 까발려졌다.

이번에도 인재人災, 人은 누구인가

보통의 경우, 사건경과와 원인을 기자들에게 브리핑한다. 빠르면 사고 발생 1시간 안에 이뤄진다. 불과 몇 시간 만에 사고원인을 파악하는 것은 무리다. 실제 시간제약으로 인해 사고 브리핑은 형식적인 요약에 그칠 때가 많다. 그러나 회사가 공들여 강조하는 부분은 따로 있다. 브리핑을 주최한 기업은 '자사의 안전관리에는 이상 없음'을 거듭 말한다. 사고 초반, 어떤 입장의 기사가 보도되는가가 중요하다. 무리하게 브리핑을 앞당기는 이유이기도 하다.

원청기업은 이상 없다. 사고를 낸 죄인이 하청업체나 하청노동자에게서 나올 차례다. 작업자의 '실수'가 사고원인으로 '의심'받기 쉽다. 기업의 말이 기사가 되어 나가고, 언론은 '안전불감증'을 운운한다. 브라운관 속 앵커는 "이번에도 인재"라는 문장을 심각한 어조로 읊는다. 재앙 앞에 놓은 '인'이라는 단어가 누구를 지칭하는지는 말하지 않는다. 그 '인'이 조직의 어떤 동기와 명령으로 움직이는지도 찾아볼 길 없다.

"현장에서 일하는 사람은 다 아는 사실이지만, 우리는 하라면 하는 거잖아요."

하지만 죽은 자는 말이 없다. 공장 담벼락은 높기만 하고 먹고살아야 하는 동료들은 입을 쉬이 열지 않는다. 남은 가족들은 회사가 말한 대로 믿을 수밖에 없다. 죄인이라 하면 죄인이 되는 거다.

환경부는 최근 급증한 화학물질사고 원인에 '설비 부실 및 노후화'를 제치고, '작업자들의 실수'가 1위를 차지했다고 발표했다.[11] 사고 원인을 정부기관에 보고하는 이는 누구일까. 실수를 했다는 현장작업자는 아닐 게다. 노동자의 안전불감이 사고의 가장 큰 원인이라면 재발방지를 위해 해야 할 것은 주의, 경고, 교육밖에 없게 된다. 구조적 대책은 만들어지지 않는다. 대림참사대책위와 함께한 활동가[12]는 이를 두고 간명하게 말했다.

"사람의 실수로 돌리고 아무것도 안 하는 거죠."

산업안전보건법(이하 산안법)의 취지와 내용을 모르는 경찰이 수사를 전담한다. 익숙한 방식으로 사건을 처리하려다 보니 작업자의 고의성, 실수 유무가 전부인 양 따지게 된다. 고용노동부는 특별점검이라며 현장을 방문하지만 벌금에 그친다. 손꼽는 중대재해가 아닌 이

---

11 환경부, 〈연도별 화학물질 사고현황 통계〉, 2014년.
12 현재순 연구원, 노동환경건강연구소 일과건강.

상 직원 몇이 조사를 받으러 오가는 동안 사건은 잊힌다. 대림산업이 원한 수순도 그러했으나 다소 운이 없었다. 기자 브리핑 소동으로 인해 원치 않는 기사가 보도됐다. 아니, 불운은 그전부터 시작됐다. 사망한 노동자들은 노동조합 소속이었다. 대림참사의 책임자 처벌을 요구하는 대책위도 구성됐다. 피해 노동자들에게는 조직과 대변자가 있었다. 목소리를 기업만 낼 수 있는 상황이 아니었다.

언론에 대림산업 사고가 회자되자 고용노동부도 대림산업에 내린 '작업중지'[13]를 풀 명분이 없었다. 하루만 설비를 멈춰도 몇억 손해를 계산하는 기업이었다. 언제 끝날지 모르는 작업중지에 피가 말랐다. 빈소를 지키는 유가족들과 다른 피 마름이었다. 그 마른 피 덕일까. 더는 잡음을 내고 싶지 않았던 대림산업은 유가족들과 위로금 보상에 합의한다.

살아서는 파리 목숨

사고 발생 5일째인 3월 19일, 장례가 치러졌다. 장례식장에는 말들이 가득했다. "그래 봤자 죽은 사람 살아서 돌아온답니까?" 보상이 얼마든 간에 시신 앞에서 오가는 건 돈 얘기였다. 누군가는 볼멘소리를 했

---

[13] 고용노동부는 중대재해가 발생한 사업장에 대해 근로감독관 등으로 하여금 재해원인 조사, 안전·보건진단, 기타 필요한 조치를 위해 작업중지를 명령할 수 있다.

다. "결국은 다 돈인 거 같아⋯" 안타까워하는 말이다.

"본인들 가까운 가족한테 그 돈이 가면, 가져가야 할 사람들이 가져가면 가슴이 덜 아픈데. 현장에서 일하는 사람들은 하나같이, 참⋯⋯."

마지막 가는 길에 울어줄 가족이 없는 이도 있었다. 어떤 표정을 지어야 할지 난감한 얼굴로 빈소를 지키는 가족도 있었다. 안정적으로 월급이 나오지 않는 삶은 가정을 유지하기 어렵게 했다. 누군가는 구슬프게 울었으나 돈이 오가는 장례에서 울음은 의심당했다. 대림참사만이 아니다. 건설 현장에서 사고가 나면 한나절은 피해자 가족을 수소문하는 데 보낸다. 이들에겐 무슨 일을 당해도 자기 일 내던지고 나서줄 가족이 없는 경우가 많다. 있다 하더라도 사는 모습이 비슷했다. 생계에 치여 사는 삶이다.

흙숟가락은 부러져도 분개할 이가 적다. 다른 숟가락으로 대체하기도 용이하니, 부러질까 신경을 덜 써도 된다. 건설 현장에서 사람이 손쉽게 죽는 이유이기도 하다. 플랜트건설 노동자들은 그런 자신의 삶을 이렇게 표현하곤 했다. 살아서는 파리 목숨, 죽어서는 개값.

"죽지 마세요. 지금 이 모습 그대로 퇴근해서 봅시다. 차라리 일당 그거 벌지 맙시다. 그냥 놀다가 나오세요."

공사 현장으로 들어가는 조합원들 등 뒤에 대고 신성남 지부장은 이리 외쳤다고 했다. 출근하는 노동자들을 상대로 플랜트노조가 하는 아침 선전전. 대림산업 폭발사고가 나고 얼마 후였다. "싫데⋯ 싫어." 그가 싫다고 한 것은 오늘 일당이 내일 사고의 목숨값인 것을 알면서도 저 문으로 들어가는 인생들이다. 그래도 들어가는 사람은 끊이지 않는다. 당장 오늘의 몇 푼이 절실한 사람들이 지역에 넘친다.

"여수산단 플랜트 일 하는 사람 중에 1/3은 배 안 타본 사람이 없을걸요."

여수바다에 만선 고깃배가 들어올 때면 '여수에서 돈자랑 하지 마라.' 하던 시절도 있었다. 나라에서 여수산단을 세운다 했을 때, 마을 사람들은 '잘살아보자'며 꽹과리를 쳤다. 또 하나의 부富가 온 줄 알았다. 그러나 여수산단과 광양제철에서 흘러나온 폐수가 여수연안을 망쳤다는 것은 공공연한 비밀이다.

"산단 생기고, 농토든 바다든 예전 같지 않다고 봐야죠. 저기 (바다에) 관광이 있다고 해도, 관광산업에 사람 얼마나 쓰겠어요. 그래 봤자 자영업자들이지. 수산업은 인건비 싸게 하려고 외국인 노동자들 쓰고."

먹고사는 일이 걱정인 사람들이 산단으로 몰렸다. 날 맑고 일 있는 날은 보조공이라도 일당 10만 원 이상 손에 쥐고 돌아간다. 이것이 족쇄가 되어 이곳을 떠나지 못하고 "우리 목숨값이죠." 하는 자조가 산단을 떠돈다. 그 수가 여수산단에만 2만 명 가까이다.

"소주 한잔 하면서 '새꺄, 골병들면 안 된다.' 해도 그게 가능해요? 또 다음 일자리 연결을 받아야 하니까. '저 사람 일 잘한다'는 평가를 받아야 하니까. 내가 그걸 모르나. 그런데 그렇게 일해 뭐가 남나."

동료를 붙잡고 애원해도 달라질 것은 없다. 일을 찾아 뛰는 한철 메뚜기 신세다. 어떤 하청업체도 이들을 정식 직원으로 고용하지 않는다. 한 업체에 소속되어봤자 반년 공사. 대정수는 끽해야 한 달이다. 그 기간만큼 일용직 노동자로 산다. 일 잘한다는 평을 들어야 다음 일이 들어온다. 현장에서 눈칫밥 먹으며 배운 기술로 보조공에서 기능공으로 몸값을 올린다. 그 기술이 자부심이자 가진 것의 전부인 사람들이다. 몸뚱이가 곧 상품이다. 몸을 쥐어짜 상품성을 높인다. 휴일 없이 강행군이어도 감사하다. 퇴직금, 휴일수당, 학자금 지원은 남의 이야기. 사회보험은 기대할 수준이 못 된다. '벌 수 있을 때 벌어야 한다'로 귀결되는 불안정한 인생. 그러다 골병들면? 고장 난 상품이 어떤 취급 당하는지는 다들 안다. 하청 건설업체로서는 노동자들의 이런 처지가 반갑다. 원청으로부터 받아오는 공사일정은 늘 빠듯하다.

"발주처(공사를 맡기는 기업)는 완전 갑질이죠. 빠듯하게 공사기간 잡아두면 끝이에요. 건설업체(하청)는 공사기간은 잡혀 있지, 빠듯하니야간·추가근무 해야지. 그럼 인건비 부담이 되지…. 회사는 중간관리자 반장을 쪼는 거고. 반장은 작업자들한테 와서 '요거 끝내야 한다, 저래야 한다.' 그럼 무리하게 안 하겠어요? 사람이 뒤 못 돌아보고 일하면 사고가 나는 거예요."

싼값에 계약을 하니 줄어드는 건 공사기간과 인건비다. 노동조합은 이를 두고 '덤핑하지 말라'고 한다. 덤핑 가격으로 공사 받아오지 마라. 하청업체라고 좋아서 덤핑 가격에 일 받아오는 것은 아니다. 덤핑, 공식용어로 '최저낙찰제'라 한다. 원청이 도급업체를 선정함에 최저공사비 부르는 곳을 선택하는 방식이다.

"예를 들어, 설계할 때 공사비 예산이 100원이 나왔으면, 80퍼센트 정도를 원청사에 줘요. 원청사에서 15퍼센트를 땡기면 남는 건 65퍼센트. 이 나머지를 업체들이 가져가 공사를 하면, 뭐가 되겠어요. 거기에 원청이 개입해서 입찰 단계에 경쟁업체를 늘리면 가격은 더 내려가죠. 입찰에 참여한 건설업체들은 '이번 기회에 협력사(하청)로 등록하자.' 하는 마음에 무리하게 낮은 공사비로 들어오는 거예요."

정유, 제철, 정제 등 플랜트 설비산업을 운영할 수 있는 자본력을 가진 국내 기업은 손에 꼽는다. 원청인 플랜트 공사를 수주받는 종합 건설사도 마찬가지다. 삼성, SK, 대림, GS 등 굴지의 기업들이 플랜트 산업에 뛰어든다. 그런 대기업들이 최저낙찰을 고집한다. "발주처는 완전 갑질이죠." 이쯤 되면 "있는 사람들이 더 무섭다"는 속담이 생각난다. 아니, 이 속담이 더 적절하겠다.

"부잣집이 하나 있으면 세 마을이 망한다."

부자를 키우는 법

우리의 국가는 부자를 키워왔다. 그것을 '개발'과 '성장'이라 불렀다. 부자의 통장 잔고를 올리는 방법은 간단했다. 큰 금액을 입금하되, 지출되는 돈은 줄인다. 기업들은 이를 비용절감이라 했다. 경쟁력 강화와 같은 뜻으로 쓰더니 어느덧 '생존전략'이라 칭했다.

여수를 비롯한 국내 산업단지에 입주한 기업들도 이 전략을 고수해왔다. 무엇보다 인력비용이 우선했다. 인력감축은 꾸준해 여수산단을 보자면, 20년 사이 직고용 노동자가 3만여 명에서 1만7000여 명으로 준다.[14] 1만 명 이상이 실업을 걱정할 필요 없는 일자리를 빼앗겼다. 한국 사회에서 특별한 일은 아니다. 20년이라는 시간 안에는 매일같이 '정리해고'였던 외환위기 시절이 있었다. 그리고 지금이 있다. '칼퇴'라는 단어가 '야근'보다 더 생소한 지금이다. 3명이 할 일을 2명이 하느라 야근에 시달린다. 그러나 윗분들은 그조차 1명이 할 수 있지 않을까 계산한다. 온 기업이 사람 머릿수 줄이는 문제로 고심하는 시대다.

1만여 개의 일자리는 외주화되거나 사라졌다. 책상이 바뀌고 비정규직이 들어왔다. 아예 밖으로 보내지는 책상도 있다. 외주화된 대표 업무는 공무직(공장에 관한 사무를 맡아보는 업무)과 안전관리다. 공무직 한 명이 담당해야 할 현장 관리구역이 늘었다. 작업허가서를 예로 들자면 평소에는 10여 장, 대정수같이 일이 몰릴 때는 30장 이상 들고 뛰어야 한다. 직원 한 명이 과연 30여 개의 현장설비를 꼼꼼히 검증한 뒤 작업을 허가할 수 있을까. 헷갈려 서류 몇 장 뒤바뀐다 해도 이상할 것이 없다. 안전관리자도 마찬가지. 위험작업 시 1인 1감독 매뉴얼은 교과서 속 이야기가 됐다.

대림산업 폭발사고 당시, 야간 화기작업 중이었으나 원청 안전관

---

14 2012년 기준으로, 여수시가 밝힌 여수국가산단 직고용(계약직 포함) 노동자 수는 1만 7906명이다.

리자가 없었다. 이 작업을 허가한 공무팀 직원 손에는 몇 장의 작업 허가서가 들려 있었을까? 손이 부족하니 그들이 취할 수 있는 행동은 한계가 있다. 위험구역 작업을 협력업체에 뚝 떼어준다. 그리고 사고가 나지 않길 바란다. 때로 이런 조언을 하기도 한다. "이번에는 여기다." 이쪽 구역에서 사고가 날 가능성이 크다는 것. 어떻게 아냐고? 설비가 노후해 교체해야 하는데 위에서 보수작업 허가가 나지 않는다. 그러니 말한다. 샐지 모르니 조심하라. 새면? 배관 앞에 서는 이들은 필드맨이라 불리는 화학공장 현장노동자나 플랜트건설 노동자다. 틈새를 고무장갑으로 막고, 공무팀을 기다린다. 영세업체 이야기를 하는 게 아니다. 2014년 삼성전자 화성공장에서 불산 누출사고가 났을 때, 고장 난 밸브를 감쌌던 것은 검은 비닐봉지였다.

위에서는 왜 보수허가를 내주지 않아 공무부 직원들을 '이번엔 여기'라며 점쟁이 노릇 하게 하는 걸까. "그게 다 돈이에요." 산단의 설비 보수·유지비용은 꾸준히 감소했다. 대림산업에서 사고가 일어난 2013년까지 10년 동안의 감소 폭은 유달리 크다. 2008년 금융위기가 전 세계를 흔들자 기업은 주머니를 닫았다.[15] 비용을 절감하기 위해 설비 보수 주기가 길어졌다. 반면 보수기간은 짧아진다. 짧아진 시간만큼 압박을 받는 이들은 현장노동자다. 마감일을 맞추기 위해 야간작업은 물론 밤낮 없는 노동을 의미하는 돌관작업까지 이뤄진다. 그

---

15 제조업 설비보수 비용은 2014년을 기준으로 지난 10년간 끊임없이 감소하고 있다. 제조원가에서 보수비용이 차지하는 비중은 2003년 0.93%에서 꾸준히 감소해 2012년에 이르러서는 0.73%에 다다른다.(한국은행 〈기업경영분석〉)

러나 부자의 주머니가 모두에게 인색한 것은 아니다. 2008년 위기가 무색하게도 국내 플랜트산업 설비투자 비중은 2010년을 기점으로 급증한다. 설비투자가 늘어나니 설비 가동률은 좋아진다. 생산액도 증가해 5년 사이 45조 원 이상 늘었다.[16] 다만 기업 입장에서 아쉬운 것이 하나 있는데, 설비노후 또한 빠르게 진행된다는 점이다. 교체든 보수든 설비에 돈을 써야 하는 시기가 당겨진다. 그럼에도 보수·점검을 향해서는 주머니가 쉽게 열리지 않는다.

처음에는 괜찮았다. 시간이 흐르자 관리자들조차 예측하지 못한 설비결함이 나타나기 시작했다. 대형사고는 그렇게 만들어졌다. 설비 투자와 설비보수 비용 비율이 몇 년째 반비례를 보이던 2013년, 15건의 화학물질 관련 중대사고가 터진다. 이 중 하나가 대림산업 폭발사고다.

공해를 먹고 살아온 사람들

연 매출액 100조 원 달성, 수출 390억 달러. 여수산단의 성장 수치다. 이 눈부신 성장은 이보다 작은 숫자들을 동반한다. 폭발 및 화학물질 누출 사고 215건, 사고 사망 122명, 부상 211명. 여수산단이 45년간

---

16 2009년 52조8944억 원이던 생산액은 2013년 98조225억 원으로 증가한다.(여수시 제공)

지난 사고의 수치다.[17] 이 숫자들은 누군가의 고통이다. 성장, 발전, 국익, 어떻게 달리 불러도 결국은 돈을 의미하게 되는 단어들을 좇다 우리는 누군가의 고통을 잊어버렸다. 공해라도 배부르게 먹고 싶다던 사회를 거쳐, 공장이 내뿜는 검은 연기가 국가발전의 상징이던 시절을 갓 벗어난 우리는 공동체의 고통에 둔감하다. 더구나 이 사회는 유달리 공장 담장 안 사람들의 고통에 무심한 경향이 있다. 그러나 사람을 담장으로 구분 지을 수 없듯, 고통도 담장 안에 갇히지 않는다. 화학물질은 담장으로 가둘 수 없었다. 산단이 뿜어내는 화학가스는 마을로 갔다.

대림참사 사망자들의 장례가 치러진 3월 19일, 여수산단 인근 작은 마을도 사람들로 북적였다. 해산동 공해이주대책위원회(이하 해산동 이주대책위)가 발족하는 날이었다. 전체 주민 수가 500명도 되지 않는 마을에서 100여 명이 마을회관에 모였다.

"그동안 우리 해산동 3개통 주민들은 언제 사고가 터질지 알 수 없는 화약고를 안고 무려 40여 년 동안 공해를 마시며 불안한 삶을 살아왔습니다. (…) 하지만 이런 주민들의 목소리가 행정에 반영되지 않고 있어 주민들이 직접 나섰습니다."[18]

전날 해산동 3개 부락(8, 9, 10통)은 긴급주민회의를 열었다. 주름진 얼굴들에 근심이 가득했다. 이대로 살 수 없다는 목소리가 강했다. 14

---

17 《여수산단 사고 사례집》(2012년 기준), 여수시.
18 발족식 당시 홍점수 대책위원장의 발언 중 일부.

여수국가산업단지 주요 사고 일지

1972. 4. 7 호남정유 납사옥외 저장탱크 폭발사고, 9명 사상.

1981. 7. 22 대림산업 보일러 폭발사고, 4명 사망.

1989. 10. 4 럭키화학 전기과부하 폭발사고, 사망 16명 등 33명 사상.

1994. 9. 8 한국화인케미칼 독가스 누출, 3명 사망 등 60명 사상.

1996. 8. 3 한화바스프 공장 폭발, 4명 부상.

1997. 6. 2 여산 화재·폭발사고, 2명 사망.

1999. 8. 13 LG칼텍스정유 가스 누출, 5명 부상.

1999. 8. 26 남해화학부두 선박 가스 누출, 3명 부상.

2000. 8. 24 호성케멕스 폭발사고, 7명 사망 등 25명 사상.

2000. 12. 29 LG화학 폭발사고, 5명 부상.

2001. 9. 24 한화석유화학 폭발사고, 1명 사망 등 2명 사상.

2001. 10. 5 호남석유화학 나프타탱크 화재, 3명 사망 등 4명 사상.

2001. 10.15 여천NCC㈜ 폭발사고, 1명 사망 등 2명 사상.

2003. 10. 3 호남석유화학 폭발사고, 1명 사망 등 7명 사상.

2004. 8. 25 LG화학 폭발사고, 1명 사망·1명 부상.

2012. 6. 7 한국실리콘 가스 누출, 42명 중독.

2013. 3. 14 대림산업 폭발사고, 6명 사망 등 17명 사상.

일 폭발사고가 원인이었다. 뉴스에 눈을 주거나 저녁밥상을 치우고 있었을 늦저녁, 불현듯 강한 폭발음이 마을을 덮쳤다. 사람들은 너나없이 밖으로 뛰쳐나왔다. 뭐야! 답할 수 있는 사람이 없었다. 한참 후 마을회관 확성기에서 경고방송이 나왔다. 산단에서 폭발사고가 있었다고 했다. 그뿐이었다. 대피를 해야 하는지, 유독가스가 퍼지는 건 아닌지, 알 수 없는 사람들은 가슴만 졸였다. 화약고라 불리는 산단을 머리맡에 두었는데도 대피 매뉴얼 하나 제대로 알려주지 않았다. 그것을 두고 어떤 이는 "너무나 자존심이 상한다"고 했다. 우리가 저들 눈에 뭐로 보이는 걸까. 대책위를 결성한 주민들은 요구사항을 정리했다. 공해실태 조사, 주민 대상 건강진단, 피해보상, 그리고 조속한 이주대책.

주민들이 이주를 요구한 것은 이때가 처음은 아니다. 여수산단과 지역 주민들의 갈등은 뿌리가 꽤 깊었다. 첫 이주는 여수산단이 세워진 바로 그 자리에서 있었다. 삼일면[19]에 살던 이들은 국가 주도로 대규모 공단이 들어선다는 말에 짐을 싸야 했다. 잘살아보자는 국가 앞에 보상금 액수를 운운할 수 없었다. 집단이주 개념도 없던 때였다. 몇 푼 안 되는 보상금에 쫓겨나듯 고향을 떠나야 했다. 멀리 갈 수 없었다. 산단 주변 철길, 장터 옆에 터를 잡았다.

이후 여수산단은 증설을 거듭했다. 그 세월 산단 옆 주민들은 창문

---

19 지금의 삼일동. 여수산단 인근 마을로는 삼일동, 해산동, 여천동, 상암동, 소라면 등이 있다.

조차 마음대로 열지 못했다. 마을은 화학물질 악취로 들끓었다. 그러던 1989년, 럭키화학(현재 LG화학) 폭발사고가 일어난다. 16명을 숨지게 한 대폭발은 마을마저 검은 분진으로 덮친다. 1년 농사를 망친 사람들은 공장으로 몰려갔다. 3일간의 '데모'와 농성. 주민들이 공장 용역들에게 난폭하게 끌려 나오는 것으로 농성은 마무리됐으나, 이주 요구 시위는 끝날 줄 몰랐고 결국 정부는 여수산단 환경조사를 약속해야 했다.

7년 후, 정부가 KIST에 용역을 맡긴 여수산단 환경조사 결과가 발표됐다. 결과는 충격적이었다. 여수산단 대기에서 벤젠, 톨루엔 등 발암물질이 상당량 검출됐다. KIST는 여수산단 주변을 '사람이 살 수 없는 땅'으로 규정했다. 정부는 여수산단 주민이주대책을 국가사업으로 발표하기에 이른다. 물론 이것으로 끝은 아니었다. 이주비용 일부를 부담해야 하는 산단 내 기업들이 즉각 반발했다. 금액을 둘러싼 갈등으로 이주 논의는 정체된다. 또 한 번 폭발사고(호남석유화학, 2003년)가 일어나고서야 정부는 이주를 확정한다. 산단 2킬로미터 내, 주민 6000여 명을 대피시키는 내용의 이주대책. 애초 KIST가 제안한 4킬로미터 이내 1만5000명 주민 이주가 아니었다. 절반인 6000여 명만이 이주 대상에 속했다. 업체들이 부담하는 비용은 1/3 수준인 120억 원으로 축소됐다.

해산동은 이때 이주 대상에서 배제된 마을이다. 그 후로도 야금야금 면적을 넓힌 산단은 마을과의 반경 2킬로미터 거리 기준을 무색하게 만들었다. 나지막한 산 하나를 넘고 4차선 대로를 건너면 산단이다. 그 산마저 깎였다.

"산마저 비행기 활로 때문에 50미터 깎아내렸어요. 산단 필요로 철길이 놓이고 도로를 확장하고. 농사를 짓고 사는 농촌에서 농토는 다 없어져버렸어요. 산단과 마을 사이에서 방호해주던 산도 나무도 사라지고. 보상은 받았지만 마을이 먹고사는 삶터로서의 기능을 잃어버린 거예요. 폐허가 되고 재산권 행사를 못 하는 마을이 됐단 말이에요."

해산동 이주대책위원장을 맡고 있는 주재선 씨의 말이다. 그는 어린 시절, 공단 터가 되어버린 고향을 등지고 이곳으로 왔다. 노년의 몸이 된 지금 다시 이주를 요구한다.

사고 폭음에 놀란 가축이 죽었다. 분진이 농작물을 덮쳤다. 공기보다 무거운 분진도 마을까지 퍼진다. 유해물질 누출을 걱정하지 않을 수 없다. "우리는 죽어가는 겁니다." 근거 없는 소리가 아니다. 여수 지역 암 발병률이 평균보다 높다는 역학조사 결과들이 있다.[20] 전국 화학물질 배출량의 10퍼센트가 여수산단에서 나온다.

하나둘 고향을 떠났다. "마을이 고립된 거죠. 젊고 똑똑한 사람들은 다 나가버리고, 어려운 사람만 남았어요." 나이 든 사람들만 남았

---

20 1997년 연세대 〈대기오염 물질의 위해성 평가 및 관리기술〉 보고서에 따르면 "전남 여천에서는 1만 명 가운데 23명꼴로 암에 걸릴 수 있다." 2002년 〈전남 지역 환경기술 개발센터 연구과제〉에 따르면, "여수 암 사망률은 전국 평균에 비해 12% 높다." 2010년 녹색병원 노동환경연구소는 〈여수·광양 지역 암 발생률 비교〉 보고서에서 "20대 호흡기계 암환자 수가 2002년에 비해 2006년 38% 증가했다"는 연구결과를 내놓았다.

다. 이곳을 떠날 수 없는 사람들이 모여 이주를 기다린다. 사람 떠난 빈터에는 부품공장들이 들어선다. 여수산단에 부품을 납품하는 업체들. 회벽 건물이 마을을 한층 흉물스럽게 한다. 석회같이 바스러진 마을에 마을잔치 때면 돈이 흘러 들어온다. 여수산단 기업들은 현금다발에 자매결연이란 포장지를 씌운다. 분진이 날아온 해에는 유독 커지는 이상한 자매애. 일종의 피해보상이라는 것을 서로가 잘 안다.

고양이 감독

대림산업 폭발사고를 계기로 구성된 두 대책위는 당연히도 만나게 된다. 여수시와 주류 언론들이 '지역경제 활성화'에 기여한다며 칭송한 국가산단 이면에 자리한 어떤 '손실'들의 만남이었다. 우리가 삶의 기반, 때로 삶 자체라 부르는 것들이었다. 누군가의 손실이, 아니 상실이 버젓이 존재한다. 누가 해결해야 하는가?

"기업한테 안전을 지키라는 것은 고양이한테 생선을 맡기는 일이에요."

대림참사대책위 이성수 집행위원장은 기업을 고양이에 비유했다. 고양이는 안전을 위해 입에 문 생선을 내려놓을 생각이 없다. 고양이를 관리하고 감독할 사람이 필요하다. 국가가 그 역할을 해야 한다.

"국가산단 아닙니까. 국가가 관리를 해야 하는 거지요. 국가가 산업 전략적으로 해당 산업단지를 조성한 겁니다. 사회간접시설을 정비하고, 운영에 있어 여러 가지 우대정책을 해 성장시킨 산단임에도 불구하고, 그 안에서 발생되는 구조적인 문제에 대해서는 아무런 책임을 지지 않고 있어요."

그러나 대책위의 요구는 중앙정부와 지자체, 어디에도 닿지 않았다. 산단 투자유치를 확보할 때는 그토록 지역경제를 찾던 지자체였으나 산단 위험관리 책임은 중앙정부로 돌렸다. 여수산단으로부터 매년 6조 원 이상 국세를 가져가는 중앙정부는 산단 사고를 제대로 파악조차 못 했다.[21]

정부 산하 행정기관들도 다른 태도를 취하지 않았다. 그해 4월 전라남도의회 의원 29명은 '민관합동 조사위원회' 신설 등을 담은 결의안을 의회에 발의한다.[22] 대림참사의 원인을 밝히는 데 의회가 직접 나서자는 목소리였다. 이는 대림참사대책위의 요청이기도 했다. 민간인 자격의 대책위는 사고 현장 출입조차 허락되지 않았다. 진상을 밝히기에는 역부족이다. 한편 현장출입이나 정보공개 요구가 가능한 의원들은 현장에 대한 전문성이 부족했다. 이 두 집단이 협조하여 조사를 한다면, 보다 진실에 가까운 결과가 나오지 않을까.

그러나 전라남도의회 상임위원회에서 민간인 참여를 반대하는 여

---

21 2014년 국민안전처 출범 이후 이러한 문제는 더욱 깊어진다. 부처가 거대해지니 보고체계만 많아지고, 실제로 운영되어야 할 현장, 즉 바닥의 대응역량은 허술해진다는 지적이 있다.

22 정식 명칭은 '여수국가산단 대림산업 폭발사고 진상규명과 근본적 대안 마련을 위한 민관합동 조사위원회' 통합진보당 천중근 도의원 대표발의.

론이 형성되면서 결의안 채택은 무산된다. 그럼에도 결의안을 발의한 의원 중 일부가 모여 전라남도의회 특별위원회(이하 특위)[23]를 구성, 대책위와 3일간 집중조사에 들어간다. 비록 사흘짜리 조사였으나, 이 결과를 바탕으로 특위는 5월 15일 토론회를 연다. 토론회에 고용노동부도 초대하는데, 특위가 요청한 것은 '정부의 화학물질 안전관리 방향' 발표였다. 그러나 고용노동부 여수지청은 토론회 참석을 거부한다. 사유는 '관할 사안 아님'이었다.

정부 부서 간 책임회피와 직무유기는 참사를 막을 수 있는 가능성들을 묵살했다. 대림산업 폭발사고는 전조를 보였다. 대림참사가 있기 반년 전, 같은 현장에서 한 차례 폭발사고가 있었다. 그날도 폴리에틸렌 분말이 폭발했다. 인명피해가 없어 언론조차 타지 않았다. 다만 이 사고로 대림산업은 고용노동부의 근로감독을 받게 된다. 고용노동부가 찾아낸 산안법 위반은 불과 3건. 위반 사안이 한 손에 꼽혔던 안전사업장은 몇 개월 후 대형참사를 낸다.

대림참사 직후 고용노동부는 특별근로감독을 시행해, 이번에는 1002건의 위반을 찾아낸다. 불과 몇 개월 만에 불법이 1000건 증가했다. 무슨 일이 일어난 걸까? 아무 일도 없었다. 관리와 감독을 했을 뿐이다. 이전에는 하지 않았다는 말이다. "근로감독관들이 다 전화하고 와요. '○시에 갑니다.' 아침에 조회를 하는데, '내일 검열 있단다.'

---

[23] 정식 명칭은 '여수국가산단 대림산업 폭발사고 진상규명과 근본적 대안 마련을 위한 전남도의회 특별위원회'.

그러면 우리는 전날부터 청소하니까." 만약 반년 전 3건이 아닌 1000
여 건의 법 위반이 밝혀졌다면, 그것이 바로잡혔다면, 대림참사는 일
어났을까? 당연한 의문이다. 그러나 고용노동부는 '눈감은' 책임을 지
지 않았다.

직무유기는 대책 마련에서도 드러난다. 사고가 일어나기 4년 전인
2009년, 정부는 여수·광양산단에 '대정비작업 역학조사'를 진행한다.
대정수에 참여한 건설노동자를 대상으로 한 조사인데, 결과는 예상대
로 놀라웠다. 조사대상 전부가 발암물질에 노출됐다. 구강암·백혈병
발병 비율은 일반인에 비해 3배나 높았다.(결과가 발표된 후 여수 지역 노동
조합, 시민사회단체, 연구소 등이 대책 마련을 위해 공동활동을 펼친다. 그러한 경험이
있기에 대림산업 폭발사고 당시 신속한 대책위 결성이 가능했다.)

공식적인 정부 조사이니만큼 결과에 따른 대책이 나와야 했다. 3개
월 뒤, 고용노동부 여수지청은 '석유화학사업장 정비작업 보건관리 강
화방안'이란 이름의 대책방안을 발표한다. 그 안에는 '원청기업이 하
도급업체 및 건설노동자에게 유해정보를 제공'하는 등 화학공단에 팽
배한 각종 문제에 대한 개선안이 담겨 있었다. 그러나 고용노동부의
'대책'은 현실이 되지 못했다. 3년이나 서랍 속에 잠들었고, 2013년 3
월 사일로를 보수하던 노동자들은 용접 불을 붙였다. 그들은 작은 충
격에도 폭발한다는 고밀도 분진의 존재를 알지 못했다. 원청기업은
하청노동자에게 정보를 제공할 의무가 없었다.[24]

서랍 속 잠자는 '대책'은 눈감은 1000여 건의 법 위반과 같다. 누군
가 일하지 않고 있다. 아니, 누군가 일하는 것을 원치 않고 있다. 국가

산단 관리감독, 재해방지대책 마련, 재난관리 등 기업의 안전비용 지출이 요구되는, 그런 종류의 일들 말이다. 우리의 국가는 기업의 비용을 줄여주는 일에 더 익숙했다. 부잣집을 지어 기업에 투자하고, 세금을 줄여주고, 비용절감을 가로막는 걸림돌을 치웠다. "규제완화"라 불렀다. "규제는 암이다"라는 말이 돌 정도였다. 대통령마저 규제를 "숨겨진 악마"라 칭했다.

2013년 7월 화학물질 등록을 의무화하는 '화학물질 등록 평가에 관한 법률'(이하 화평법)이 제정되려 하자, 기업들은 반대 목소리를 냈다. 기업 부담, 영업비밀, 경쟁력 약화가 이유였다. 소량의 화학물질까지 등록해야 하는 법안내용이 주 공격대상이었다. 그들이 지적한 소량이란 법적 기준 1톤이었다. 1톤을 사소한 것으로 본 이는 경총, 전경련만이 아니었다. 산업통상부 등 정부 부서도 우려를 표했다. "악마는 디테일에 숨어 있다." 박근혜 당시 대통령마저 법안에 숨겨진 악마를 들먹였다. 결국 화평법은 구멍 숭숭 뚫린 채 세상에 나온다.

3년이 지나 옥시 가습기 살균제 사건이 세간에 알려지는데, 이때 소량이라던 화학물질 1톤의 실체도 함께 드러난다. 수천 명의 피해자를 만든 유해물질 PHMG의 총생산량은 화평법 기준인 1톤을 넘지 않았다. 기업 부담을 염려하는 기사를 쏟아내던 언론은 태도를 바꿔 화평법에 뚫린 구멍을 보도한다. 우리는 국가에 고양이 파수꾼 역할

---

24 2015년 산업안전보건법 개정이 있기 전까지는, 하도급업체조차 공사설비에 담긴 유해물질 정보를 발주처로부터 제공받지 못했다.

을 기대하지만, 현실 속 국가는 장자의 나비에 가깝다. 정부와 기업의 구분이 모호하다. 혼란의 끝에는 지키지 못한 목숨들이 있다. 우리는 304명을 차가운 바다에 수장시키고서야 배를 가라앉게 한 무게가 규제완화임을 알았다. 그러나 여전히 우리 사회는 '완화'를 위해 달려가고 있다. 이를 주도하는 것은 국가다.

화약고 특별법

국가의 걸음을 틀어야 한다. 대림참사대책위는 새로운 법을 요구했다.

"'공공시설물 안전관리 특별법'이라는 게 있어요. 보도, 교량 등에 적용하는 법인데, 성수대교 붕괴가 있은 뒤, 1995년에 '시설물 안전관리에 관한 특별법'을 만든 거예요. 그런데 더 위험한 산업단지에 관련 법이 왜 없느냐면서 공공시설물처럼 산업단지 안전관리를 할 특별법을 만들라고 제안을 한 거죠."

대림참사대책위에 참여한 노동환경건강연구소 현재순 국장은 특별법 제정의 필요 이유를 말했다. 이유야 간단하다. 반복된 사고를 막기 위해서다. 1990년대 부실공사 사고가 잇따르자 정부는 공공시설물에 관한 특별법을 만든다. 그러자 사고가 현저히 줄었다. 국가산단 안전에 관한 법 제정을 요구할 차례다. 국내 화학물질 80퍼센트가 주요 산단에서 사용된다. 전국 화학물질 사고 80퍼센트도 산단에서 발생한다. 여수산단만 해도 350여 개 업체 중 고위험물질을 취급하는 사업장이 220여 개다. 지역 주민들은 산단을 화약고라 불러왔다.

화약창고 관리를 기업의 자율에 맡겨도 되는가. 숱한 죽음들이 아니라고 말하고 있다.

"노후설비 정도를 확인하고 싶어도, 기업이 영업비밀이라고 하기 딱 좋거든요. 기업이 영업비밀이라 우기면 할 수 있는 것이 청구소송밖에 없는데, 그것도 계속 우기면 방도가 없어요. 국가산단 설비에 대한 관리감독 권한을 애초에 지자체나 정부가 가지고 있다면, 얼마든지 기업에 정보를 요구할 수 있잖아요."

기업은 이윤을 공고히 하는 카르텔과 불법을 '영업비밀'이라는 말로 숨긴다. 안전이 있을 자리에 경쟁력 표어를 세운다. 고양이는 스스로 생선을 놓지 않는다. 기업이 비용을 자발적으로 포기하는 일은 없다. 이때 필요한 것이 법과 제도다. 대림참사대책위는 특별법 제정을 요구한다. 이름하여 '고위험군석유화학 국가산단 특별법'.

노후설비를 점검하고, 화학공장의 공무직·생산직 인력이 턱없이 축소되는 것을 방지해야 한다. 최적낙찰제 등 건설 현장의 악행을 근절하고, 사고대응 시스템을 재점검해야 한다. 이 행위의 주체는 국가다. 국가의 안전관리 의무를 법으로 규정한 것이 특별법이다. 대림참사대책위는 그해 가을 임시국회에서 특별법 입법을 추진하려 했다. 사업주 처벌을 강화하는 '중대재해 기업처벌법'[25]부터 지자체 차원의

---

25 당시 명칭은 살인기업법이었다. 이 외 국가산단특별법에 담긴 내용은 다음과 같다. 원청 안전관리 의무를 강화하는 방향으로 산안법 개정, 최저낙찰제 폐지, 정규직 적정 인력 제도화, 국가 차원의 안전관리자 육성, 지자체 차원의 통일적 방제 시스템 구축,

'통일적 방제시스템 구축'을 거쳐 '산단 주변 지역민에 대한 피해보상'까지 담은 방대한 법안이었다.

다음 해 국회로 간 입법안은, 상임위원회에도 오르지 못하고 폐기된다.

그 후

2013년 5월, 여수경찰은 대림참사 수사결과를 발표했다. 경찰이 밝힌 사일로 안 분진의 양은 무려 10킬로그램이었다. 그해 6월 검찰은 대림산업의 작업허가서 위조 혐의를 인정하고 관련자 11명을 기소했다. 법원은 1심에서 기소자 전원에게 집행유예 및 벌금형을 선고한다. '솜방망이 처벌'이라는 비판이 거세자, 고등법원은 형벌의 수위를 높인다. 항소심은 업무상과실치사 혐의로 대림산업 공장장을 징역 8개월에, 하청업체 현장소장 및 대림산업 실무직원 3명을 금고형에 처한다. 17명의 사상자를 낸 사고의 책임은 공장장과 실무자들에게 돌아갔다. 원청기업과 하청업체 대표는 기소조차 당하지 않았다. "여기 여수공장장들 권한이 하나도 없어요. 자기 손으로 1억 원도 결제를 못해요. 다 봉급쟁이들이에요." 대림산업 법인이 받은 판결은 벌금 3500

노동복지재단·산재병원 설립 등 설비 노동자에 대한 국가 지원, 산단 주변 지역 주민에 대한 환경 및 건강 역학조사 실시, 지역 주민 알 권리 보장.

만 원에 불과했다. 산안법 위반에 따른 것이다.

그럼에도 국내에서 중대재해 발생 책임을 징역형으로 물은 경우는 대림산업이 유일하다. 감시자가 있던 까닭이었다. 대림참사대책위는 판결이 날 때까지 건재했다. 그해 53명이 산업재해로 숨졌다. 5년간 245명이 일하다 죽었다. 그러나 원청 관리자가 징역형을 받은 사례는 대림참사 1건뿐, 나머지는 대부분 벌금형에 그쳤다.[26] 현행법상 원청 기업에게 하청노동자의 사망에 대해 책임을 물으려면, 유해·위험장소 20곳에서 산재 예방조치 의무를 위반한 사실이 드러나야 한다. 처벌받기가 처벌받지 않기보다 힘들다. 책임의 무게가 가벼우니, 기업은 "기업주의 이익을 위해 다른 누구의 안전이나 생명을 빼앗아도 된다는 의사결정을"[27] 망설이지 않는다. 의사결정이 반복되고, 중대재해도 계속된다. 대림참사가 있던 다음 해, 울산에서 판박이 사고가 일어났다. 대림산업이 한화케미컬로, 사일로가 폐수 저장조로 이름만 바뀌었다. 6명이라는 사망자 수마저 같았다. 진짜 원인을 밝히지 않은 채 얄팍한 수습에 치중한다면, 사고는 몇 번을 반복해도 같은 모습이다.

해산동 마을에서는 분기별로 공해환경 측정조사가 진행된다. 여수시는 이주대책위 발족식을 했던 마을회관 옥상에 공해측정기기를 설치했다. 조금씩 개선된다. 그럼에도 주민들의 근심은 줄어들지 않는다.

---

26 집행유예 8건, 불기소·기소유예 43건, 벌금형 106건, 혐의 없음 38건.

27 한인임, 장치산업 유지보수 현황분석과 개선대책, 산업단지 노후설비 실태와 개선대책 토론회. 2014. 12. 3.

대림참사가 있던 그해 정부 무역투자진흥회의는 산단 안 유휴녹지 일부를 공장용지로 전환할 것을 결정한다. 정부 방침에 따라 2016년 여수산단 유휴녹지 6000여 평이 소멸되는 계획이 제출된다. 여수시는 물론 국토부 장관까지 나서 "산단 공업용지 확대와 투자협약이 지역경제를 다시 한 번 도약시킬" 것이라 치켜세웠으나 인근 주민들의 시선은 전혀 달랐다. 산단 공해물질 차단 등 완충 역할을 해온 녹지 5곳이 사라진다. 주민들은 이 녹지가 사고 확산을 막아준다고 믿고 있다. 산이 사라진 여수산단에 바람도 예전 같지 않을 게다. 산단 유해물질이 어디로 방향을 틀지 주민들은 불안하기만 하다.

안도할 변화도 있다. 2016년 10월 전라남도의회에서 '화학물질 주민 알 권리 조례'[28]가 통과됐다. 이로써 여수 지역 사람들은 공단이 사용하는 화학물질 정보와 사고내용을 알 수 있게 됐다. 한 연구소가 조사한 바에 따르면, 2015년 상반기에 일어난 화학사고 50건 중 지역 주민에게 사고를 알린 경우는 단 한 차례도 없었다고 한다. 언론에 보도된 사고도 절반에 불과하다. 노동환경건강단체 '일과건강'은 이 사실을 다음과 같은 제목을 붙여 언론에 공개했다. '화학사고가 터져도 당신은 알 수 없다' 알지 못하니 대응도 대피도 할 수 없다.

---

28 기존 화학물질관리법은 지자체에 화학사고 신고와 수습 협조 의무를 부여할 뿐이다. 시나 군이 관련 정보를 지역에 고지할 의무는 없다. 이런 한계를 극복하고자 지역의 알 권리를 시·도의회에서 조례로 제정하는 움직임이 2013년 이후 꾸준하다. 조례안에는 유해화학물질에 대한 도지사 및 취급자의 책무 규정, 유해화학물질 관리위원회 설치 등의 내용이 담겨 있다.

안전에 있어 우리의 현실은, 시민들이 "안전을 논할 수 있는 기본 정보와 기회 자체를 얻기도 어렵다."[29] 노동자들도 마찬가지다. 위험 시 작업을 중지할 권리는 법전에 잠들어 있고 안전에 관해 묻는 일조차 어렵다. 알 권리 조례 제정은 지역 구성원의 권리로 그 어려움을 깨려는 시도다. 같은 해 말 여수시 의회도 알 권리 조례를 통과시켰다.

남은 사람들

"지금은 그런 식으로만 기억이 되는 거예요. 나한테 이렇게 좋은 친구들이 있었는데, 그 정도로만 기억하려고 애를 쓰는 거 같아요."

3년이 지났다. 지난 일이다. 잊으려 한다. 이 일을 하시는 데 어려움은 없으세요? 물으니 이재석 씨는 화기작업은 잘 안 한다고 했다. 얼마 전에 사고를 함께 겪은 후배랑 일을 하는데, 수소에 자꾸 불이 붙으니까 그 후배가 눈에 띄게 덜덜거리더란다. "'너 내려가.' 하고, 내가 작업한 뒤에 '왜 그러냐. 아직도 무섭냐?' 물었어요." 관리자가 주목하니까 긴장돼서 그런다고 말을 얼버무리는 후배에게 그가 말했다. "그래, 네가 이상한 게 아니고 마음이 이상한 거지."

마음이 이상해졌다. 누구한테 말도 못 했다. 사고 직후 밀폐된 공간

---

29 하승수, '세월호 참사 이후 한국의 안전 담론', 《실천문학》, 2014년 가을호.

2014년 3월 14일 건설노조 주최로 열린 여수국가산단 대림산업 폭발사고 1주기 추모식.

에 있지 못했다. 엘리베이터도, 계단도 이용할 수 없어 집에 가는 길이 늘 곤혹이었다. 차마 말하지 못한 일들을 병원에서 털어놓았을 때, 놀랍게도 동료들은 같은 경험을 말했다. 모두 사고수습을 한 이들이었다.

용접도, 고공작업도 할 수 없게 되었다. 그러나 사고 후유증에 시달리는 일용직 노동자를 책임져주는 곳은 없었다. 하루 벌어 하루 사는 인생이 아니다. 하루 벌어, 노는 날까지 이틀을 책임져야 했다. 다른 일을 하겠다고 떠난 사람들은 계절이 바뀌자 돌아왔다. 귀신보다 무서운 게 배고픔이라 했다. "배운 게 도둑질 아니겠어요." 손이 떨리면 반대편 손으로 붙들고 일하는 수밖에 없다.

그래도 이들은 붙들고 일할 몸이라도 멀쩡하다. 부상자 중 일부는

화상이 깊다. 3년이 지난 뒤에도 서울의 병원에서 입원치료를 받아야
했다. 그들에게 재해는 현재진행형이다. 현재적 고통에 허덕이면서도
그들은 잊히고 싶어 했다. 해마다 3월이면 기념일 챙기듯 인터뷰 요
청을 해오던 언론사들이 올해는 잠잠하다며, 이제 우리를 잊은 모양
이라고 피해자들은 안도했다. 기억되는 일이 괴로운 게 아니었다. 아
픔이 소비되는 일이 무서웠다. 우리는 소비하되, 기억하진 못했다.

　우리는 잊어왔다. '잊지 않겠습니다'가 하나의 다짐이 된 시대에,
여수국가산단 50년 역사에 죽어간 120여 명의 노동자들은 기억조차
되지 않는다. 이들은 이름이 없다.

'중대재해 기업·정부책임자 처벌법'을
제정해야 한다

이호중(서강대 법학전문대학원 교수)

우리나라가 OECD국가 중 산업재해사망률 1위라는 불명예를 안고, 세월호 참사·가습기살균제 참사 등 대형재해가 반복되는 근본적인 이유는 기업이 이윤추구 내지 비용절감의 명목으로 안전조치를 취하지 않거나 소홀히한 데에 대하여 해당 기업과 경영책임자를 엄중하게 처벌하는 법제도를 갖추고 있지 못하기 때문이다.

기업은 철저하게 '비용-수익' 논리에 입각하여 움직인다. 기업이 안전조치 의무를 소홀히 하는 이유는 그것이 '남는 장사'이기 때문이다. 기업의 안전의무 위반은 대개 기업의 사업정책 내지 경영전략에서 연유한다. 세월호 참사에서 청해진해운 김한식 대표이사는 물류팀으로부터 매일 화물영업실적을 보고받고, 매주 간부회의에서 화물을 많이 실으라며 실적을 독려했다고 한다. 세월호의 과적운항은 기업의 경영전략이었다. 가습기 살균제 가해기업인 '옥시레킷벤키저'는 유해성 실험 사실을 은폐하면서 아무런 안전조치도 취하지 않은 채로 가습기살균제를 제조·판매해왔다.

효과적인 안전조치를 강구해야 할 책임은 분명 기업의 경영책임자와 기업 자체에 있다. 그러므로 기업의 경영책임자와 기업에 대해 재해사고에 관한 형사책임을 확실하게 지울 수 있을 때, 비로소 효과적인 안전조치가 시행될 수 있다. 기업의 안전의무 준수를 사회적·법적으로 관철시키기 위한 방안 중의 하나는 재해에 대하여 '기업의 경영책임자' 및 '기업 자체'에 효과적인 형사처벌을 담보하는 것이다.

청해진해운 대표이사는 세월호 참사로 징역 7년을 선고받았다. 2016년 1월 6일 신현우 옥시레킷벤키저 전 대표이사는 제1심 판결에서 징역 7년을 선고받았다. 여기서 주목할 것은 두 가지다. 첫째, 이처럼 재해사고에 대하여 기업의 경영책임자에게 직접 형사책임을 물을 수 있는 경우는 실제로는 매우 드물다는 점이다. 대부분의 재해사고에서는 기업의 하위직 직원이나 현장관리 책임자 정도에 대해 형사책임을 지우는 데 그친다. 둘째, 죄명이나 형량의 문제도 있다. 재해사고는 모두 '과실' 범죄로 처벌된다. 그러나 안전조치를 등한시하는 경영전략이 재해사고의 배후에 존재하는 것이라면 이는 차라리 살인에 가깝다. 단순한 과실범죄로 취급할 것이 아니다.

그리고 기업의 안전조치를 효과적으로 담보하기 위해서는, 인·허가나 감독권한이 있는 정부책임자에 대한 처벌도 필요하다. 세월호 참사는 청해진해운의 경영전략뿐 아니라, 선박검사나 운항감독을 해야 할 공무원들의 암묵적 공모의 카르텔이 만들어낸 결과였다. 가습기 살균제 사건에서도 유해물질의 사용에 대한 인허가 및 감독업무를 해야 할 정부 당국의 책임을 빼놓을 수 없다. 그러나 심각한 재해가 발생해도 안전감독 업무를 담당하는 정부책임자에 대한 효과적인 처벌은 현행법에서 담보되지 못한다.

재해사고에 대해 책임을 져야 할 주체는 일차적으로는 기업, 그리고 기업의 실질적인 경영책임자여야 한다. 다음으로는 기업의 안전의무를 감독해야 할 공무원에게도 엄중한 형사법적 책임을 물을 수 있어야 한다. 현재의 법체계는 이런 요구를 담아내지 못하기 때문에, 2015년 시민사회단체들은 '시민·노동자 재해에 대한 기업·정부책임자 처벌법'(약칭: 중대재해 기업처벌법)을 마련하여 입법운동을 시작했다.

위험의 생산자는 대부분 기업이다. 기업의 이윤추구 전략이 안전의무를 압도하면 할수록 위험은 증폭되게 마련이고, 그 참담한 피해는 결국 시민과 노동자에게 돌아간다. 산업재해를 비롯한 재해참사는 "구조적 살인"의 중범죄다. 끊이지 않는 재해참사를 멈추기 위한 첫걸음은 위험생산의 주체인 기업과 기업의 경영책임자, 그리고 안전감독 업무를 진 해당 정부책임자에게 위험통제와 안전조치의 책무가 있음을 분명히 선언하면서 그 위반에 대한 책임을 엄중하게 지우는 것이다. 중대재해기업처벌법 제정은 반드시 필요하고 또 시급한 일이다.

생각을 멈추고
복종했을 때
파도가 왔다

해정

태안해병대캠프 참사
2013.07.18

"친구들 보내고 생각 많이 했어요. 왜 그때 교관이 시키는 대로, 학교가 시키는 대로 가만히 있었을까? 어떻게 사람이 하루 만에 그렇게 복종하는 관계가 될 수 있었을까?"

2013년 7월 18일, 해병대캠프에 참가한 공주사대부고생 5명이 훈련 중 목숨을 잃었다. 세상이 들썩였다. 2014년 4월 16일, 제주도로 수학여행을 떠났던 단원고 학생 등 304명이 세월호 침몰로 목숨을 잃었다. 사람들이 세월호 전과 후의 세상은 달라야 한다고 말했다. '416 세월호참사 작가기록단'으로 활동하면서, 미해결된 참사로서 태안해병대캠프 참사에 대한 기사를 쓰겠다고 했을 때 유력 언론사 데스크가 기획안을 반려하며 말했다. "그건 규모가 너무 작아 참사 사례로 적합하지 않습니다." 나의 취재는 이 말에서부터 시작되었다. 학교가 교육의 이름으로 행한 학습 과정에서 학생이 죽는다는 것은 결코 용납될 수 없는 참사이기 때문이다.

몇 번을 망설이다 다시 번호를 눌렀다. 통화 연결음이 울리길 수차례. 하지만 응답이 없다. 어느 순간부터 그는 내 전화를 받지 않았다. 많이 앓았다는 답신도 더는 오지 않았다. 혹여 무슨 결례를 범했나,

무슨 일이 생겼나 곱씹는 날이 많아졌지만 알 길이 없었다. 남은 생은 아들의 것이라며 백방으로 뛰어다니던 아버지와의 연락이 그렇게 끊겼다.

봄을 넘기고 여름. 수소문해 찾아낸 다른 유족에게 전화를 걸었다. 첫인사와 함께 용건을 전하는데 입안이 바짝 마른다. 한참 숨소리만 전해지던 핸드폰 너머에서 떨리는 목소리가 들려왔다.

"아들이 가니 더 이상 사람들이 ○○아빠라고 부르질 않는데 우리 애 이름을 기억해줘서 고맙습니다… 그런데 기록해봐야 무슨 소용이 있습니까? 다 부질없더라고요. 억울하고 원통하고, 죽어서 아들 볼 낯은 있어야 할 것 같아서 죽어라 쫓아다녔는데 세상은 정말 꿈쩍도 안 하더라고요. 잊어야 살겠더라고요. 분노, 복수, 상처 이런 것밖엔 안 생겨서… 더 이상은 못 하겠습니다……."

사내가 흐느꼈다. 나의 주저함이 여름을 넘겼다. 기록도 때가 있구나, 길이 없구나, 포기한 가을의 길목에서 우석 엄마와 어렵사리 연락이 닿았다. 며칠 후, 계란으로 바위치기일지언정 흔적이라도 남겨야 한다는 마음에 인터뷰에 응했다는 그가 힘겹게 입을 열었다.

"항상 결론은 같더라고요. 법도 필요 없구나, 우리는 국가 없는 사회에 살고 있구나. 이 사건이 해결되는 것보다는 죽은 우리 아이들이 돌아오는 게 더 빠르겠구나……."

흐르는 그의 눈물 사이로 그날이 성큼 걸어 들어왔다.

"꼭 살아 있을 거다, 그러니…"

어제와 다름없는 오늘이었다. 저녁 식탁의 온기가 채 다 가시지도 않았던 오후 7시경, 효성[1]씨의 핸드폰이 울렸다. 담임선생님 번호였다.

"어머님, 우석이가 실종됐어요."

그다음 말부턴 정확히 기억나지 않는다. 다만 이런 대화를 나눴던 것 같다. 혼자만 없어진 거냐? 그건 아니다, 5명이 같이 사라졌다. 와 보셔야겠다. 하지만 물에서 실종됐다는 이야기는 듣지 못했다.

한순간에 난장판이 된 마음을 간신히 붙잡고 효성 씨 부부는 태안으로 차를 몰았다. '가면 만날 수 있을 거다, 이미 찾았을 거다…' 그런데 얼마나 갔을까? 갑자기 남편이 차를 세웠다. 애들을 찾았다면 지금쯤 전화가 와야 정상인데 전화가 안 온다는 것이었다. 운전대를 잡은 남편의 손이 떨리고 있었다. 상상조차 불길해 감히 생각조차 못 할 불안함이 엄습했다. 한동안 운전할 엄두조차 내지 못하다 다시 나선 길, 덜덜덜 떨리는 몸으로 차를 몰아 밤 9시경 해병대캠프 숙소인 안면도 유스호스텔 앞에 도착했다.

웅성웅성, 우왕좌왕. 효성 씨는 그곳의 첫 모습을 그렇게 기억한다. 사람들이 모여 있지만 질서 잡히지 않은 모습. 그 틈에서 담임선생님을 찾아 대체 어찌 된 일인지 물었다. 바닷가에서 실종됐단다. 선생님은 뭘 하고 계셨냐고 물었지만 답이 없다. 다급한 마음에 더 캐묻지

---

1   가명

못하고 바닷가로 뛰어갔다. 칠흑 같은 어둠이 내린 바닷가. 아무것도 보이지 않는 그곳에서 효성 씨 부부는 아들의 이름을 부르고 또 불렀다. 먼발치에서 또 다른 이름을 부르며 헤매고 있는 이들의 모습이 보였다. 수십 명의 경찰과 경비정은 바다를 수색 중이었다. 하지만 어쩌다 사고가 났는지, 구조와 수색작업은 어떻게 진행되는지 알지 못했다. 담임선생님을 빼곤 얼굴을 아는 이도, 알려주는 이도, 제대로 물어볼 이도 없었다. 누가 누군지, 다급한 정신에 어찌해야 할지를 몰랐다. 우석이랑 함께 있던 친구들을 만나 물어봤지만 파도가 치면서 사라진 뒤 보지 못했다는 대답만 들었을 뿐이다. 혹시나 하는 마음에 캠프 사무실로 달려가 자료를 내어놓으라고 으름장을 놓아보았지만 손에 쥔 서류는 얼마 되지 않았다. 다시 바닷가로 달려가 찾아 헤매길 몇 시간. 얼마나 지났을까? 우석이 아빠가 바닷가에 털썩 주저앉아 미친 듯이 울부짖기 시작했다.

"나를 데려가고 우리 우석이는 제발 살려주세요, 나를 죽이고 우리 아들은……."

50을 바라보는 사내의 애끓는 절규가 해안가에 울려 퍼졌지만 바다는 고요하고 무심했다. 사람들이 오들오들 떨며 통곡하는 우석이 아빠를 부축해 휴게실로 데려갔다. 시곗바늘이 새벽 4시를 향해 가고 있었다. 하지만 효성 씨는 그때까지도 우석이가 살아 있을 거라 생각했다. 기자들을 붙잡고 우리를 취재할 게 아니라 바다로 불빛 좀 비춰달라 부탁하며 희망을 벼렸다.

"달 뜨면 바다에 섬 같은 게 비치잖아요. 저는 거기에 우리 애들이

사고가 일어난 해역의 최근(2017년) 모습.

있을 거라고…. 꿈에도 기도한다고 하잖아요? 그런 마음으로 전혀 의심도 안 했어요. 꼭 살아 있을 거다, 그러니 만날 수 있을 거다……."

　19일 오전 6시 10분, 우직하고 신앙심 깊던 아들은 실종 12시간 만에 싸늘한 주검이 되어 돌아왔다. 오전 6시 5분, 맨 처음 시신으로 발견된 이준형 군 곁에서 얼마 떨어지지 않은 곳, 간조로 바닷물이 빠지면서 드러난 해안가에서 불과 6~7미터 떨어진 바다에 우석이가 있었다. 하얀 천으로 덮인 시신이 수색대에 의해 뭍으로 들려 나왔다.

"우석아 제발 눈 좀 떠, 제발······."

얼음장처럼 차가워진 아들을 품에 안고 통곡하며 애원했건만 아들은 엄마의 애타는 부름에도 눈을 뜨지 못했다. 효성 씨 부부는 오열을 거듭하다 혼절했다.

오후 4시 46분과 4시 58분, 김동환 군과 장태인 군 역시 싸늘한 주검으로 돌아왔다. 낮에 다시 물이 빠지면서 바다가 이들을 데려다놓은 곳은 실종 현장으로부터 불과 500~600미터 떨어진 지점이었다. 오후 7시 15분, 마지막 실종자 이병학 군이 사고 해역에서 1킬로미터 떨어진 곰섬 인근에서 경찰 헬기에 의해 발견됐다. PD와 군인의 진로를 견주며 농구를 즐기던 우석, 공부도 짱, 인정도 짱이었던 준형, 화학자가 돼 난치병 치료제를 개발하고 싶다던 동환, 축구 잘하고 성격 좋아 인기 많던 태인, 3대 독자이자 프로파일러가 꿈이었던 병학. 다섯 청춘이 너무 이른 열여덟 나이에 허망하게 세상을 떠났다. 가족의 세상이 무너졌다.

"이곳 상황을 몰랐어요"

17일 오전, 윤기 씨[2]는 친구들과 함께 운동장에 줄지어 선 대절버스에 올랐다. 체험학습 차원에서 학교 측이 준비한 2박 3일간의 해병대

---

2   가명

캠프에 참여하기 위해 나선 길. 몇몇 친구들은 내켜하지 않았지만 공주사대부고 2학년 전체가 움직이는 일정을 혼자만 거스를 순 없는 노릇이었다. 그러나 뾰로통한 마음도 잠시, 버스는 이내 아이들의 활기찬 목소리와 웃음으로 들썩였다. 기말고사를 끝내고 학교를 벗어난다는 해방감에 아이들은 들떴고 우석이가 이적의 〈하늘을 달리다〉를, 태인이가 빅뱅의 〈블루〉를 열창하며 흥을 돋웠다. 회로 점심도 먹고, 잠시 바다도 보고. 학교를 출발한 지 3시간쯤 지났을까? 버스는 목적지인 태안군 안면읍 백사장 해수욕장에 위치한 안면도 유스호스텔에 도착했다.

숙소를 배정받고 짐을 풀기 무섭게 훈련이 시작됐다. 캠프에서 나눠준 옷으로 갈아입은 윤기 씨와 친구들은 3~4시간에 걸쳐 제식훈련[3]을 받았다. 앉았다, 일어났다, 앞으로 취침, 뒤로 취침…. 명령, 복창, 수행의 무한반복.[4]

"잘할 수 있습니까?"

"네!"

무엇을 잘해야 하는지, 왜 잘해야 하는지 생각할 겨를이 없었다. 틀리면 더 극심한 육체적 고통이 뒤따르기에 무조건, 제때, 틀리지 않고 해내야 한다는 걸 체득했다. 그러는 사이 교관의 말은 곧 법이 됐다. 훈련을 마친 저녁, 친구들 사이에서 "왜 우리가 여기 와서 이런 짓을

---

3   집단적이면서도 통일성이 필요한 군인에게 절도와 규율을 익히게 하는 훈련.

4   박권일, '극기체험 권하는 사회', 《시사인》, 2013. 8. 6.

해야 하냐"란 불만이 터져 나왔다. 낮에 받은 모욕감에 거친 말을 내뱉는 아이도 있었다. 하지만 선생님과 교관들 앞에서 불만을 표하고 얼굴을 일그러뜨릴 순 없었다. 빨리 2박 3일 끝내고 가자, 온통 그 생각뿐이었다. 기이하지만 왠지 익숙한 하루가 지났다.

다음 날에도 훈련은 계속됐다. 아침부터 점호를 하고 군가를 외우고 부르며 제식훈련을 받고, 하강훈련과 높은 곳을 통과하는 훈련을 받았다. 점심식사 후 본격적인 상륙용 고무보트 훈련(이하 IBS 훈련)[5]이 시작됐다. 10인이 1조를 이뤄 100킬로그램이 넘는 고무보트를 어깨 위로 들고, 앉았다 일어났다를 반복하다 배에 올라타 노를 젓는 훈련을 받았다. 2시간 후 바다에서의 실전. 학생 전원이 1팀과 2팀으로 나누어졌다. 보트와 구명조끼 개수가 제한돼 있던 까닭에 윤기 씨가 속한 1팀이 먼저 바다로 나갔다. 무사히 훈련을 마치고 돌아온 1팀이 2팀에 구명조끼를 벗어주고 해안가에서 대기하던 그때, 교관이 1팀에게 '앞으로 취침' '뒤로 취침'을 시켰다. 그리고 곧이어 바다를 향해 "앞으로 3보 가"를 명령했다. '앞으로 ○보 가'를 반복할 때마다 윤기 씨와 친구들은 점점 바다 깊숙이 들어섰다. 목 밑까지 물이 차올랐지만 교관이 들어오라고 했으니 위험할 거란 생각 따윈 하지 않았다. 물놀이를 시켜주려나 보다, 들떠 있기도 했다. 하지만 발이 땅에 닿지 않는다는 걸 누군가 깨달았을 때, '이러다 큰일 나는 거 아냐?' 하고

---

5 IBS란 상륙용 고무보트Inflatable Boat Small의 약자로, 해병대가 은밀한 적진 침투와 해상정찰, 인원·장비 수송 등을 목적으로 실시하는 훈련이다.

현재(2017년 2월)까지 남아 있는 사건 당시의 해병대캠프 시설 일부.

누군가 두려워하던 그때, 파도가 몰려오더니 순식간에 대열이 흩어지고 아이들이 파도에 휩쓸렸다.

"갑자기 수심이 깊어졌어요. 순간 파도가 딱 한 번 치면서 애들이 흩어졌어요. 상황이 그렇게 심각한지 몰랐는데 누가 내 머리를 누르고 잡고 이렇게 하는 거예요. 교관이 장난치나, 애들이 장난치나. 진짜, 진짜 난 죽을 거 같은데…. 저도 살려고 누군지 모르는데 막 잡아가지고…. 수영을 잘 못하는데 필사적으로 개헤엄을 쳐서 나왔어요. 나와 보니 진짜 아수라장인 거예요. 애들이 허우적거리면서 살려달라고, 태인이도……."

파도에 휩쓸린 아이들이 뒤로 몰리면서 뒤에 있던 30여 명은 죽을 위험에 처했다. "서로 살려고 잡아끌고 누르고 그럴 때마다 점점 몸이 가라앉았다. 바다에 있던 한 명의 교관은 호각만 불어댔다. 뒤쪽에 있던 친구들이 서로 손을 연결해가면서 친구들을 구조해냈다. 미처 그렇게 구조돼지 못한 애들은 보트로 구조가 됐다."[6]

"몇 명은 나왔는데 몇 명은 안 보이는 거예요. 야, 태인이 어디 갔어? 우석이 어디 갔어? 보트에 탔던 조끼리 모여 누가 있나 없나 확인하다 다시 반별로 모여 몇 명인지 셌어요. 1반에 2명 없고, 2반에 1명 없고…. 교관이 "얘네 어디로 간 거 아니야?" 그러면서 계속 세라고 시키는데, 걔들이 개인행동 할 애들이 아니거든요. 그 순간 일부러 안 하려고 해도 안 좋은 생각이 들더라고요, 분명 다 같이 들어갔는데……."

5명의 부재가 확인되자 교관이 학생 중 한 명에게 "숙소에 있나 확인해보라"고 시켰다. 학생이 돌아와 "숙소에도 없다"고 알리자 교관은 그제야 해경에 신고를 했다. 얼마 뒤 해경이 도착했다. 학생들은 "바다에 빠졌다가 상태가 안 좋아진 몇몇 아이(친구)들을 고무보트에 태운 뒤 직접 보트를 들고 와 숙소 앞 운동장에서 아이들을 내렸다. 그리고 숙소로 가 샤워를 했다."[7]

윤기 씨를 비롯한 모두가 패닉 상태였다. 누군가는 울먹였고, 대체 어떻게 된 일이냐고, 너도 물에 빠졌냐고 되묻는 이도 있었다. 누군가는 뭘 어찌해야 할지 몰라 안절부절못했다. 상황이 궁금했지만 알려주는 이는 없었다. 핸드폰이 없다 보니 외부로 연락할 방법도 없었다.

6   〈국민일보〉, 2013. 7. 22. 사고 목격 학생들의 진술서 중 일부 인용.
7   위의 기사.

"방에 들어가기 전에 해경이랑 교관이 말을 주고받는 걸 봤는데 무슨 얘긴지는 듣지 못했어요. 핸드폰은 학교에서 소지를 금지한 데다, 혹여 있는 핸드폰도 입소할 때 다 걷어가서 뉴스도 못 봤고, 누구와 어떻게 연락해야 할지도 몰랐어요. 뭘 해야 하지, 어떻게 해야 하지 그러는데 뒤늦게 선생님이 오셨고 그제야 집에 연락할 수 있었어요. 공중전화였나, 선생님 핸드폰이었나? 여튼 하나로 몇십 명이 돌아가면서 집에 전화를 했어요. 부모님이 너희 뉴스에 나왔다고, 괜찮냐고. 그때는 5명이 실종됐다고만 나오고 누가 실종됐는지 모르니까 걱정을 많이 하셨더라고요. 저도 그렇고 다른 친구들도 부모님과 통화하면서 여기 상황이 그렇게 나쁘다는 걸 처음 알았던 것 같아요."

숙소 로비는 속속 모여드는 경찰과 기자, 그리고 자녀를 데려가겠다고 온 부모들로 혼잡해졌다. 물에 빠진 친구들은 병원으로 향했다. 아이들이 머무는 객실의 공기는 무거웠다. 숨소리조차 크게 들리던 객실에선 별일 없을 거라는 읊조림만이 간간이 들려왔다. 다음 날 아침, 잠에서 깬 윤기 씨는 친구들의 시신이 발견됐다는 소식을 전해 들었다.

"우리 학교가 정원도 많지 않고 모두 기숙사에서 지내다 보니 애들끼리 다 조금씩이라도 친했어요. 모두 엄청 열심히 공부하던 착한 친구들이었는데……."

친구들이 죽었다는 믿기 힘든 현실과 혼란스러움, 그리고 나는 살아왔다는 죄책감에 왈칵 울음이 터져 나왔다. 그날 오후, 공주사대부고 운동장도 눈물바다가 됐다. "100여 명의 학생들이 버스에서 내리자 서로 부둥켜안고 눈물을 흘렸고, 일부 학생들은 마중 나온 부모님

해병대캠프에 참여했다 돌아온 한 학생이 같이 돌아오지 못한 친구의 책상에 엎드려 눈물을 흘리고 있다. ⓒ연합뉴스

을 보고 참았던 울음을 터뜨렸다. 학부모들은 운동장 여기저기서 아이들의 이름을 부르며 안전을 확인했고, 교사들도 무사히 돌아온 학생들 얼굴을 확인하며 위로했다. 사고를 당한 학생들의 같은 반 친구들은 교실에 들어가 텅 빈 책상에 엎드려 흐느껴 울었다."[8] 그제까지 아이들의 목소리로 들썩이던 학교가 눈물과 적막에 휩싸였다.

'가짜' 해병대캠프

죽음은 급작스러웠지만 사고는 예고된 것이었음이 하나둘 드러났다. 사고 현장은 파도가 거세고 위험해 보트 타기 훈련 외에 수영이 금지

8 〈한국일보〉, 2013. 7. 20.

된 구역이었다. 이곳에선 10년 전 여름캠프에 참여한 중학생이 물살에 휩쓸려 사망하는 사고가 발생했는데, 해병대캠프 관계자 중 간부한 명은 이 사건으로 벌금형을 선고받은 전력이 있었다.[9] 특히 사고직전에 마을 주민들은 물론 해경도 물살이 거세니 바다에 들어가지말라는 경고방송을 한 것으로 확인됐다. 하지만 캠프 관계자들은 이모든 사실을 무시했다. 기초적인 안전장비나 예방인력, 구명조끼 등을 제대로 구비하지 않은 채 훈련이 진행됐다.

캠프 교관 32명 중 인명구조사 자격증이나 수상레저 자격증을 보유한 사람은 13명에 불과했다. 일부는 해병대 전역자란 이유로 아르바이트 차원으로 고용된 사람들이었다. 특히 사고 현장에 있던 교관 2명은 수상안전 관련 자격증은 물론 교관 경험도 전무한 임시직으로이번 캠프를 위해 채용된 초심자들이었다. 교관들은 아이들이 살려달라고 외칠 때 구조에 나서기는커녕 깃발만 흔들거나 '빠져나오라'고호각만 불어대며 골든타임을 흘려보냈다. 또한 자체적으로 사고를 해결하겠다며 시간을 허비, 사고 발생 후 1시간여쯤 지난 뒤에야 해경에 신고했다.

허술한 캠프 운영과 안전불감증은 하청에 하청으로 이어지는 먹이사슬에서 기인했음이 드러났다. 학교가 캠프 계약을 체결한 곳은안면도 유스호스텔 운영자 (주)한영T&Y이었지만 (주)한영T&Y는

---

9 (주)한영T&Y 이사 김 모 씨는 2003년 7월 물놀이 중이던 중학생이 익사한 사건과 관련해 수상레저안전법 위반, 업무상과실치사, 업무상과실치상죄로 벌금 500만 원을 선고받았다.

(주)케이코오롱트래블에, (주)케이코오롱트래블은 다시 해병대 코리아 측에 훈련을 하청했다. 비용절감이란 목적하에 안전과 전문성은 후순위로 밀렸다. 별다른 제재 없이 신고제로 운영된 청소년캠프와 태안군청과 태안해경대의 형식적인 관리감독이 화를 키웠다.

학교 측의 허술한 사전답사와 의혹 서린 캠프 계약,[10] 캠프 활동 일체를 교관에게 일임하고 뒷전으로 물러앉은 것도 참사의 원인으로 지적됐다. "군기가 잡혀 공부도 잘하고 대입 자기소개서에도 도움이 된다"며 학교가 학습의 일환으로 추진한 캠프. 명백한 교과 과정의 연장이었지만 사고 현장에 인솔교사는 단 한 명도 없었다. 학년부장과 담임교사 6명 등 교사 전원이 IBS 훈련 당시 숙소에서 휴식을 취하고 있었다. 학생들이 생과 사의 갈림길에서 사투를 벌이고 있을 때 교사들은 휴식을 마치고 인근 식당으로 이동해 회식 중이었다. 그럼에도 교사들은 제자의 죽음에 대한 책임을 지기보다는 모면하려 애썼다. 사고 소식을 접하고서야 태안에 내려왔다던 교장은 사고 당시 회식에 배석했던 것으로 밝혀져 부모들의 공분을 샀다. 고 이병학 군의 부모는 "학생들이 무단이탈해서 사고가 났다"는 학교 측 전화를 받고 부랴부랴 태안으로 내려왔다. "평소 잘못 가르친 아비로서 선생님들께 종아리를 맞을 심정으로" 왔건만[11] 사태는 그가 전해 들은 것과 180도 달랐다. 학교 측의 거짓말과 안일함에 부모들은 격노할 수

---

10 계약비용이 전년보다 높았던 점과 위험성에 대한 학부모들의 문제제기가 있었으나 학교는 이미 계약이 체결됐다며 이를 외면했다.

11 〈세계일보〉, 2013. 7. 18.

밖에 없었다.

인재라는 증거들이 쏟아져 나오자 사과와 해결방안도 쏟아졌다. 가장 먼저 고개를 조아리는 모양새를 취한 것은 교육부였다. 교육부는 교육부 차관을 본부장으로 하는 사고대책본부를 꾸렸다. 공주사대부고에 감사반을 긴급 투입하고, 사태의 책임을 물어 교장을 직위해제하는 한편 나머지 교사들을 징계했다.[12] 도교육청 역시 공주사대부고 특별지원단을 구성해 장례를 엄숙히 치를 수 있도록 지원하겠다고 밝혔다. 학생과 교사의 트라우마 해소를 위한 심리지원팀의 파견 및 학내 상주 운영이 결정됐다.

정부와 정당은 청소년 체험활동과 관련한 '안전입법'을 마련하겠다고 밝혔다. 청소년활동진흥법을 대대적으로 손질해, 운영 중인 청소년 체험캠프를 전수조사하고 자격미달인 캠프는 운영을 잠정 중단시키겠다는 것이었다. 또한 신고제로 운영되는 캠프를 사전허가제로 바꾸고 정부 인증을 받지 않은 업체에서 운영하는 프로그램에 각급 학교의 참여를 금지하겠다고 제안했다. 사설 캠프 주관자의 많은 수가 전역자라는 이유로 방치하던 해병대도 태도를 바꿨다.[13] 해병대는

12　공주대학교는 2013년 10월 징계위원회를 열고 학생 안전관리 소홀 책임 등을 물어 학교장을 파면했다. 또 2학년 학년부장은 정직, 담임교사 6명은 견책, 나머지 1명은 경고 처분했다. 이후 학교장은 파면조치가 부당하다며 교원소청심사위원회에 소청심사를 제기했으나 기각됐다.

13　일례로 2007년 한 시민단체가 사설 해병대캠프에서 실제 군복 착용은 법률위반이라는 민원을 제기했다. 하지만 해병대는 사설 해병대캠프에 특별한 제재를 가하지 않고, 유사 전투복을 회수하는 것에 그쳤다.(김재윤 국회의원실 보도자료. 2013. 10. 28)

'해병대캠프'의 상표와 표장에 대한 특허 등록을 추진했다.[14]

해병대 사칭 캠프 중단과 진상규명 및 책임자 처벌, 그리고 교육부의 책임 있는 사고수습을 요구하며 장례를 거부하던 유족들은 꽃다운 주검에 대한 사회적 약속을 믿고, 사고 발생 6일이 지난 24일 장례를 치렀다. 서남수 교육부 장관은 영결식 추도사에서 "이런 아픔과 서러움이 마지막이 되도록 이 나라 교육의 책임자로서 모든 힘을 쏟겠다"[15]고 약속했다. 참사는 수습되는 듯 보였다.

"귀찮은 일거리밖에 안 되더라고요"

"그때는 정신이 없어서 죽는다는 게 뭔지 잘 몰랐어요. 그냥 우리가 머릿속으로 아는 그런 거 있잖아요. 장례 치르고 그러면 되는지 알았는데, 딱 장례 치르고 집에 오니까 엄마야, 그때부터 미치겠는 거예요. 정말로 이게 진짜, 아무리 마음속에 있다고 해도 안을 수도 없고, 볼 수도 없고, 만질 수도 없다는 게 이렇게 큰 고통인지……."

시간이 지나도 그리움은 옅어지지 않았다. 오히려 더욱 강해져만 갔고, 변하지 않은 세상에 마음은 지옥이 됐다.

참사 직후 공주사대부고의 최고결정권자인 공주대학교 측은 공주

---

14 2013년 7월 31일자로 해병대사령부는 특허청에 '해병대' 상표 및 업무표장 등록을 특허청에 신청, 1년 뒤인 2014년 7월 특허를 인정받았다.

15 〈중도일보〉, 2013. 7. 25.

대 총장과 공주사대부고 총동창회 사무총장, 교육부 사무관 등이 참석한 가운데 △안전의 날 제정 △장학재단 설립 △교내 흉상 설치 등 명예회복 △국가 차원의 의사자 건의[16] △명예졸업장 수여 △국가보상금과 특별 위로금 지급 등을 유족에게 약속했다. 하지만 아이들이 떠난 지 4년, 명예졸업을 제외하고 약속 중 그 어느 것 하나 제대로 이행된 것이 없다.

유족들은 사고 직후, 사고 현장을 찾아 장관의 명예를 걸고 책임자는 물론 관리감독의 미진함까지 엄중처벌 하겠다는 교육부 장관의 약속을 믿었다. 하지만 장례 직후 사고대응 총괄반, 사고조사반, 사후대책반으로 구성됐던 사고대책본부는 모두 철수하고 사후대책반에 사무관 한 명만 남았다. 학생안전을 이야기하는 유족들에게 교육부는 보상금 얘기만 반복했다. 유족을 자식의 죽음으로 주머니를 채우려는 사람들로 모욕한 것. 추후 알아보니 그 보상금이란 것 역시 학교안전사고로 인해 피해를 입은 학생에게 당연히 지급해야 할 학교안전공제회의 보험금이었다.

"교육부가 너무 대응을 잘하는 것 같아요. 살리는 대응 말고 자기들 사는 대응을요. 언론은 바짝 하면 끝이니까 최대한 언론에 안 나가게 하고, 유족들을 최대한 분열시키고…. 그게 눈에 보이더라고요. 아, 이 사람들은 이렇게 다 해결해버리는구나……."

---

16 2013년 9월 태안군수는 5명의 희생자에 대해 보건복지부에 의사자 인정 직권청구를 신청했는데 보건복지부는 이준형 군만을 의사자로 인정했다. 불복한 나머지 유족들은 법원에 소를 제기했다. 나머지 희생학생들의 소송은 아직 계류 중이다.

"장례를 치르고 사건을 빨리 무마하려던 교육부가 유족들을 상대로 우롱하고 사기 친 것에 불과하다"는 배신감은 모든 유가족들이 공유하는 분노의 감정이다. 효성 씨 부부는 항의와 유감의 표시로 학교 졸업식도, 2주기 추모식도 참석하지 않았다. '약속이 제대로 지켜진 게 없는데, 명예졸업장이 무슨 의미가 있냐'는 마음에서였다.

정부도 책임을 회피하긴 매한가지였다. 대통령을 비롯해 교육부 장관, 국회의원, 도지사 등 수많은 정치인들이 학생안전을 최우선 과제로 두고 재발방지대책을 세우겠다며 목소리를 높였지만 영결식이 끝나기 무섭게 입을 닫았다. '학생안전의 날' 제정, 학생안전교육 의무화, 학생안전체험관 건립 등 실질적인 재발방지책 도입을 촉구하며 유족들은 하루가 멀다 하고 정부기관의 문을 두드렸건만 냉담한 반응뿐이었다. 죽음이 헛될까 애간장을 태우며 서울을 오가던 2014년 봄, 세월호 참사가 발생했다. 우리가 제대로 싸우지 못해 또 수백여 명의 아이들이 죽었다는 죄책감과 다시 떠오른 그날의 기억 때문에 괴로웠다는 효성 씨. 그를 비롯한 유족들이 세월호 유족들과 함께하기 위해 진도와 광화문 농성장, 시청 앞을 찾았다. 하지만 세상은 참사를 비교하기 시작했다. 언론은 태안해병대캠프 참사로서가 아니라 세월호 참사와 견주기 위해 유족들을 호출했다. 누가 더 많이 죽었는가로 참사의 의미와 고통의 무게가 재어졌다. 태안해병대캠프 참사의 교훈을 새기기 위해 7월 18일로 지정해 정부가 추진해오던 '학생안전의 날'은 슬그머니 폐기됐고 4월 16일이 '국민안전의 날'로 지정됐다.

유족들은 청소년 대상 체험활동을 돈벌이 수단으로만 여기는 탐욕과 자본에 대한 엄정한 수사를 요청했다. 재판이 중요했던 건 우리 아이 목숨값에 대한 복수가 아닌 재발방지를 위한 일벌백계였다. 사고현장에서 대규모 모래채취가 이뤄져 바다 밑바닥이 고르지 않고 갯골(웅덩이)이 형성돼 참사가 났다는 의혹이 제기됐다. 자연적인 갯골이라면 사고를 예측하기 어렵고 불가항력적인 측면이 많지만, 인위적인 것이고 캠프 관계자가 모래채취를 인지하고 있었다면 사건은 정반대로 진행될 공산이 컸다. 또한 캠프 참가비가 전년 대비 50퍼센트나 인상돼 학교 관계자와 캠프 간 뒷거래에 대한 의혹도 제기됐다. 하지만 검찰의 수사는 확대되지 않았다. 경기도의 한 섬유업체가 사고업체의 실질적 소유주라는 사실이 확인됐지만 수사대상에도 오르지 않았다. 해병대캠프에 공유수면 사용허가를 내주고 1년간 점검조차 하지 않은 태안군과, 수상 안전시설인 보트 계류장이 필요 없다며 철거를 용인한 태안해경 담당자들은 형사처분 대상에서 제외됐다. 참사와 관련해 책임을 진 공무원은 단 한 명도 없었다. 관리감독기관인 태안군과 해경이 책임을 회피하는 사이 사고업체는 직접적인 책임성을 부인하며 사업을 계속했다.

법적 처벌을 받은 건 캠프 관계자 6명뿐이었다. 가장 높은 형벌을 받았다는 현장교관조차도 업무상과실치사죄로 각각 금고 2년 6개월과 금고 1년 4개월을 선고받은 것에 불과했다. 하청업체 대표는 불기소됐고, 원청과 하청업체 간부들에게 징역 6개월에서 금고 2년까지의 형벌이 선고됐다.[17] 또한 캠프의 실체 운영주체인 유스호스텔에 고작 업무정지 2개월 처분이, 대표에겐 무혐의 처분이 내려졌는데 이는 건설 현장에서 적용되는 산업안전보건법의 판례를 적용한 결과였다. 최말단이 가장 큰 책임을 지고 최고책임자는 아무 책임도 지지 않는 기이한 상황이 연출됐다. 또한 하청에 하청으로 이어지는 착취구조와 안전불감증을 양산하는 구조에는 손도 대지 않았다. 철저한 진상규명과 책임자 처벌을 위해서는 교관들의 증언을 넘어 사고 현장에 있던 학생들의 증언을 청취하는 게 필요하다며 선고 연기를 주장했던 탄원서[18]도 고려되지 않았다. 꿈 많은 다섯 청춘의 목숨값으론 턱없이 가벼웠건만 마지막 보루였던 검찰과 사법부마저 형식적인 수사와 재판으로 일관하면서 참사는 마무리되어갔다.[19] 사고 직후 고등학생들의 어처구니없는 죽음에 비판의 날을 세우던 언론마저 관심을 놓으면서 수많은 사회적 약속들에 대한 이행도, 사회적 정의에 대한 감시도 이뤄지지 못했다.

그나마 다행이라면 재발방지를 위해 '청소년활동진흥법'이 개정되고 '연안사고예방법'이 제정된 일들이다. 하지만 이 과정에서 효성 씨는 또 깊은 내상을 입었다. 정부의 안일한 태도가 아이들의 죽음이 헛되이 사람들의 입에, 논란의 중심에 오르내리게 했기 때문이다. 2013

---

17 원청업체 대표에겐 수상레저안전법 위반으로 징역 6개월이, 이사에겐 업무상과실치사로 금고 1년이 선고됐다. 이사와 본부장은 업무상과실치사로 각각 금고 1년 6개월과 금고 2년을 선고받았다.

18 당시 학생들이 고3이던 관계로 증언과 재판에 적극적으로 임할 수 없었던 점을 감안한 탄원서였다. 탄원서에는 공주사대부고 학생 545명과 국회의원 102명의 서명한 것으로 알려졌다.

19 이후 유족들은 재정신청을 냈지만 이 역시 받아들여지지 않았다.

년 12월 개정돼 2014년 1월부터 시행된 '청소년활동진흥법'은 청소년 당사자들과 관련 단체 활동가들로부터 청소년 활동 '진흥법'이 아닌 '통제법'이라는 비난을 받았다.[20] 모든 청소년 활동을 신고제로 운영하고 신고·등록·인가·허가를 받지 않은 단체 및 개인의 숙박형 활동과, 일부 비숙박형 활동을 전면금지하면서 자율적이고 자발적인 청소년 활동에 제한을 가했기 때문이다. 반면 학교나 종교기관에서 운영하는 대규모 수련활동의 안전조치는 감시에서 제외했다. 연안사고예방법은 연안체험활동 운영자와 활동 참가자의 안전관리 강화를 목적으로 2014년 8월 제정됐다. 하지만 이 역시 현실을 무시한 탁상공론식 법 제정으로 스쿠버 다이버들의 큰 반발을 샀다. 해경이 사고예방계획을 세우고 자치단체 등의 의견을 들어 안전관리규정을 제정하는 등의 안전증진 취지는 공감하지만, 바다의 날씨가 변화무쌍한데 체험활동을 2주 전에 신고하고, 상품으로 판매되지 않는 사업자보험을 의무가입하라는 건 도무지 앞뒤가 맞지 않는다는 것이었다. 세부 안전수칙을 둘러싸고도 논란이 많았다. 비판의 목소리가 높아지면서 국민안전처는 잠정적으로 단속을 유보했고, 법과 시행령은 본궤도에 오르기도 전에 개정의 수순을 거쳐야 했다.[21] 또한 법만큼이나 중요한 건 법의 준수를 강제하는 것. 법 준수의 사후조치와 관리감독이 제대로 이뤄지고, 법 위반에 대한 단호하고도 강력한 처벌이 연동될

---

20 청소년활동진흥법에 대한 자세한 비판은 http://youthrights.tistory.com/17
21 연안사고예방법 시행 후 연안 해역 사망 인명피해가 무려 31% 감소했다는 보도가 있었다.(《연합뉴스》, 2015. 12. 2.)

때 법은 품은 뜻을 펼 수 있건만, 현실이 그리 바뀌었는지는 늘 의문이다.

효성 씨에게 지난 4년은 생과 사의 사투였건만 담당자들에게는 귀찮은 '시급'거리 일밖에 되지 않는다는 걸, 사회에 정의란 없다는 걸 절실히 깨달은 시간이었다. 거짓말 같은 일련의 사태에 남편은 술로 하루하루를 버텼다. 또한 세상을 향한 입을 닫았다. "우리가 뭔가 하면 바뀔 거란 기대조차 놓아버렸"기 때문이다. 다른 유가족들과의 교류도 끊겼다. 상처 가득한 마음들이 서로를 마주하고 의지할 힘조차 빼앗아버렸기 때문이다. 효성 씨에게 지옥은 바로 지금 여기다. 2017년, 우리가 살고 있는 바로 지금 여기.

"진짜 복수를 하고 싶어요. 그런데 누구한테 복수를 하죠? 복수할 대상도 없어요. 교관들에게 하겠어요, 학교 선생들에게 하겠어요? 복수할 상대도 없는 거예요. 그냥 원망스러울 뿐이에요. 이 나라에서 태어난 게……."

단장의 고통은 너무 크고 희망은 보이지 않는다. 그럼에도 살아내고 버텨야 하는 건 아들과의 약속, 남은 딸에 대한 미안함 때문이다. 또한 '가짜' 해병대캠프의 문제와 싸우느라 진짜 문제에는 아직 다가서지도 못했기 때문이다. 바로 "아이들의 인성이나 인격, 생명을 존중하지 않는 사회"에 대한 제동이다.

진짜 '해병대' 캠프

"친구들 보내고 생각 많이 했어요. 왜 그때 교관이 시키는 대로, 학교 가 시키는 대로 가만히 있었을까? 어떻게 사람이 하루 만에 그렇게 복종하는 관계가 될 수 있었을까?"

아직 앳된 목소리의 그가 고개를 숙였다. 효성 씨의 소개로 연락이 닿은 자람[22] 씨. 전화를 받고 놀랍고 당황스러운 마음에 많이도 망설였다는 그는 해병대캠프 이야기를 부탁하자 세상을 등진 친구들과 유족들에게 미안하다는 말부터 쏟아낸다. 잘못과 부끄러움은 사회의 몫이건만, 그의 목소리엔 죄책감이 역력하다.

사고가 났을 당시 자람 씨는 2팀에 속해 바다에서 IBS훈련을 받던 중이었다고 했다. 해안가로 돌아왔을 때, 친구들이 모래사장에 쓰러져 있었고 몇 명이 없어졌다는 소리가 들렸다. 뭔가 난리가 난 것 같은데 무슨 상황인지 알 수가 없었다. 뜨거운 태양 아래 대기하기를 1시간, 분위기는 더욱 심상치 않게 돌아갔다. 하지만 엄숙한 분위기에 말도 못 하고 물어볼 엄두조차 내지 못했다. 숙소에 돌아와서도 마찬가지였다. 뒤늦게 나타난 선생님은 실종된 친구들을 찾고 있으니 숙소에서 조용히 있으라고 했다. 웬만하면 밖에 얘기하지 말라는 말도 덧붙였다. 혼란스러웠지만 그는 가만히 있었다. 친구들도 그러했다. 그런데 그날 자신의 모습이 머릿속에서 떠나지 않고 질문들을 만들어

22 가명

냈다.

"애들도 위험하다고 느꼈을 텐데 교관이 더 들어가라고 들어간 것도 그렇고…. 그때 현장에 교관이 15명 있었나? 그런데 반 정도는 실종된 친구들을 안 찾고 그냥 저희만 보고 있고. 제대로 된 상황이라면 저희가 따졌어야 하는 거죠. 지금 뭐하냐고, 빨리 친구들 찾으라고. 우리도 심각성을 깨닫고 어떤 노력을 했어야 하는데, 다 멍하니 서서 하라는 대로 대기하고 있었어요. 물에 빠졌다 겨우 살아난 아이들이 쓰러져 방치돼 있는데도…. 교관이 실종된 5명이 혹시 숙소로 갔을지 모르니 확인하자 하는데, 그렇다면 교관이 가는 게 맞는데 저희한테 다녀오라고 시키고, 물 떠오라고 시키고. 근데 또 저희는 하라는 대로 다 하고…. 그때 우리가 교관들한테 복종하는 관계라서 아무것도 못한 것 같아요. 자기 의지 자체를 뺏겼던 것 같아요."

왜 우리에게 이런 끔찍한 일이 일어났을까를 내내 고민했다는 자람 씨가 다다른 결론은 복종이었다. 이는 참사 초기 유족들이 가장 의아해했던, 사고 직후 선생님이나 해경에 도움을 요청한 학생이 어떻게 단 한 명도 없느냐에 대한 답이기도 했다.

몇 해 전 영국의 한 일간지가 우리나라 초등학생의 해병대 훈련 사진을 '올해의 기괴한 사진'으로 꼽은 일이 생각났다. 외국인의 눈엔 아동학대와 진배없는 이 오싹함이 일상이 되거나 장려되는 사회, 〈진짜 사나이〉가 주말 간판 예능이었던 사회가 '가짜' 해병대캠프의 문제점을 들추는 사이 그는 진짜 '해병대'캠프가 문제였다고 증언한 것이다.

영국 일간지 〈텔레그래프〉에 소개된 초등학생 대상 해병대캠프.

"인내와 극기로 포장되지만 실은 사고 정지와 굴종을 내면화하는 훈련"[23]이라 비판받곤 하는 해병대캠프가 우리 사회에 출현한 것은 1997년 6월. 해병대사령부는 강인한 정신력 고취와 해병대 이미지 제고를 목적으로 민간인 대상 해병대캠프를 시작했다. 1인당 1만4360원짜리 병영체험에 대한 호응은 대단했고 참여 문의가 폭주했다. 휴가철마다 평범한 가족과 회사원은 물론 기업·종교·정치계 인사까지 줄을 섰다. 해병대캠프의 호황에 사설 업체들도 좌판을 깔았다. IMF

---

23 박권일, '극기체험 권하는 사회', 《시사인》, 2013. 8. 6.

위기 속에 해병대캠프는 더욱 승승장구했다. 기업들이 위기극복과 단합, 때론 실적불량 사원에 대한 징벌 프로그램의 일환으로 캠프의 문을 두드렸다.

학교는 나약한 학생들의 정신력·인내력 향상과 학교폭력 근절의 효능을 외치며 해병대캠프를 찾았다. 2008년 입학사정관제가 도입됐다. 다양한 체험활동을 자체 해결하지 못한 학교들이 캠프로 향했다. 2010년 천안함 사건은 병영체험의 정당성을 강화했다. 교육부와 교육청이 일선 학교에 공문을 보내 재향군인회의 '나라사랑 병영종합체험학습'과 군부대에서 실시하는 '나라사랑 현장견학' 프로그램 참여를 권장했고, 여기에 교육청 예산까지 투입됐다. 부산·대구·울산·충남·충북교육청 등 5개 교육청이 2010학년도부터 2013학년도까지 병영체험캠프에 지원한 예산은 총 2억1363만 원. 이 중 공주사대부고 관할인 충남교육청은 가장 많은 9434만 원을 지원했다. 장학사 선발시험 비리로 대법원에서 유죄가 확정된 김종성 전 충남교육감이 취임 후 강조한 '바른 품성 5운동'의 일환이었기 때문이다. 교육 당국의 권고와 독려에 2009년 전국 84건이던 학교 단위 병영체험 참가는 2012년 515건으로 6배 이상 증가했다.[24]

"군대문화가 팽배한 사회적 분위기와 졸속으로 진행된 대입제도의 문제점, 그리고 남북의 불안한 정세가 복잡하게 얽혀"[25] 해병대캠

24 정진후 국회의원실 보도자료, 2014.
25 정지영, '태안 사설 해병대캠프참사가 남긴 교훈', 《창작과 비평》 162호, 2013.

프는 이제 학교 깊숙이 자리를 잡았다. 하지만 일상을 살다가도 문득 그날로 붙들려갔던 자람 씨의 눈에 해병대캠프는 2박 3일짜리 훈련소에만 존재하는 게 아니었다. 자율성과 다양성보다는 억압과 순종으로 점철됐던 학교 역시 우리 사회에 자리 잡은 또 하나의 해병대캠프였다.

얼음 땡

"처음 사대부고에 입학했을 때 억압적인 분위기에 깜짝 놀랐어요. 중학교 때까지만 해도 교사가 학생을 때리면 처벌받고 그랬는데, 거기서는 아무렇지 않게 체벌을 했어요. 공부를 열심히 시킨다고 할 때 억압적인 방법만 있는 건 아니잖아요? 또 관심 있는 분야가 있으면 그걸 장려하는 학교도 많은데 우리는 자습시간에 소설책도 못 읽게 했어요. 동아리 활동도 학습과 관련된 거 아니면 점심이나 저녁시간에 따로 시간 내서 하라고 하고. 자습도 6시 반부터 11시 반까지 필수였죠. 우리의 미래가 강압적인 분위기의 근거라고 하는데 그게 정말 학생을 위한 건가? 인권침해 아닌가? 그런데 또 선생님들이 우리를 싫어해서 그런 것도 아니고 우리 잘되라고 하는 거잖아 싶고. 그게 학교 분위기, 문화인데 나만 수긍을 못 하나 싶으면서 점차 익숙해졌던 것 같아요. 다른 친구들은 생각이 다르니까. 그런데 그날 이후로 아 뭔가 잘못됐구나……."

친구들의 죽음을 통해 자람 씨는 사회에 만연한 복종문화에 대한 성찰을 얻었다. 하지만 그날 이후 더 현실적인 사람이 된 것 같다고 고백했다. 외면적 슬픔과는 달리 책임회피와 변명으로 일관했던 학교, 일벌백계를 선언했지만 아무 책임도 지지 않던 공무원들의 위선, 고등학생 신분으론 아무것도 할 수 있는 게 없다는 무기력감에 훗날을 기약하자며 교과서를 펼치던 친구들, 그리고 모두를 비판했으나 뒤처지는 두려움에 결국 책상으로 되돌아온 자신을 보면서, 결국 자기 일이 아니면 모두 타협할 수밖에 없다는 걸 느꼈다고 했다. 이 모든 비판이 자신의 책임회피를 위한 알리바이 같아 혼란스럽다고 털어놨다. 모교와 사회가 탐하는 명문대에 입학했으나 그는 스스로를 대견해하지 않는 듯 보였다.

더불어 자람 씨는 이 모든 생각이 지극히 개인적인 것이라며 누차 선을 그었다. 살아남고 남겨진 누군가가 자신의 견해에 상처받을까 염려했다. 모교와 동문들에게 해가 되지 않을까 망설였다. 자람 씨의 모습에, 주저하던 윤기 씨의 모습이 겹쳐졌다. 긴 갈등 끝에 유족을 위해 할 수 있는 게 이것밖에 없어 인터뷰에 응했다는 윤기 씨도 인터뷰 내내 혼자만의 기억이라 강조하며 꼭 다른 친구들을 만나보라 청했다. 안타깝게도 다른 인터뷰는 성사되지 못했다. 누군가는 거절했고, 누군가는 부모님이 앞을 가로막았고, 누군가는 재수생이 되거나 군인이 됐다. 이야기도 더 이상 이어지지 못한 채 단절됐다. 살아남은, 살아내고 있는 이들의 말로, 생각으로, 사회적 고통과 기억으로 기록돼야 할 그날이 개인의 삶 안에 고통스럽고 무기력하게 봉인됐

사건 장소에서 물놀이를 금지하는 경고 안내판.

다. 사회가 묻지도 들으려 하지도 않았기에 참사 이후 처음 참사를 말하는 그들에겐, 그날을 다시 마주함을 넘어선 용기가 필요했다. 홀로 말하기에 마치 대표처럼 들릴 듯한 부담, 니가 보고 들은 게 정확하냐는 질타, 그때 그리고 지금 무엇을 했냐, 하고 있냐는 비난…. 그들의 나이는 죽기엔 너무 아깝지만 살아서 말하기에는 너무 적다고 취급돼 말과 행동에 의문과 배후가 추궁되는 나이였으므로.

용감한 그들을 위해 나는 글에서 그들만의 특징을 지우겠다고 약속했다. 절친들조차 알아채지 못하도록 식별될 모든 것들을 적지 않겠다고 말했다. 자람 씨가 눈을 마주치지 못한 채 마지막 말을 이었다.

"어떻게 하면 세상이 바뀔까, 달라질까 고민을 많이 했는데 답을 못 찾은 것 같아요. 무기력하고 나는 능력이 없다, 힘이 없다 싶고. 내가 성공해 높은 지위에 오른다고 해도 이게 나 하나로 될 수 있는 것 같진 않고. 뭔가 더 나빠지지 않게 막아야겠다는 생각은 드는데, 다르게 살 용기가 아직은 없어요. 부모님들이 계속 싸우시는 걸 보면서도 그런다고 세상이 바뀔까, 너무 힘드신 거 아닐까? 너무 안쓰럽고 그만하시면 좋겠다…. 그러면서도 생각했어요. 내가 틀렸으면 좋겠다……."

'얼음 땡'이라고 말해주고 싶었으나 세상은 제자리. 인터뷰 뒤에도 또 많은 시간이 흘렀으나 멈춘 듯 제자리. 병영체험을 향한 복종의 행렬은 멈춰서지 않았다. 학생은 두렵고 교사는 참담할 수밖에 없는 교육은 계속됐다. 2016년 가을, 한반도를 뒤흔든 지진 속에서도 "놀라서 교실에서 뛰쳐나온 학생들에게 체벌을 가한 학교도 있었고, 압수해둔

휴대전화를 돌려주지 않아 학생들이 가족과 지인의 안부를 확인할 기회마저 가로막은 학교도 있었다. (…) '학교에서 죽나 거리에서 죽나 똑같으니 여기 있어라.' '수능이 66일 남았는데 지진이 무슨 대수냐.' '무단외출 시 벌점 부과하겠다.'"[26] 놀라운 말들이 아무렇지 않게 던져졌다. 건재한 사회, 정체된 시간. 하지만 긴 겨울에도 봄이 온다. 오랜 시간 가만히 있기를 강요당해왔던 이들, 청소년들이 지금, 봄을 부른다. 세월호 참사의 희생자 형제자매들이 진실의 인양을 외치며 행진을 시작했다. 생존자들은 그날, 그들이 보고 듣고 경험한 것을 증언했다. 거짓된 역사를 배울 수 없다며 전국의 10대들이 광장에 섰고, 촛불을 들고 대통령 탄핵을 외쳤다. 그들이 따로, 또 같이 말한다. 더 이상 가만히 있지 않겠다. 동료시민으로서 세상을 바꾸겠다. 이제 그만 '얼음 땡'.

---

[26] [성명서]'수능이 코앞인데 공포는 사치다?: 지진의 공포 앞에 뛰쳐나갈 자유조차 허락받지 못한 존재들에 대하여', 인권친화적 학교+너머 운동본부, 2016. 9. 14.

노인을 위한
나라는
없다

명숙

장성효사랑요양병원
화재참사
2014.05.28

2014. 5. 28	오전 00시 27분경 전라남도 장성군 삼계면 장성효실천사랑나눔 요양병원 화재 발생.
	오후 6시경 장성 홍길동체육관에 합동분향소 설치, '장성효사랑요양병원 화재 참사 유가족대책위' 구성.
6. 23	유가족, 청와대·복지부·안전행정부·광주검찰청에 탄원서 제출.
6. 27	실질적 이사장(이사문)과 행정원장 구속 기소, 관리과장, 행정부원장, 증거은닉 한 간호사는 불구속 기소.
6~7	복지부 전국 요양병원 실태조사.
7. 1	유가족, 복지부 면담.
7. 29	유가족과 요양병원대책위, 장성군수 면담.
8. 4	유가족과 요양병원대책위, 전남도지사 면담.
8. 11	장성효사랑요양병원 현장검증 실시.
8. 21	복지부, 국가정책조정회의에서 '요양병원 안전관리방안' 발표.
11. 21	1심 선고.(이사장 업무상과실치상 등 징역 5년 4개월, 행정원장 금고 2년 6개월, 방화 노인 징역 20년 선고)
2015. 6. 18	2심 감형돼 선고.(이사장 징역 3년 및 벌금 100만 원, 건축법 위반죄 및 건설산업기본 법 위반죄 벌금 1000만 원)
9. 27	대법원 2심 형량 유지.(업무상과실치사 등 징역 3년, 벌금 1100만 원)
12. 13	민사소송 일부 승소.(사망자 유족과 부상자 등 45명이 해당 병원 재단과 이사장 등을 상대로 한 손해배상 소송)
2016. 6	소방시설법 개정, 스프링클러 설치 의무화.(기존 병원은 3년 유예)

"그 사람이 설사 불을 냈다고 하더라도 보호받아야 할 환자잖아요. 병원 측이 그분에 대한 치료를 하기보다 돈벌이로 들인 건 아닌지 싶기도 하고…. 입원시켰으면 그분에 대한 안전관리를 했어야 하는데 그러지 않았잖아요."

불길에 드러난 철 구조물

검게 휘어진 철 구조물들이 몸부림하듯 휘어져 있다. 건물이었나 싶을 정도로 밖으로 드러난 철 구조물 위에 간간히 검은 벽이 보이는 천장. 컴컴하고 매캐한 냄새가 자욱한 병원 복도를 걷다 보면 화재참사가 일어난 현장은 아직 시간이 멈춘 듯하다.

장성효실천사랑나눔 요양병원(이하 장성효사랑요양병원) 화재참사 1주기인 2015년 5월 28일에 화재 당시 희생된 넋을 기리는 합동추모제를 마치고, 유가족들과 함께 화재가 난 요양병원 별관 2층을 돌았다. 별관은 안쪽에서 보면 2층이고 뒤쪽에서 보면 3층이다. 지금은 폐쇄된 병원. 창문으로 들어오는 빛에 의존해 화재가 발생한 2층으로 올라갔다. 침대와 휠체어가 다닐 수 있도록 한 경사로다. 병원이 반대편 계단이 있는 문을 폐쇄했기에, 이용할 수 있는 문은 이곳밖에 없었다. 2층에 들어서니, 사건 당일 사상자들이 나가려고 애쓴 흔적 때문인지

1년 후 다시 찾은 사고 현장, 오른쪽 건물인 별관 2층에서 불이 났다.

안쪽에서 바라본 화재 건물.

문 앞이 침대 등으로 어수선하다. 복도와 계단, 벽도 검게 그을려 있다. 문을 지나 복도로 걷는다. 여느 병원처럼 복도 양쪽에 병실이 있다. 들어선 입구에 병원의 표어가 쓰여 있다.

'어르신은 건강하게 / 가족은 편안하게 / 직원은 행복하게

-(의)효문의료재단'

낯 뜨겁다. 화재로 명패의 이름이 그을려진 곳이 대부분이지만 여전히 이름이 뚜렷하게 보이는 곳도 있다. 복도 천장도 검게 그을려 있고 병실 안 천장도 검다.

유가족 대여섯 명이 각 병실을 돌며 곳곳에 국화를 놓아둔다. 국화를 들고 자녀와 함께 온 유족은 잠시 고인이 사용하던 침대에서 멈추더니 금세 눈가가 촉촉해진다. 10대로 보이는 손자와 손녀는 망자가 살아 있는 듯 침대를 돌아본다. 유족들이 멈춘 병실을 지나 다른 병실로 가본다. 침대와 평소 사용한 물병, 꽃, 사물함, 심지어 옷가지들도 그대로다. 연기와 시간에 지워져서 흐릿해졌지만 여전히 그들의 삶은 흔적으로 남아 있다. 일곱 칸의 병실을 지나 화재가 최초로 발생한 다용도실, 그러니까 복도 맨 끝에 위치한 3006호(2층 끝방)로 들어가본다. 아직도 화마에 시달리는 듯 방 전체가 시커멓게 타버렸고 철근도 천장도 모두 휘어져 있다. 창문은 창틀조차 남아 있지 않을 정도로 외벽까지 까맣게 탔다. 함께 온 방송사 카메라의 조명 덕에 어두운 병실의 처참한 천장이 노골적으로 드러난다. 23명의 목숨이 가벼이 다뤄진 현실을 마주하라는 듯.

2014년 5월 28일 언론은 요양병원 별관 2층에서 화재가 발생했고,

사고 당시의 흔적이 아직 남아 있는 요양병원 내부 천장(위)과 병실.

별관 1층에 있던 44명과 2층에 있던 7명은 대피했다고 보도했다. 화재가 난 지 불과 6분 만에 2층에 있던 환자 35명 중 20명과 간호조무사 1명이 연기로 질식사했다. 중상자는 7명, 경상자는 8명. 스프링클러가 없고 연기를 빨아들이는 제연시설이 없었다. 2층 현관문이 잠긴 데다 야간 당직자가 간호조무사 1명이어서 피해가 컸다고 했다. 세월호 참사가 일어난 지 불과 한 달이 지난 5월의 일이었다. 사람들은 국가의 존재 이유를 묻고 사회 구성원의 생명과 안전은 도대체 누가 책임져야 하느냐고 질타했으나, 또다시 대규모 참사가 발생한 것이다. 불길에 드러난 것은 철 구조물만이 아니라 우리 사회 생명존중의 앙상함이다.

"아버지 상태에 대해 말해주지 않았어요"

화재로 사망한 환자들의 가족들도 언론보도를 접하고서야 사고 사실을 알았다. 재난발생 시 피해자 가족에게 피해상황 및 피해자 상태에 대해 알려야 하는 고지 의무는 지켜지지 않았다. 유가족들은 부모나 동생 또는 남편의 상태가 어떤지, 어느 병원으로 이송했는지도 듣지 못했다. '장성효사랑요양병원 화재참사 유가족대책위'의 위원장을 맡고 있는 이광운 씨도 예외는 아니었다.

"새벽 3시쯤에 서울에서 뉴스를 보고 사고를 알게 됐어요. 뉴스에서 병원 이름이 정확하게 나오지는 않고 '장성요양병원 화재' '장성'

이렇게만 나왔어요. 느낌이 이상해서 병원에 전화를 했어요. 그런데 전화를 안 받는 거예요. 직감에 아버지 계신 곳인 거 같아서 바로 차를 타고 내려왔어요. 장성에 요양병원이 10개 정도 되니까 아니길 바라는 마음으로 운전하면서요. 중간에 계속 병원으로 전화를 시도했지만 받지 않았어요. 119구조대에 연락해 사고가 난 병원이 어딘지 물어봤더니 장성효사랑요양병원이 맞았어요. 아…! 겨우 병원과 통화가 돼 아버지 안부부터 물어봤어요. 아버지는 다른 병원에 후송됐다고 하는데 생사 여부나 현재 상태를 말해주지 않더라고요. 많이 다치신 건지 사망하신 건지 궁금해 죽겠는데 얘기를 안 해주는 거예요. 아침 7시 반에 장성에 도착해서 수완병원 응급실에 가보니 거기 계셨어요, 돌아가신 채로. 얼굴은 그을려 있고 연기를 흡입해서인지 코 전체가 시커멓고… 처참했죠. 어지러웠어요, 눈물도 나고 화도 나고."

이광운 씨는 아버지의 처참한 몰골에 이대로 있어서는 안 되겠다 싶었다. 화재가 어느 정도였는지, 왜 화재가 났는지, 왜 구할 수 없었는지 알아야 고인의 삶의 끝을 알 수 있다. 게다가 사망자 3명만 수완병원에 있는 것도 이상했다. 화재가 난 효사랑병원으로 가기로 마음먹고 병원을 나왔다. 주차장에서 또 다른 사망자의 아들인 김정현 씨를 만났다. 자초지종을 알려면 현장에 가야 할 것 같으니 함께 장성효사랑병원으로 가자고 제안했다. 9시쯤 병원에 도착했다. 아수라장이었다. 병원 본관 앞에 장성군 재난안전대책본부가 설치됐지만 정작 유가족 대기실은 없었다. 유족들의 항의가 있은 후에야 본관 1층에 유가족 대기실이 설치됐다.[1]

그 자리에는 세월호 참사 이후 정부의 안전책임에 대한 국민의 관심이 높아져서인지 정홍원 총리도 와 있었다. 이광운 씨는 총리가 "유가족을 만난 게 아니라 병원 관계자만 잠깐 만나고 갔다"고 했다. 강병규 안전행정부 장관, 문형표 보건복지부 장관도 참사 현장을 방문했지만 어느 누구도 유가족들을 만나서 이야기를 들어주지 않았고, 일부 언론이 이를 질타했다.[2] 그나마 남유인순 국회의원이 유가족을 접견했고 새정치민주연합은 장성요양병원 화재참사 조사단을 꾸렸다. 박준영 도지사와 군수 후보들도 병원에 왔다. 당시는 6·4전국동시지방선거 선거운동 기간이라 정치인들의 방문이 유난히 많았다.

28일 아침, 이형석 행정원장과 이사문 이사장이 방송사 카메라 앞에서 무릎을 꿇었다. "사죄합니다. 죽을죄를 지었습니다. 무엇보다 귀중한 생명들이 희생된 점에 대해 변명의 여지가 없습니다." "병원 차원에서 최대한 지원하고, 장례비로 우선 500만 원을 지급한 뒤, 나머지 보상문제는 추후 협의하겠다"며 읍소했다.[3] 그러나 어찌된 일인지 병원 측 관계자들은 정작 유가족들은 만나주지도 않았다. 병원 앞마당에 안내소가 설치됐지만, 사건 발생상황과 피해현황 등 유가족들이 실제 궁금해하는 내용은 알려주지 않았다. 심지어 피해자 가족들이 병원 본관에 들어가는 걸 막는 때도 있었다. 이광운 씨는 병원 측

1 '유족들 "사고 후 대처 병원·정부 모두 엉망"', 〈헤럴드경제〉, 2014. 5. 29.
2 '정홍원 총리, 유족도 안 만나고 휙~', 〈광주드림〉, 2014. 5. 28.
3 '효사랑요양병원 이사장 무릎 꿇고 사죄 "죽을 죄를 지었다."…장성 요양병원 화재 피해 컸던 이유는?', 〈서울신문〉, 2014. 5. 28.

이 아침에 사과했다는 게 믿기지 않았다.

"불이 안 난 본관 병동에 원무과가 있고 원장 집무실이 있어요. 유가족들이 찾아가서 불이 어떻게 났으며 짧은 시간에 이렇게 많은 사람이 죽을 수 있냐고 따졌죠. 욕도 오가고."

유가족들은 논의 끝에 합동분향소를 차리기로 결정했다. 사상자만 30명에 가까우니 유가족을 2명 정도로 가늠해도 60명이니 규모가 커야 했다. 장성효사랑요양병원은 사고원인을 조사하고 정리하느라 어수선하니 병원에 분향소를 차리는 것보다는 이 문제를 책임질 만한 곳이 낫겠다고 유가족들은 생각했다. 병원에 관리감독의 책임을 물을 수 있는 군청과 가까운 곳에 세우자고 의견들이 모였다. 곧 더위가 심해질 테니 편의시설을 어느 정도 갖춘 곳으로 하자고 했다. 유가족인 양재영 씨도 이 문제를 지속적으로 가져가려면 군청에 분향소를 차리는 게 낫다고 생각했다. 그러나 군청에서 거부해 장성군청에서 가까운 홍길동체육관에 분향소를 차렸다.

체육관에서 가족별로 텐트를 한 동씩 마련해줬다. 세월호 참사 초기, 진도체육관에 머물던 피해가족들을 위한 편의시설 지원이 부족하고 사생활보호도 제대로 안 됐다는 비판이 쏟아진 후라 달라진 것이다. 유가족들은 합동분향소를 차리면서 요양병원 관리감독 책임이 있는 보건복지부 장관과의 면담과 병원 측의 진심 어린 사죄를 요구했다. 병원 측은 책임을 지우려는 듯 빠르게 행동했다. 이사장이 체육관을 방문한 것이다. 그는 50여 개가 넘는 방송 카메라 앞에서 무릎까지 꿇었지만 사과문을 읽기도 전에 유가족에게 쫓겨났다.

그 후에도 병원 측이 유가족들을 대하는 태도는 달라지지 않았다. 체육관 건물 곳곳에 '보상을 하겠으니 합의하려면 미리 연락하라'는 내용의 유인물이 떠돌았다. 병원 기획실장 명함이 붙어 있었다. 보험회사가 주겠다는 것인지, 병원 측에서 주겠다는 것인지 알 수 없는 보상액수가 입소문으로 떠돌았다. 유가족들은 장례를 치러야 하지 않나 싶어 마음이 복잡하던 터에 유인물을 보았다. 가족대기실 텐트까지 유인물이 들어왔다. 이광운 씨는 병원이 유가족 해산을 돌파구로 생각하고 유인물을 뿌린 것 같다고 했다. "두루뭉술한 합의내용을 퍼뜨려서 (가족들을) 분열시키려는 거죠. 보험회사가 있으니까 1억 8000만 원인가 주겠다, 그런 식으로."

군이나 도의 정치인들과 공무원들은 이 사건이 선거에 영향을 미칠까 노심초사했다. 유두석 장성군수 후보도 요양병원 안전대책을 공언했다. 분향소 근처엔 유가족들을 감시하듯 경찰이 항상 배치됐다. 국가는 가해자의 책임을 입증하는 데 힘을 쏟기보다는 피해자의 행동을 통제하느라 전전긍긍했다.

"우리가 뭐라도 일으킬까 봐 경찰 버스가 체육관 옆에 뺑 둘러 있었어요, 사복경찰들도 많았고. 그때가 지방선거 때니까 이게 커지지 않도록 하려 했던 것 같아요. 기자들이 상주해 있었으니까. 사죄하는 걸 저지하면서 사고 날까 봐 군청 직원들이 우리를 내쫓기도 했어요."

이광운 씨는 우연히 군청 직원들이 이사문 이사장과 논의하는 것을 목격했다. 새벽까지 조문객을 맞이하는데 이사장 목소리가 들려와서 휴게실 문을 차고 들어가니 군청 직원과 이사장이 있었다. 그는 왜 공무원들이 그 새벽에 가해자와 면담을 하는지 알 수 없었다. 묘하게도 다음 날 보상 관련 유인물이 뿌려졌다.

양재영 씨도, 김정현 씨도 유가족들이 다함께 모여야 힘을 발휘한다고 생각했다. 유가족들은 화재 사건 당일 사망자들이나 부상자들을 12개 병원으로 분산시킨 것도 수상하다고 입을 모았다. 양재영 씨는 아버지를 모셨던 보훈병원 같은 데는 규모가 커서 더 많은 사람을 모실 수 있었는데 왜 여섯 분만 모셨는지 의아해했다. "신원파악 하려고 해도 그게 좋을 텐데 병원 측은 그러지 않았죠. 유족들이 모이면 단체가 되니까 병원을 나눠 보낸 거 같아요." 세월호 참사 때 유가족들의 대응을 보면서 유가족 모임을 사전에 차단할 요량이었을 거라고 짐작했다. 6월 중순경부터 보상금 합의를 하는 가족들이 하나둘 생기면서 점점 병원 측에 책임을 요구하는 유가족의 수는 줄어들었다.

500만 원 줄 테니 장례를 치르든지 맘대로 해라

그래서일까? 병원 측의 태도는 바뀌지 않았다. 유가족들을 갈라놓기 위해 뒤로는 돈을 수천만 원 주겠다는 회유성 제의를 하면서도 유가족을 모욕했다. 이사장이나 이사장의 형인 행정원장은 합의를 강요하며 빨리 분향소를 떠나라고 노골적으로 말했다. 이광운 씨는 이사장과 행정원장이 유족들을 비웃던 때를 잊을 수 없다.

"3일 째 되던 날 이사장이 팔짱 끼고 웃던 모습이 기억나요. 500만 원 줄 테니 너희들이 장례를 치르든지 맘대로 해라. 이 의미가 뭐냐면 우리가 그동안 모시지 않던 부모인데 돌아가시니까 이제 와서 돈 바라고 그러는 거 아니냐는 거죠. 너희가 못 모신 부모 내가 모셨는데 왜 나를 귀찮게 하냐는 취지로요. 그거 생각하면 용서가 안 돼요. 사람이 23명이 죽은 사건인데 (책임자가) 구속도 안 되고 당당하게 돌아다니는 꼴 보니 저러다 증거인멸 되겠다 싶었어요. 그때 이를 악물었어요. 청와대, 검찰총장, 경찰청장, 이렇게 세 곳으로 탄원서를 썼지요. 인터넷으로 보내고 메일로 쓰고 등기로 보내고."

1심 재판 중인 8월, 이사문 이사장이 화재현장검증을 하러 왔다. 판사와 유가족들도 자리에 함께 있었다. 그런데 병원 직원들이 "이사장님 파이팅"이라고 외쳤고 이사장도 웃으며 손을 흔들었다. 이사장도 직원들도 유가족의 심정은 안중에 없었다. 이광운 씨는 '유가족들도 많은데 직원들이 이럴 수 있나.' 싶었다. 언론에서도 반성 없는 이사장과 병원 직원들의 태도를 비판했다.

유가족들에게 미안해하지 않는 이사장을 비롯한 병원 측 관계자들의 태도는 어떻게 만들어졌을까?

아직 우리 사회는 '사회적 돌봄'에 대한 담론과 지원체계가 제대로 만들어지지 않은 데다, 가족은 가족이 돌봐야 한다는 '가족돌봄'을 높이 사는 가치관에 사로잡혀 있다. '가족돌봄'을 '효'라고 여기는 문화 속에서 자녀는 돌봄의 당연한 주체고 이를 실천하지 않는 자녀들은 비난받는다. 노인장기요양보험제도가 시행되고 사회적 돌봄서비스 체계도 조금씩 생겨났지만 노인돌봄 담론은 없고 '효'의 자장은 강력해서 가족의 책임만이 매섭게 소환된다. 낡은 것과 새로운 것의 혼돈 속에서 낡은 가치가 힘을 발휘하며 국가책임을 가리는 데 동원된다. 게다가 노인돌봄 서비스가 민간에서 이뤄지는 상황에서 노인요양병원이나 요양원은 마치 가족의 책임을 자신이 떠안은 것처럼 홍보한다. 자식들이 마땅히 해야 할 일을 병원이나 요양원이 헌신적으로 대신 맡아 하고 있다는 식이다.

유가족들은 가족을 잃은 슬픔에, 돌아가시기 전에 부모를 직접 모시지 못했다는 죄책감까지 떠안아야 했다. 유가족 중에는 시아버지를 집에서 20년 모시다가 치매가 심해져 요양병원에 옮긴 아들과 며느리가 있었다. 치매로 집을 잃어버린 후로 도저히 안 되겠다 싶어 요양병원에 모셨는데 화재로 돌아가신 것이다. 아버지가 돌아가신 게 자기들 탓인가 싶어서 죄책감에 싸였다. 며느리는 시아버지 스스로 몸을 가눌 수 없어 집에서 목욕도 해드릴 정도였지만 병원에 모신 일을 자책했다. '집에서 계속 모셨다면 살아 계셨을 텐데.' 하는 생각이 자꾸 들어 우울증까지 왔다. 효자인 남편이 자책하며 괴로워하는 모습을 보니 더 마음이 아팠다고 했다.

그러나 정말 집에서 모시는 게 최선이었을까?

일하는 가정을 위한 주간보호서비스가 제대로 돼 있었다면 어땠을까? 노인돌봄이 스스로를 돌볼 수 없는 노령기 사람에게 집중된 신체적·정서적·심리적·사회적 지원이라고 할 때, 가족이 이 지원을 다 할 수 없는 건 어쩌면 당연하다. 가족이 돌보는 게 최선이라는 발

상은 아파서 거동이 불편해 돌봄을 필요로 하는 노인의 인권을 고려
하지 않는 것일 수 있다. 가족돌봄을 우선시하는 가치는 여전한 채,
고령화사회 대비용 민간요양병원은 증가하고 있는 과도기적 현실은
참사의 책임자보다 참사 유가족들을 더 비난하게 만든다.

　이광운 씨는 병원 측에서 흘린 말들이나 언론기사에 달린 댓글을
보고 마음이 씁쓸해졌다. '부모 팔아 먹고살려고 자식들이 시위'하고
있다, 보상금 더 내놓으라는 수작이라는 댓글이었다. 그는 부모가 죽
었는데 좋아라 할 사람이 누가 있냐며 그런 댓글들이 병원과 관계가
있지 않을까 의심했다. 그러면서 병든 아버지를 집에서 4년간 모셨던
시간을 털어놓았다. 아버지와 함께했던 시간이 부정당하는 것 같았
다. 올해 일흔인 양재영 씨도 자신의 친구들도 자녀가 모시기보다 요
양원에 가는 걸 당연하게 여긴다며, 화재참사 유가족을 비난하는 댓
글을 일반 시민들이 썼을 리 없다고 단언했다. 고인이 된 그의 아버지
의 나이는 아흔둘이었다. 병원 측이 보상금 한 푼도 안 줬으면서 어떻
게 그럴 수 있냐고 이마를 찌푸렸다.

　"내 나이 70이지만 저도 자녀들을 생각해서 아프면 요양병원에 들
어가야 한다고 생각해요. '자녀가 모시지 왜 요양병원에 모셨냐.' 하는
사람이 1000명 중에 한두 명이나 있을까? 별로 없어요. 그걸 나쁘게
평하는 사람 없습니다."

　사람들이 가족을 잃은 슬픔을 전혀 생각지 않고 막말을 하면 얼마
나 속상한지 모르겠다며 한숨을 내뱉었다. "부모가 죽어도 아픈데 자
식을 보낸 세월호 참사 유가족들은 오죽 힘들겠냐"며 안쓰러워했다.

사랑하는 이를 잃는 슬픔은 망자와 함께한 시간과 관계만큼의 색깔을 띤다. 생명의 무게를 저울질할 수 없듯이 죽음도 그러하다. 저마다 자신의 색깔로 죽음의 무게를 껴안고 살아갈 것이다. 하지만 사람들은 때론 죽음의 무게를 저울질하며 죽음을 애도하는 이들을 모욕하곤 한다. 장성 유가족들은 병원 측이 자신들을 모욕한 게 세월호 참사처럼 자식이 죽은 게 아니라 부모가 죽었기 때문인지도 모른다고 했다. 부모는 죽으면 땅에 묻지만 자식은 죽으면 가슴에 묻고 평생을 살기 때문인지 모르겠다고. 그러나 상실의 대상이 부모이건 자식이건 간에 죽음의 무게가 다른 것은 아니다. 생명을 모욕하고 애도를 폄하해서는 안 된다. 우리는 물어야 한다. 죽음의 무게를 저울질하고 '애도의 순수성'을 의심하는 일은 정당한가? 순수한 애도가 불가능한 건, 책임을 져야 할 사람들이 책임을 지지 않으려고 초점을 흐리기 때문이 아닌가. 장성화재참사 유가족들을 만나며 그 생각은 확실해졌다.

크고 넓은 병원, 적은 의료인력

"우리나라의 독특한 문화인데, 부모를 모시는 게 효라는 생각이 있어요. 그렇다 보니 요양원보다는 요양병원, 지역에서 가장 좋은 곳으로 정해요. 내가 직접 모시지 못한 부채의식을 그런 식으로 상쇄하는 거죠. 그래서 실제 요양원보다 요양병원을 선호하세요."

'장성효사랑요양병원 화재참사 대응 및 요양병원개선대책회의'(이

이다. 역설적이게도 오래된 가족돌봄의 문화는 서비스 시장화에 흔들거린다. 자녀들의 부채감은 비싼 병원이 좋을 것이라는 유혹에 동요하며 '효의 상품화'로 넘어가곤 한다. 돈이 많이 들더라도 좋은 요양병원에 모시는 게 효라고 생각한다. 장성화재참사 가족들이 장성요양병원을 선택한 이유 중의 하나는 시설이 좋기 때문이었다. 장성효사랑요양병원은 인증평가 1등급 병원이었다. 뇌졸중 환자인 남편을 수도권에 있는 요양병원에서 이곳으로 옮긴 유가족도 병원의 홍보 전단에 끌렸다. 병원 건물이 크고 산책할 수 있는 공간도 있어 좋아 보였다고 했다. 산책할 공간이 있는 큰 요양병원에서 노인들을 실제 산책시키는지는 알 수 없지만, 있다는 것만으로 가족들은 안심한다. 유가족 김정현 씨도 마찬가지였다.

"아버지께서 술이 절제가 안 돼서 모셨는데 병원에 와서 건강이 좋아지셨어요. 괜찮은 병원이다 싶었어요. 아무래도 술을 안 드시니까 건강이 좋아진 거겠지만. 산 밑이라 공기도 좋고, 시설도 깨끗해 보이고. 병실 안까지 들어가본 적이 있는데 침대도 깨끗했어요. 출입을 못하게 철문이 꽉 잠긴 게 걸리긴 했지만 이런 통제는 어떤 사정이 있을 거라고 이해했죠. 어차피 병원이 거동 불편하고 몸 불편한 사람들이 모여 그냥 진료받고 요양하는 곳이니까 그렇게만 알고 의심하지 않았죠. 이번 사건 나기 전까지는……."

한국의 요양병원들은 공적 돌봄의 영역에 있다고 하기에는 민간위탁이나 민간에서 운영하는 시설이 대부분이다. 치매나 노인성 질환을 가진 노인을 대상으로 치료 및 요양을 제공하는 요양병원은 2014년 기준 전국 1298곳으로 10여 년간 23배 이상 증가했다. 2014년 6월 기준으로 총 1298개소의 요양병원 중 72개소(5.55퍼센트)만이 공공요양병원이다.[4] '의료법'상 병원은 이윤을 추구할 수 없지만 요양병원은 설립기준도 낮고 이윤추구가 쉬워 우후죽순 만들어지는 현실이다.

이번 참사에서 알 수 있듯이 화재 같은 안전사고가 날 경우, 거동이 불편한 노인들을 대피시킬 인력은 매우 중요하다. 좋은 요양병원이란 넓은 마당이나 근사한 건물이 아니라 안전시설과 충분한 의료 인력이 있는 곳이다. 그러나 397병상 규모인 장성요양병원은 야간에 고작 의사 1명, 간호사 2명이 300여 명의 입원환자를 돌보더라도 의료법에 저촉되지 않는다. 현행 의료법에 따르면 야간 당직은 환자 200명당 의사 1명과 간호사 2명만 근무하면 된다. 장성요양병원은 환자 수가 200명이 넘었으니 2배의 인력이 있어야 하나 지키지 않았다. 실제 요양병원의 절반 이상이 야간 휴일에 당직의사를 배치하지 않는다.[5] 제대로 된 치료와 돌봄은커녕 비상상황 대처도 할 수 없다.

한국의 노인돌봄 서비스체계는 요양병원이나 요양원 외에 거의 없다. 노인이 자신이 사는 집에서 돌봄을 받는 재가 서비스가 있지만 이

---

4   제갈현숙·김대희, 〈청주시 노인전문병원조사를 통한 노인요양병원 민간운영의 문제점〉, 사회공공성연구소, 2015.
5   건강보험심사평가원의 요양병원 입원급여 적정성 평가 결과, 평가 대상 병원 937개 중 야간, 휴일 당직의사가 있는 요양병원은 43.5%에 불과했다.

용하려면 일정한 등급이 돼야 가능하며 등급에 따라 서비스 이용기간과 본인부담금이 달라진다. 공공성이 없는 자리에 이윤을 중심으로 한 돌봄이 자란다. 그 결과 노인을 위한 돌봄은 사라진다. 노인인권이라는 측면에서 노인돌봄 서비스가 만들어지지 않은 탓이다. 입소가 쉽고 관리감독이 허술한 민간요양병원은 치료 서비스가 거의 없다. 시설처럼 일상생활을 돌보는 게 전부인 경우가 허다하다. 그에 비해 독일의 경우 병원 입원은 반드시 질병 치료를 목적으로 해야 하며, 병원에서의 치료 외에 다른 방법이 불가능한 경우만 허용되며 그러할 경우에만 의료보험에서 급여가 지급된다. 시설 입소나 방문간호를 통한 통원치료가 가능한 환자의 입원요양은 허가해주지 않는다.[6]

무엇보다도 노인인권에 대한 인식과 시설, 인력이 부족하다. 장성 화재참사 이후 국가인권위원회에서 노인요양병원 노인인권 실태조사를 했다. 요양병원에서의 노인인권을 '건강권, 존엄권, 안전권, 자기결정권'이라는 측면에서 분석했는데 주요 내용은 이렇다.

의료진의 전문성이나 개별 환자에 대한 진료계획이 없고, 환자의 정보접근성이 낮으며 적정인력이 부족해 노인의 건강권을 보장하기 어렵다. 또한 환자의 사생활보호나 인권침해 예방이 없어 존엄권이 침해되고 있으며, 비위생적이고 화재 등의 긴급사태를 대비한 시설이나 기준이 없어 안전권도 위협받는다. 환자의 알 권리가 충족되지 않으며, 입·퇴원이나 전원(병원을 옮기는 일)조치 정보도 주지 않는 등 자

---

6 〈노인요양병원 노인인권실태조사〉, 국가인권위, 2014.

기결정권이 보장되지 않고 있다. 한마디로 노인을 위한 요양병원이라고 하기 어렵다. 요양병원의 실태가 이렇다 보니 요양병원에 입원한 부모의 자녀에 대한 시선이 곱지 않은 것도 무리가 아니다.

병원이 환자보다 환자 가족에게
더 신경 쓰는 이유

그렇다면 '효의 상품화'는 노인돌봄의 질을 높이는가?

그렇다고 단언할 수 없다. 민간노인 돌봄서비스는 가족관계, 노인 돌봄에 대한 가치체계는 그대로 둔 채 가족들의 역할만 살짝 바꾸어 놓았을 뿐이다. 자녀들은 '직접' 돌보기보다는 부모가 적절한 돌봄을 받고 있는지 '감시·감독'하고 서비스 비용을 지불하는 역할을 하게 됐다. 그러니 병원은 서비스를 받는 당사자인 노인보다 서비스 비용을 지불하는 가족을 더 신경 쓴다. 환자 대부분이 가족의 동의로 입원과 퇴원을 결정하다 보니 더 그렇다. 가족이 병원에 올 때만 친절하다고들 말하는 이유도 이 때문이다. 유가족들은 면회 당시 친절했던 직원들의 모습을 기억하며 친절한 이유가 다른 데 있었다고 한숨을 내쉬었다. 가족과 연락이 끊긴 노인에 대한 인권침해가 빈번하다는 사례를 많이 접하는 것도 이 때문이다.

2008년 노인장기요양보험제도가 시행되면서 노인전문병원이 급증했다. 장성효사랑요양병원 화재참사 이전에는 스프링클러 같은 안전시설에 관한 기준도 없었다. 화재가 난 후 보건복지부는 서둘러 실태조사를 하고 몇 가지 기준을 강화했다. 그러나 정부는 의료인력을 확대하기보다는 요양병원에 한해 간호조무사를 의료인력으로 간주하는 방식을 택했다. 보건복지부는 2014년 6월 29일 "요양병원의 경우 간호사 인력을 간호조무사로 대체 가능하기에 요양병원에 한해서 당직의료인 대상인 간호인력 중 2/3 이하를 간호조무사로 대체가 가능할 것으로 판단"한다는 유권해석을 내렸다. 요양병원대책위는 이번 참사에는 요양병원의 고질적인 인력문제가 있었다며 "복지부의 유권해석은 요양병원의 인력난 현실화라는 명목으로 편법과 부정행위를 허용하는 것이며, 규제 완화를 통해 국민의 안전을 최우선으로 고려해야 할 복지부가 그 책임을 회피하고 권한을 남용하는 작태"라고 비판했다.[7]

김정숙 활동가는 노인요양병원은 법률적 용어가 아니라고 짚었다. 노인요양병원이니 재활전문요양병원이니 하는 것은 환자를 끌어들이기 위한 홍보문구일 뿐이라며 말을 이었다.

"요양병원은 병원이고 요양원은 시설이에요. 요양원에서도 의료접근권은 필요하니까 촉탁의라고 왕진하는 의사들이 있어요. 필요할 때 의사를 부르는 제도죠. 요양원은 기본적으로 시설이니 생활에 필요한 서비스를 제공하는 것으로 보면 될 거예요. 요양병원은 요양원하고

---

7   제갈현숙·김대희, 〈청주시 노인전문병원조사를 통한 노인요양병원 민간운영의 문제점〉, 사회공공성연구소, 2015.

(법적으로는) 다른데 실제로는 의료인이 있나 없나 차이만 있지 다른 건 별로 차이가 없어요. 요양병원은 일종의 위탁업무라 보면 돼요. 환자가 있으면 건강보험에서 1인당 7만~8만 원씩 주는 방식이에요. 그런데 요양을 해야 할 사람 숫자보다 병원이 많아지니까 베드(침대)를 채우려고 아프지 않아도 환자를 끌어오는 경우가 많아요. 서울역 노숙인들도 끌어오고 시골에 가면 목사님들이 동네 사람들 끌어오고. 화재가 난 장성요양병원도 그랬어요. 환자들을 끌어오면 수당을 직원한테도 주는데 가족은 얼마, 친척은 얼마, 지인은 얼마…. 좀 더 세분화해서 환자들 모집하고 있었던 거죠. 그에 비해 요양원은 1급에서 3급까지 등급판정을 받은 사람만 들어갈 수 있으니 가족들이나 환자가 마음대로 입원을 정할 수가 없어요.”

그의 말대로 요양병원과 요양원은 비슷한 것 같지만 엄연히 다르다. 요양병원은 일반 병원처럼 의료법 적용을 받고 의료인만 설립할 수 있다. 다른 병원처럼 전문의, 의사, 간호사, 물리치료사, 약사, 방사선사 등을 똑같이 고용하고 있다. 요양원은 노인복지법 적용을 받고 의료인이 아닌 사회복지사도 설립할 수 있다. 요양병원이 일반 병원과 다른 점은 병실료를 대학병원의 80퍼센트로 산정하고 6개월까지 장기입원을 할 수 있다는 점이다. 요양병원은 이론적으로는 급성기 의료기관과 장기요양시설 사이에 있는 기관이다. 급성기에서 벗어난 환자를 치료해서 지역사회로 조기복귀 할 수 있도록 치료하는 곳이다. 하지만 실제 요양병원과 요양원은 차이가 모호해 보건의료 전문가들은 법제도 정비를 요구하고 있다.

요양변원과 요양시설 비교

구분	요양병원	요양시설
연혁	1994년 1월	2008년 7월
법률	의료법, 국민건강보험법	노인복지법, 노인장기요양보험법
재원	건강보험	노인장기요양보험

시설
기준
	• 30병상 이상 입원실, 의무기록실 등
	• 휠체어 공간 확보, 엘리베이터,
	  충분한 욕실 공간 및 온수,
	  비상연락장치 등
		• 침실(1실 4인 이하), 식당, 조리실,
		  세면장, 목욕실 등
		• 10인 이상 시설에는 의료 및
		  간호사실, 프로그램실, 물리치료실

인력
기준
	• 의사: 환자 40명당 1명
	• 간호인력: 환자 6명당 1명(2/3까지는
	  간호조무사를 둘 수 있음)
		• 촉탁의(월 2회 방문)
		• 간호(조무)사: 입소자 25명당 1명
		• 물리(작업)치료사: 입소자 30명 이상
		  인 경우 1명
		• 사회복지사: 입소자 30명 이상인
		  경우 1명
		• 요양보호사: 입소자 25명당 1명

이용 절차	• 환자 및 보호자 선택 • 급성기 병원에서의 전원	등급판정(1~3급)
환자 분류	의료서비스 필요도에 따라 7개 군으로 구분 ※ 요양 필요도에 따른 고려 없음	기능 상태 및 요양 필요도에 따라 3등급으로 구분 ※ 의료 필요도의 평가활용 미흡
급여 내용	노인성질환자, 만성질환자, 외과적 수술 후 또는 상해 후 회복기간에 있는 자에 대한 치료 및 간병	신체활동 지원, 일상생활 지원, 일상동 작훈련, 기능훈련, 간호, 취미, 오락, 운동 등 프로그램 운영

자료: 김진수 외, 〈요양병원과 요양시설의 역할정립 방안 연구, 연계방안을 중심으로〉, 한국보건사회연구원, 2013.

그렇다 보니 요양원(장기요양시설)과 요양병원 간에는 대체관계가 존재하며, 환자 유치 경쟁을 벌이기도 한다. 게다가 요양병원은 '일당 정액제'라는 독특한 수가제를 적용받아 국가로부터 환자 1명당 얼마씩 재정을 지급받는다. 입원환자 수가 곧 수입으로 직결되는 구조다.

병원 규모가 클수록 채워야 할 환자 수가 많아지는 셈이다. 이렇게 요양병원은 정부 보조금을 타먹기 위해서 운영하는 특수공간으로 전락했다. 게다가 모순되게도 요양병원은 아프지 않아도 갈수 있지만 요양원은 치매 등의 판정이 없으면 갈 수 없다. 요양병원에서 불법이 벌어질 수 있는 환경을 제도가 만들어놓은 것이다.

영리 추구하는 요양병원, 관리감독은 허술

요양병원제도의 허점 때문에 요양병원의 부정행위나 인권침해가 줄곧 이어져왔다. 국가인권위 실태조사에서도 요양인력의 부족, 치매환자에 대한 치료 및 관리 부실, 안전시설 부족, 인허가 비리, 불필요한 신체억제대 및 약물 오남용, 평가제도의 결함이 모두 지적됐다. 2013년부터 정부는 노인요양병원 의료서비스의 질을 관리하기 위해 의료기관 평가인증원이 주관하는 '의무인증제'를 실시하고 있다.

그러나 보건복지부가 인증업무를 위탁하고 있는 '의료기관평가인증원'은 민간기관이다. 조사위원도 대부분 현직 의사, 간호사 등으로 구성돼 객관적이고 독립적인 평가를 기대하기 어렵다. 2014년 4월 21일 의료기관평가인증원은 의료기관 인증을 획득한 의료기관이 전국 496곳이라고 밝혔다. 이 중 요양병원은 전국 1221개 중 230곳이 인증을 획득했는데 여기에 장성요양병원도 포함됐다. 인증기준이 얼마나 허술한지 짐작할 수 있다. 요양병원에서 일했던 박상호(가명) 의사는 환자 치료나 돌봄보다는 돈벌이 수단으로 요양병원을 설립하는 경우가 대부분이어서 그렇다며 자신이 요양병원에 의사로 재직했을 때의 경험을 말해주었다.

"장성효사랑요양병원은 서류상으로는 모든 게 갖춰져 있는 1등급 병원이죠. 그런데 요양병원에서 당직의를 안 세웁니다. 장성참사 당시에는 200명당 당직의 1명을 세워야 하는데 비용을 낮추려고 병원에서 한의사를 놔둡니다. 한의사도 응급처치를 배우기는 했지만 처치는 못 합니다. 응급상황이 벌어지면 다른 병원으로 트랜스퍼(전원)를 하도록 해야 정상인데 그러지 않아요. 병원의 묵인하에 한의사가 응급처치를 하도록 만드는 거예요. 만약 의료사고가 벌어지면 한의사 과실이 되는 거죠. 응급상황이 벌어져서 트랜스퍼를 해야 한다고 당직의가 주장해도 묵살합니다. 돌아가시기 직전에는 병이 중증도가 돼서 병원 수가가 올라가기 때문이에요. 제가 있던 병원에서 응급상황이 발생해 트랜스퍼해야 한다고 했다가 뻑사리 당한 적이 있어요. 가족의 보호가 거의 없는 환자의 경우에는 거의 죽기 직전에 가족에게 연락을 합니다. 응급상황 때만 문제가 있는 게 아니에요. 요양병원도 병원이니까 아침에 회진을 돌아요. 의사 한 명과 그 병원의 간호부장 한 명, 이렇게 둘이 돌죠. 120병상이나 200병상인데도 회진이 30분에서 1시간이면 다 끝납니다. 그리고 인력을 거의 안 쓰고, 그러다 보니 간호사들이 환자에 대한 서비스를 제대로 못 해요. 심지어 환자복이나 시트복도 갈아주지 않아요."

장성효사랑요양병원에서도 환자를 결박하는 억제대나 과다신경

안정제를 투여했다는 정황이 있었다. 유가족들은 환자의 손목에 끈으로 묶인 흔적이 있었고, 화재 당시 많은 환자들이 일어나지도 못한 채 숨진 것은 신경안정제를 과하게 줬기 때문이라고 했다. 장성경찰서는 이에 대해 조사했고, 〈뉴스타파〉 등 몇몇 언론에서 이를 보도했다. 화재참사 당시 담양소방서장은 브리핑에서 "손발이 묶여 있는 환자는 없었다"고 단정 지어 발표했지만 사실이 아니었다. 화재가 난 별관 1층에서 근무하던 이 모 씨는 "1인실은 치매 등 병세가 심하고 자해 가능성이 높은 환자들을 머물게 하는 곳으로 사방의 벽들도 스티로폼 쿠션 처리가 되어 있으며 평소에도 손발을 묶어두는 경우가 많다"고 증언했다. 최초 보도될 때 현장에 투입됐던 소방관은 "일부 환자의 신체가 묶여 있었다"고 말했으나 소방서장은 이를 부인했다. 이 때문에 사고 초기부터 병원과 소방 당국이 공모한 것 아니냐는 비판을 받았다.[8]

사실 요양병원에서 중증치매 환자의 손발을 묶어두는 것이 무조건 금지되는 건 아니다. 2013년 보건복지부가 마련한 '요양병원 입원환자의 안전과 인권 보호를 위한 지침'에 따르면, 환자의 손발을 묶어두는 '억제대'의 사용은 생명유지 장치를 제거하는 등의 문제행동이 있을 경우에 한해 최소한의 시간만 사용하도록 되어 있다. 김정숙 활동가는 법에 병증이 심한 경우 결박을 할 수도 있다고 돼 있지만 그것도

---

8   "손목 묶인 환자 있었다"… 병원·소방 당국, '환자 결박' 은폐 공모?', 〈뉴스타파〉, 2014. 5. 30.
     '화재사고前 일부 환자 신체 결박했다', 〈세계일보〉, 2014. 5. 31.

환자보호자의 동의를 통해서만 가능하다고 했다. 환자나 보호자의 동의를 받고 2시간마다 지켜봐야 한다는 규정이 있지만 지켜지지 않았다. 이 지침을 따르려면 간호인력이 충분해야 한다. 적은 인력으로 의료서비스를 줄이는 방법이 억제대인 셈이다. 박상호 의사도 환자에게 소요되는 시간을 줄이려고 신경안정제를 과다복용시키는 사례가 있다고 일러주었다. 새정치민주연합 조사단도 약물 과다사용에 대한 명확한 진상규명을 촉구했으나 결국 밝혀지지 못했다.[9] 이광운 씨도 사고가 나기 전 결박된 환자의 사진을 보여주며 화재가 일어나기 전의 모습을 전했다.

"아버지께 잘해달라는 취지로 직원들에게 선물도 드리고 얘기도 많이 했어요. 그래서인지 어느 날 거기 직원이 아버지를 다른 데로 모시고 가라고 언질을 하더라고요. 정확히 의도를 말하지 않아서 그때는 몰랐어요. 그런데 저희 아버지가 들어간 지 얼마 안 돼서 기저귀도 채우고…. (아버지 건강이) 그 정도까지는 아니었기에 이상하다 생각했는데 나중에 아버지가 말도 못 하시더라고요. 치매가 진행돼서 그랬는지 모르지만 한 달 사이에 그러기 쉽지 않잖아요."

당시 사망자 대부분이 침대 위에 누운 채로 발견됐던 이유가 무엇인지 유족들은 알고 싶었다. 입원한 노인의 방화로 화재가 발생한 것이라 해도 전후 정황을 확인해야 참사 규모가 컸던 구조적 원인을 밝힐 수 있다. 양재영 씨는 면회를 가면 아버지가 항상 주무시고 계셨던

---

9 '장성 현장방문 의원들 "약물 과다사용 의혹 규명"', 〈메디파나〉, 2014. 5. 30.

이유가 수면제 복용일 수 있다는 사실에 놀라워했다. 내막이 밝혀질 수록 참사는 단지 불 때문에 일어난 게 아니었다. 일상이 참사였다.

그리고 사고 당시 병원에는 한의사 1명과 간호사 2명, 간호조무사 9명이 야간 당직근무 중이었다. 법을 지키지 않았던 것이다. 간호조무사 3명을 간호사 2명과 동일하게 간주한다 해도 당직의사 수가 1명 부족하다. 결국 조치를 취할 인력이 부족해 2층에 있던 30여 명의 환자는 병상에 누운 채로 유독가스를 들이마실 수밖에 없었다. 김정숙 활동가는 "이처럼 근무인력 자체가 절대부족인 상태에서는 화재만이 아니라 어떤 돌발적 상황이 발생하더라도 효과적으로 대응하기 어렵다"고 지적했다.

화재가 나도 생명을 구할 수 없는 환경

화재가 난 당일 오후, 노규호 전남 장성경찰서장은 CCTV 분석 결과 3002호에 입원 중인 81세 김 모 노인이 화재를 냈다고 발표하고 긴급체포했다. 라이터 잔해도 발견되고 다용도실인 3006호에 침구류를 들고 들어간 모습이 찍혔기 때문이다.[10] 병원 측이 검찰 등 수사기관에 제출한 CCTV 영상에는 화재 전후, 노인이 다용도실에 들어갔다 나온 후에 연기가 나는 장면만 들어 있었다. 화재 발생 병동인 3006

---

10 방화범 검거 브리핑.

호를 포함해 각 호실마다 CCTV가 비치되어 있는데 이는 공개하지 않았다. 유가족들은 사건의 진실을 알고 싶다며 CCTV 전체공개 등 철저한 수사를 촉구했지만 소용없었다. 노인이 진짜 방화했는지, 만약 그가 방화했다면 왜 방화를 했는지 그 동기나 전 과정을 유추할 수 있는 CCTV 공개나 운영 전반에 대한 수사가 미흡했다. 참사가 발생한 구조적·환경적 원인을 밝히는 진상조사보다는 책임을 떠넘기려는 듯 서둘러 방화자만 찾았다.

화재 당일 언론은 "화재진화는 빨랐으나 유독가스가 심했고 탈출이 어려운 고령자가 많아 사망자가 많았다"고 보도했다. 유가족들은 이것도 진실은 아니라고 했다. "화재 병동은 제일 건강하신 분들이 주로 사용했던 곳이고, 사망자 21명 중 50대가 4명, 60대가 4명, 70대가 7명, 80대가 5명, 90대가 1명임에도 여론몰이를 하려고 병원 측이 왜곡된 정보를 언론에 공개했다"며 의혹을 제기했다. 병원 측은 화재 당일 새벽 근무자 전원을 소집해서 사건은폐와 축소를 시도했다. 화재 초기에 출동했던 소방관은 구급대원 2명, 화재진압대원 3명 등 모두 5명뿐이었다. 대형화재에 초기 대응할 수 없는 인력이다. 장성군에는 소방서가 없고 안전센터만 있다. 168명 정도의 인력이 있는 담양소방서에서 장성효사랑요양병원까지의 거리는 30킬로미터가 넘는다. 30분 후에 34대의 구급차가 도착했지만 소용이 없었다. 사실이 밝혀졌지만 화재진압 관련 초기 보도내용은 바뀌지 않았다. 또한 화재 당시 불이 난 별관의 소화기 대부분이 잠긴 캐비닛에 보관돼 불을 끌 수 없었다. 1층에 있던 이 씨의 증언에 따르면 2층에 근무하던 간호조무사

화재 당시 잠긴 캐비닛에 보관되어 있던 소화기(위)와 사용되지 못한 소화전.

는 화재가 발생한 즉시 119에 신고하지 않았다. 연기가 빠져나가도록 창문을 열지도 않았다. 화재대응요령을 익히지 않아서다. CCTV에는 간호조무사가 불을 끄기 위해 소화기 한 개를 들었는데 작동이 안 돼서 다른 한 개를 다시 잡고 병실에 들어가는 모습이 보인다. 안타깝게 간호조무사도 연기에 질식해 숨진다. 간호조무사 의사자 선정을 위해서 탄원서를 모았던 이광운 씨는 소방체계의 문제를 짚었다.

"화재진압을 하고 구조활동을 했다는 건 거짓말이에요. 사망자를 끌어낸 정도지요. 경상자들이 법원에서 증언도 했어요. TV 보다가 불이 나서 나오신 분인데 시끄럽고 매연이 병실에 들어와서 스스로 뛰쳐나왔다고 해요. 장성군에는 소방서가 없어요. 장성군과 함께 담양군, 곡성군 이렇게 3개 군을 통합해서 관리하는 게 담양소방서예요. 거기서 출발했는데 30분 이상 걸렸다고 해요. 뒤늦게 진압했다는 얘기죠. 5~10분 이내에 하지 않으면 안 되는 거니까."

병원 건물에는 화재용 간이 호흡기구나 미끄럼대, 피난사다리, 공기안전매트와 같은 피난장비가 없었으며, 피난통로인 비상계단도 환자들을 통제한다는 이유로 막아놓았다. 또한 스티로폼이 함유된 샌드위치 패널로 벽을 시공해 쉽게 인화되고 연기가 많이 발생했다. 환자의 생명과 안전을 위한 조치는 전혀 없었다.

화재를 예방할 수 있는 관리감독 시스템도 전혀 작동하지 않았다. 화재가 나기 전 두 번이나 안전점검을 했지만 두 번 모두 이상이 없다는 결과가 나왔다. 세월호 참사 이후 보건복지부(중앙재난안전대책본부)의 지시에 따라 전남도는 5월 2일 위기 관련 매뉴얼 현장 작동 여부 등 일제점검 공문을 내려 보냈다. 요양병원 설립 허가권은 전라남도에 있지만 지도감독권은 일선 지자체가 갖고 있다. 그러나 효사랑병원에 대한 안전점검은 장성군 보건소가 아닌 병원 자체점검이었다. 복지부가 세월호 사고수습 등을 고려해 전남과 경기 지역은 지자체 공무원의 현장점검을 제외했기 때문이다.

5월 19일 박준영 전남지사의 집단수용시설 등 안전점검 특별지시에 따라 장성군은 5월 21일 보건소 담당 계장과 직원이 점검을 했다.[11] 경찰조사에 따르면, 요양병원 감독기관인 장성군보건소는 안전점검을 제대로 하지 않고 점검표를 거짓으로 작성했다. 보건소 직원들은 효사랑요양병원 등 지역병원급 의료기관 다섯 곳을 확인하지도 않은 채 병원 관계자들의 말만 듣고 '양호' 표시를 했다. 또한 안전관리 점검표의 주요 내용인 소화기 등 시설구비 여부, 화재대처 방법, 화재 및 안전사고 교육·훈련, 환자 대피 및 이산대책, 정전사태 대비, 위기관리 매뉴얼 관리 등을 전혀 점검하지 않았다. 이 일로 인해 보건소 직원은 기소됐으나 소방전문지식이 없고 교육조차 받지 않은 예방의약 담당자들에게 안전점검을 맡긴 보건복지부의 책임은 묻지 않았다.

보건복지부는 장성요양병원 화재 후, 2014년 6월부터 7월까지 전

---

11 '화재참사 장성요양병원, 안전점검 '이상 무' 어떻게', 〈국제신문〉, 2014. 5. 28.

12 피난통로 미확보, 옥내외 소화전 불량, 방화구획 불량 등의 소방법령 위반 사례가 971건으로 가장 많았고, 불법건축·임의증축 등 건축법령 위반 사례 276건, 당직의료인 규정 미준수 등의 의료법령 위반 사례 198건 등이었다.

장성효사랑요양병원에 설치된 표어.

국 요양병원 1265곳에 대한 안전점검 및 실태조사를 했는데, 619곳
이 '부적합' 판정을 받았다.[12] 그 후 8월 21일 보건복지부는 〈요양병원
안전관리 방안〉을 발표했는데 내용은 '요양병원 시설·인력·인증기
준 강화, 부실 요양병원 퇴출 및 상시관리체계 확립'이다.[13] 스프링클
러를 갖추고 있지 않은 기존 요양병원은 3년의 유예기간을 거쳐 2018
년까지 면적과 상관없이 스프링클러를 설치하고, 불이 나면 소방서

13 〈머니투데이〉, 2014. 8. 21.

요양병원 안전점검 결과	소방법령 위반	971
보건복지부 2014년 6~7월 1265곳 점검	건축법령 위반	276
	의료법령 위반	198

(단위: 건)

나 관리자에게 자동으로 알리는 자동화재속보 설비와 비상시에 열리
는 자동개폐장치도 의무적으로 갖추는 방안이다. 신규 요양병원은 연
기 배출을 위한 제연·배연 설비를 갖춰야 하고 방염 커튼·카펫·벽
지 등의 사용도 의무화했다. 그리고 인력기준으로는 요양병원 내 안
전 목적의 당직근무 의사를 최소 2명 이상 두도록 했다. 국회는 2014
년 10월 국정감사 후에 장성효사랑요양병원 화재사건과 같은 사고가
발생하지 않도록 사회복지시설 안전평가 점검업무를 일원화·체계화
하라고 정부에 요구했다.

거짓 눈물과 감형

참사의 책임자를 처벌하기 위해서는 법정 공방을 피할 수 없었다. 난
생처음 법정에 가본다는 유가족들은 1심 재판 당시, 증언하는 유가족
을 비웃고 노려보던 이사장의 눈빛이 생생하다고 했다. 그는 첫 심리
때 일부 과실은 인정하면서도 사망과 직접적 연관성은 없다며 공소사
실을 부인했다. 그러던 이사장은 2심이 열린 2015년 5월 19일 재판

에서 유가족들에게 큰소리로 울면서 잘못을 사죄했다. 유가족들과 합의를 추진하고 있다며 판사에게 선처를 호소했다. 유가족들은 부르르 떨며 이사장의 울음은 쇼라고 했다. 한 유가족은 이사장의 행동을 보고 '이 사람은 진실이 아닙니다.' 그렇게 재판정에서 소리치고 싶었다. 이광운 씨는 교도소에 면회 가서 사과를 받았지만 허탈했다며 말을 이었다.

"이사장한테 진심 어린 사과를 받은 적이 없어요. 1심 재판 앞두고 교도소에 한 번 면회를 갔을 때 죄송하다는 말은 들었지만 그런 사과는 아니었어요. 그 사람이 내가 이런 방법으로 보상만 해주면 되지 않느냐고 했는데 맞는 말이에요. 사고 쳤으니까 적당히 합의 보고 보상 얼마 주고 재판받아서 얼마 살면 되는 것 아니냐고. 실제 그렇게 사건이 진행되잖아요. 그런데 그전에 진심 어린 사과, 내가 본의가 아니라 어찌하다 보니까 이렇게 됐으니 이해하고 용서를 해달라는 취지로 한 말은 없었지요."

2014년 11월 21일 형사재판 1심 선고가 있었다. 이사장은 징역 5년 4개월, 벌금 1100만 원, 행정원장은 금고 2년 6개월(소방시설안전관리 부분은 무죄), 관리과장은 금고 1년에 집행유예 2년, 행정부원장은 징역 1년에 집행유예 1년, 압수수색 과정에서 병원의 주요 증거물을 은닉하려고 했던 간호사 2명은 벌금 200만 원을 선고받았다. 반면 광주에 세운 광주효은요양병원 인허가 과정에서 이사문 이사장이 뇌물을 준 광주시청 공무원에 대한 뇌물공여죄는 무죄를 받았다. 빌렸다는 영수증이 있었기 때문이다.[14] 이사장에 대한 공소내용은 업무상과실치사, 업무상과실치사상, 증거은닉교사, 건축법 위반, 건설산업기본법 위반, 의료법 위반이다. 재판부는 검찰에서 주장한 9가지 주의의무 위반 중 제연시설·피난장비시설·인명호흡기구의 설치의무와 샌드위치 패널의 유독가스 발생 여부 등은 인정하지 않았다. 화재가 난 건물은 앞에서 보면 2층, 뒤에서 보면 3층인데, 재판부에서는 이 건물을 2층으로만 보고 피난장비시설 설치의무는 없다고 했다. 인명호흡기구도 법으로 규정한 층수에 해당되지 않는다고 판단했다.

2015년 6월 열린 2심에서 재판부는 "28명의 사상자가 발생해 엄히 처벌해야 하나 상당수 유족과 합의하고 화재 발생의 직접적 원인이 항소심 재판 중 숨진 김 모 피고인의 방화였던 점을 참작해" 징역 3년을 선고했다. 또 병동의 벽을 설계도면과 다르게 샌드위치 패널로 시공했다고 해도 그로 인해 화재가 발생하거나 화재가 확대된 것으로 볼 인과관계가 없다고 보았다. 엄중한 처벌을 요구한 유가족들의 목소리는 법원에 가 닿지 않았다. 안전시설을 미비하고 안전관리를 하지 않은 병원의 책임은 방화한 노인의 책임보다 가볍게 다뤄졌다. 2015년 9월 대법원도 2심에서 감형된 형량을 그대로 확정했다. 대법원은 "요양병원을 관리하는 이 씨가 초기 진화를 통해 화재가 커지는 것을 최소화할 수 있는 스프링클러 등 소방시설을 설치할 업무상 주의 의무가 있었다"고 판단했지만 형량을 바꾸지는 않았다. 김정현 씨는 감형된 판결을 보며 우리나라에 사법정의가 과연 존재하느냐고

---

14 '광주시 공무원, 의료법인 허가과정서 '뇌물' 구속', 〈프라임경제〉, 2014. 8. 1.

되물었다.

방화혐의로 재판을 받은 80대 노인은 치매증상이 있다는 점을 고려해 1심에서 무기징역이 아닌 20년형을 선고받았다. 심신미약 상태의 고령자라서 치료감호를 선고했는데 2심 재판 도중 사망했다. 법은 방화의 책임을 물을지언정 참사를 견고하게 생산한 기업주와 국가의 책임은 묻지 않았다. 이광운 씨는 그 사람도 보호받아야 할 사람이라며 씁쓸해했다.

"그 사람이 설사 불을 냈다고 하더라도 보호받아야 할 환자잖아요. 병원 측이 그분에 대한 치료를 하기보다 돈벌이로 (병원에) 들인 건 아닌지 싶기도 하고…. 입원시켰으면 그분에 대한 안전관리를 했어야 하는데 그러지 않았잖아요."

그의 말대로 병원이 안전관리를 제대로 했다면 80대 노인에게 라이터가 있을 수 없었다. 병원이 80대 환자에게 책임을 전가할 수 없다. 국내 요양병원에는 10만 명에 이르는 치매환자가 입원 중이지만 그에 적합한 의료규정이 마련되어 있지 않다. 요양병원도 병원인데 치매에 대한 전문의료서비스가 거의 없다.

형사재판이 끝나고 유가족들은 손해배상을 청구하는 민사재판을 진행했다. 요양병원 의료재단과 이사장·행정원장·관리과장 등을 상대로 제기한 손해배상 소송이었다. 화재사건 이후 이사장은 가족의 재산을 모두 빼돌린 상태였다. 2015년 12월 열린 민사재판에서 재판부는 "의료재단 등은 A씨 등 총 45명에게 5억4800여만 원을 지급하라"며 일부승소 판결을 내렸다. 병원에 전적으로 과실이 있다고 보지 않고 유가족들이 요구한 사망자 위자료의 액수를 1억 원이 아니라 3000만 원으로 낮췄다. 화재가 입원 환자 중 한 명의 방화로 발생한 점을 고려해 병원 측의 책임을 60퍼센트만 인정했기 때문이다. 자녀의 수에 따라 보상금이 달랐고 장례비와 부상자 위자료는 각 300만 원이었다. 소문으로 떠돌던 보상액의 1/6이었다. 법원이 기업주의 배상책임도 일부만 인정하자 유가족들은 법에 호소할 수 없는 현실에 절망하며 국가배상소송도 주저했다.

게다가 화재 당일 부상을 입고, 이후 치료를 받다가 돌아가신 분들은 사망자로 인정되지 않아 제대로 보상받지 못했다. 5월 28일 21명이 사망했고 몇 달 후에 2명이 더 세상을 떠났지만, 법원도 이들을 사망자가 아니라 부상자로 보았다. 이미 퇴원한 상태고 노인들이기에 노환이나 질병으로 인한 사망일 수 있다는 것이었다. 가족들이 화재와의 연관성을 증명해야 하는데 그건 거의 불가능한 일이다. 사망자 중 한 분은 장성요양병원 측에서 지금 퇴원하지 않으면 병원에서 치료받은 것도 보험이 되지 않는다고 해서 서둘러 퇴원한 경우다. 어쩔수 없이 나주요양병원으로 옮겼는데 옮긴 지 10일 만에 세상을 떠났다. 사망진단서에는 기관지 폐렴이 원인으로 명기됐을 뿐 화재는 언급되지 않았다. 당시에 가족들은 사망진단서가 중요한지도 몰랐다. 화재로 인한 기관지 손상과 그로 인한 폐렴이라는 점을 전문가도 아닌 일반 시민이 증명해야 할 상황이었다.

우리나라에는 재난이 발생했을 때 생존자에 대한 치료 및 보상 절차나 체계가 없다 보니 피해자나 그 가족이 직접 뛰어다녀야 한다. 그

럴 여력이 없는 생존자들은 육체적·정신적 고통과 생계고를 떠안아
야 한다.

위령비를 필요로 하는 이와 두려워하는 이

재판에 필요한 일들이나 경과는 위원장인 이광운 씨가 전달했다. 대
책위라고 하지만 역할분담이 분명하지도 않아 위원장의 역할이 컸다.
김정현 씨도 생업을 포기하고 몇 달간 진상규명에 매달렸다. 참사를
만든 국가와 기업은 진상규명, 책임자 처벌, 피해보상, 추모 그 어느
것 하나 책임지지 않기에 유가족이 발로 뛰어야 했다. 위원장은 화재
참사 후 1년 동안 서울의 생업을 포기하고 광주로 내려와 대응활동을
했다. 대부분의 유가족들은 생업 때문에 이 일에만 매달리기 어렵다.

　2015년 4월, 사고 1주기를 앞두고 유가족들은 추모제를 준비하면
서 군청에 요구할 것 등을 논의했다. 위령비 건립 진척이 없어서다.
시아버지를 잃은 며느리는 아버님이 편히 눈감을 수 있게 위령비가
꼭 세워졌으면 좋겠다며 울먹였다.

　"어쨌든 남아 있는 사람들은 싸우는 거 아니겠어요. 아버지가 아무
것도 없이 가셨잖아요. 그분들 죽음이 헛되지 않도록 위령비가 건립
됐으면 좋겠어요. 군수가 해준다고 약속을 했는데 그걸 너무 흐지부
지 해버렸어요. 그 많은 사람들이 돌아가셨는데 위령비를 세워야 해
요. 정말 꼭. (안전대비를 하지 않은) 그 사람들이 숨어서 그런 일 하

지 않게. 아직도 제2의 이사문이 정말 많잖아요. 그러니까 그런 일들이 잊히지 않게 위령비를 세웠으면 좋겠어요. 제가 너무 억울해요. 저는 아버님 계셨을 때 솔직히 많이 못 찾아왔어요. 제가 다리를 다쳐 한 달 넘게 병원에 있어서…. 제가 나쁘죠. 요즘 그게 죄송해요."

2015년 5월 28일 1주기 추모제를 마치고 유가족들은 위령비 건립을 약속했던 유두석 장성군수를 만나러 갔다. 면담 자리에서 장성군수는 작은 목소리로 군의회 예산심의 때문에 돈이 없어 집행을 못 한 것이라고 했다. 유가족들은 화재 당시 지방선거라 표심을 위해 거짓 약속을 했다면 유가족을 우롱하는 것이라고 목소리를 높였다. 이광운 씨는 반드시 지켜야 할 약속인데 왜 안 지키냐며, 도와 군에서 취한 태도를 설명했다.

"작년 도지사 면담 이후에 약속했던 위령비 사업을 1년을 기다렸습니다. 작년에 의회 비용이 안 돼서 내년 초에 다시 반영하겠다고 했는데 그 이후에는 아무런 소식이 없습니다. 그래서 유가족 담당하는 보건소 직원들이랑 얘기를 했습니다. 이건 장성 안에서 일어난 사건인데도 본인들과 무관하니까 도로 가라고 하더라구요."

그러자 군수는 약속을 지키겠다는 확답은 없이 "사건이 이렇게 일어난 것은 광주시가 관리 책임을 안 한게 있어서 그런 것이기도 하고 복지부가 요양병원 기준을 그렇게 만들어서 그런 것이기도 하지 않습니까?"라며 책임을 넘겼다. 이사문 이사장이 실질적으로 소유하고 있는 또 다른 요양병원인 광주효은요양병원의 인허가와 관련해 광주시 담당 공무원이 2000만 원 받은 걸 지적하는 것이다. 정부 간 핑퐁

게임이다. 중앙정부의 몫과 지방정부의 몫이 각각 있는데 중앙정부에 가서 요구하라며 책임을 회피하면, 지방정부의 존재 이유는 무엇이냐고 되묻자 군수는 아무 말도 하지 않았다. 어느 정부도 책임지려 하지 않았다. 안전에 손을 놓은 국가는 참사의 의미를 사회에 남기는 애도와 기억의 의무도 저버렸다.

면담 후 유가족들이 모여 차를 마셨다. 군수 면담에 그리 큰 기대를 하지 않았지만 지방선거 때와 다르다며 정치인의 앞뒤 다른 행태에 속상해했다. 시의원을 해본 경험이 있는 양재영 씨는 혀를 찼다.

"우리 유족들이 그리 안 해도 마음 아픈데 두 번 상처준 거 아니냐고 했어요. 명색이 장성군수인데 몇천만 원도 안 되는 예산을 확보 못 하겠어요. 제가 시의원으로 있어봤지만 함부로 약속을 하지 않을뿐더러 (위령비를 세울) 그 정도 예산은 없어서 못 하는 게 아니에요. 장성에서도 화재참사가 좋은 일은 아니고 군으로서는 (이미지) 타격이잖아요. 의원들이 예산을 삭감시켜서 못 한다는 것은 핑계죠."

유가족들은 위령비가 사람들에게 안전에 대한 경각심을 주리라 생각하지만, 정치인들은 치부를 드러내는 일로 여겼다. 공무원들을 만날 때마다 영혼 없는 답변에 지쳐갔다. 유가족들의 말마따나 군은 참사의 흔적을 지우려 했던 걸까? 2016년 장성군은 광주·전남 최초로 현대식 공공실버주택을 장성으로 유치했다. 유두석 군수는 "이번에 발표된 100세 이상 고령자 통계에서 보듯이 장성군은 어르신들이 살기 좋은 실버복지 1번지로 자리매김하고 있다"[75]고 자랑했다. 그러나 어디에도 요양병원 화재참사의 교훈인 안전에 대한 언급은 없었다.

고령화사회의 돌봄, 국가의 역할

장성군만이 고령인구가 많은 게 아니다. 한국은 이미 고령화사회다.[16] 한국의 생활수준과 보건의료 수준이 나아지면서 평균수명도 늘어났지만 수명이 늘어난 사실이 마냥 달갑지는 않다. 노인복지가 부족하고 노인빈곤이 여전해서다.

그렇다면 지금 요양병원은 노인을 위한 것인가. 요양병원은 재원조달방식, 관리운영주체, 서비스 대상자가 공공적 성격이 있는 의료기관이다. 재원은 나랏돈이지만 공공요양병원은 거의 없고 수익확대를 위한 민간요양병원 설립은 너무도 쉽다. 공공성이 확보되지 않고 있기 때문이다.

과거처럼 '노후는 자녀가 책임져야' 한다는 낡은 인식은 사회적 돌봄의 가치와 국가책임을 가볍게 하는 데 동원된다. 노인의 건강과 생활을 책임질 사회적 제도가 부족한 상태에서 그 악영향은 고스란히 노인들에게 전가된다. 돌봄에 대한 정부책임을 민간으로 넘기고도 관리감독조차 제대로 하지 않아 노인들이 희생됐다. 장성효사랑요양병

---

15 '실버복지 1번지 장성군, 100세 이상 인구 세 번째로 많아', 《뉴스메이커》, 2016. 7. 31.
16 유엔의 세계인구전망에 따르면 2015년 현재 우리나라의 전체 인구 대비 60세 이상 인구의 비중은 18.5%이고, 2050년에는 41.5%까지 증가할 것으로 예상된다. 헬프에이지 인터내셔널의 2015세계노인복지지표The Global AgeWatch Index에 따르면, 우리나라 노인의 사회·경제적 복지 수준은 전 세계 96개국 중에서 60위로, 노인의 기본적 인권보장은 매우 열악하다. 〈노인의 인권 보호와 증진에 관한 국가인권위원회 위원장 성명〉, 2015. 10. 2.

원 화재참사는 우리 사회에 노인이 어디에 위치한지를 적나라하게 보여주며, 노인돌봄에서 국가는 어떤 역할을 해야 하는지를 묻고 있다. 답은 분명하다. 법제도를 개선하고 안전에 대한 관리감독, 그리고 공적 돌봄서비스를 체계적으로 지원하는 공공성을 강화하는 일이다.

유가족들은 요양병원 참사는 부모의 문제일 뿐 아니라 미래에 다가올 자신의 노후와도 관련된 것이라고 여러 번 강조했다. 그런 마음으로 이번 참사가 제대로 해결되기를 바라며 2년 넘게 싸워왔다. 그럼에도, 아니 그래서인지 재판 후 유가족들은 다시 힘든 시간을 보내고 있다. 맘에 들지 않는 재판 결과, 지연되는 위령비 건립 등 후회와 답답함이 섞인 시절이다. 그럼에도 이광운 씨는 바란다. "이걸 계기로 우리 사회에 긍정의 변화가 있으면 하는 바람이에요. 우리가 대응한 게 나비효과라도 됐으면 좋겠어요."

지은이 소개

강곤

기억하기와 기록하기에 관심이 많다. '진실은 아픔이지만 침묵은 죽음이다' '희망은 인간의 불완전함에 뿌리를 두고 있다'는 말을 믿고 있다. 그리고 이야기의 힘을 믿는다. 답보다는 질문이 궁금한 삶을 살아가려 애쓰고 있다. 이 작업 역시 답이 아닌 질문이기를 바란다. 함께 쓴 책으로《우리의 소박한 꿈을 응원해줘》《여기 사람이 있다》《나를 위한다고 말하지 마》《다시 봄이 올 거예요》가 있다.

명숙

기록하기를 즐기는 인권활동가. 인권활동을 하며 만난 사람들의 아픔과 기쁨, 슬픔 그리고 침묵을 기록하며 삶을 배우고 있다. 그/녀들과의 인연이 내가 다른 세상을 꿈꾸는 일을 멈추지 않는 이유다. 안식년에 참여한《밀양을 살다》이후 기록활동의 매력에 빠졌다. 416세월호참사 작가기록단에 함께하며《금요일엔 돌아오렴》《다시 봄이 올 거예요》를, 인권기록활동네트워크 '소리'에서 활동하며《숫자가 된 사람들》《그래 엄마야》를 함께 썼다.

박현진

26살 봄, 우연과 인연이 겹쳐 416세월호참사 작가기록단 구성원들과 처음 만났다. 그들로부터 누군가의 목소리에 귀 기울인다는 것의 소중함을 배웠고, 또 여전히 배우고 있다. 3년에 걸쳐《금요일엔 돌아오렴》《다시 봄이 올 거예요》를 함께 썼다. 416세월호참사 작가기록단과 더불어 '작은 목소리'와 '잊힌 목소리'에 계속 다가설 수 있길 소망한다. 그러기 위해, 여느 또래들과 마찬가지로 하루하루를 벼리고 있다.

박희정

내가 발 딛고 있는 세상이 어떤 모양으로 생겨 있는지 알고 싶다. 그걸 알려주는 이들의 목소리를 따라 이 길에 들어서었다. 416세월호참사 작가기록단, 인권기록활동네트워크 '소리'에 함께하고 있다. 세월호참사 유가족들의 육성 기록집《금요일엔 돌아오렴》, 형제복지원 생존자들의 이야기《숫자가 된 사람들》, 발달장애인을 양육하는 어머니의 삶을 담은《그래 엄마야》를 함께 썼다.

이호연

참사의 피해자, 10대, 빈곤현장 기록을 주로 하고 있다. 말을 통해 삶이 얘기되지만 말이 삶을 온전히 담지 못함을, 충분하지 않음을 느낀다. 누군가의 말을 듣고 전하는 일은 두렵고 조심스러운 일이다. 하지만 얘기하고 싶은 사람이 있고 들려져야 할 이야기가 있는 한 멈출 수 없는 일이기에 기록 활동을 하고 있다. 《여기 사람이 있다》《금요일엔 돌아오렴》《다시 봄이 올 거예요》를 함께 썼다.

해정

밀양 할매들을 만나 삶의, 삶에 대한, 삶을 위한 기록의 매력에 푹 빠졌고, 세월호를 통해 긴 호흡의 기록과 기억의 의미를 배우고 있다. 동그랗게 모여 앉는 세상을 위해, 고통과 희망의 뿌리를 삶의 언어로 기록하며 전하고 싶다. 《나를 위한다고 말하지 마》《밀양을 살다》《숫자가 된 사람들》《그래 엄마야》 등을 함께 썼으며, 416세월호참사 작가기록단과 인권기록활동네트워크 '소리'로 오래 세상과 만나길 꿈꾼다.

희정

기록노동자. 수없이 많아 어느새 보잘것없어진 억울함들이 아직도 아프다. 그 억울한 삶들을 기록하고 목소리를 전하려 한다. 지은 책으로 직업병에 시달리는 삼성반도체 노동자와 가족들의 이야기를 담은 《삼성이 버린 또 하나의 가족》, 사람이 일하다 죽는 것을 당연히 받아들이는 우리의 모습을 기록한 《노동자, 쓰러지다》, 이정미 노동열사 평전 《아름다운 한 생이다》가 있고, 《밀양을 살다》《섬과 섬을 잇다》《기록되지 않은 노동》을 함께 썼다.